南京理工大学特色理科精品文科专项资助

互联网与中国农业农村现代化

张承宇　著

·南京·

内 容 提 要

党的十八大以来，中国紧紧抓住信息化发展的机遇，加快互联网基础设施建设，普及农村信息化服务，为更好地支撑农业农村现代化创造条件。本书主要从农民现代化、经济现代化、治理现代化、农村现代化四个方面论证这一历史背景下中国农业农村现代化所取得的主要成果和影响。作为新一轮生产力革命、社会变革的原动力，以互联网为代表的信息技术促进了农业农村经济的现代化发展，现代农业产业体系、现代农业生产体系、现代农业经营体系逐步形成；农村的社会发展和治理也向现代化转型，农民拥有了更多接触和了解外部世界信息的机会，主体意识持续被激发，逐步具备了现代人格，获得了自我发展的能力；共商、共治、共享的现代乡村治理模式也借助互联网技术不断创新和落实。

本书既可供高等院校中与农业相关的法学类、管理类专业的学生尤其研究生阅读，也可供从事中国农业农村现代化这一领域研究的相关人员参考。

图书在版编目(CIP)数据

互联网与中国农业农村现代化 / 张承宇著. —南京：东南大学出版社，2023.12

ISBN 978-7-5766-1015-4

Ⅰ.①互… Ⅱ.①张… Ⅲ.①农业现代化—研究—中国②农村现代化—研究—中国 Ⅳ.①F320.1

中国国家版本馆 CIP 数据核字(2023)第 236938 号

责任编辑:吉雄飞　　**责任校对**:子雪莲　　**封面设计**:顾晓阳　　**责任印制**:周荣虎

互联网与中国农业农村现代化

Hulianwang Yu Zhongguo Nongye Nongcun Xiandaihua

著　　者　张承宇
出版发行　东南大学出版社
社　　址　南京市四牌楼 2 号(邮编:210096)
出 版 人　白云飞
经　　销　全国各地新华书店
印　　刷　广东虎彩云印刷有限公司
开　　本　700 mm×1000 mm　1/16
印　　张　12.75
字　　数　250 千字
版　　次　2023 年 12 月第 1 版
印　　次　2023 年 12 月第 1 次印刷
书　　号　ISBN　978-7-5766-1015-4
定　　价　68.80 元

前言

Preface

以互联网为代表的信息技术促进了中国农业农村现代化，无论是通过公开报道的案例，还是基于个人的亲身体会，这在今天已经是一个不争的事实。20世纪80年代，中国抓住了信息化发展的时代机遇。党的十八大以来，我国的信息基础设施建设更是实现跨越发展，大幅缩小了城乡数字鸿沟。互联网的助力，使乡村得以共享国民经济发展红利和现代技术进步成果，推动中国农业农村现代化进入一个新的阶段。本书即旨在从较为综合的角度分析和研究互联网影响下的农业农村现代化所取得的主要成果、表现及其成因。

写作此书，和自己的互联网使用研究经历有关。2009年，已有十年网龄的我发现，由于移动互联网和智能手机的出现，互联网开始进入一个新发展阶段，并被冠以“新媒体”以示与之前的区别，而且使用新媒体、关注新媒体、讨论新媒体的人群越来越多，出于教学和研究的需要，跟踪和研究互联网开始成为我职业内容中正式的一部分。此后，互联网变化不断加速，逐渐呈现出鲜明的中国特色。一度似乎与互联网无关的乡村，也伴随着电商模式的创新和短视频的兴起，以活力多元的面貌进入了世人的视野。而探索活力多元的背后还有些什么，就成为我写作此书的动因之一。如果再往前追溯，在1986—1987年间，我第一次在小学的校内兴趣班上看到台式计算机，知晓一种叫做Basic的语言，需要用and（与）、or（或）、not（非）等逻辑运算符，这一懵懂的经历已过去了三十多年。作为后知后觉者，才惊觉自己正处在历史的一次转型进程中，忠实记录下时代的变化应是一个书写者的责任。至于为什么选择互联网对农业农村的影响而非城市，是因为互联网的信息传播和连接优势为现代化任务“最艰巨最繁重”的农村提供了新的动能，虽然对各地农村的影响程度有深有浅，却覆盖到了数量前所未有的农村人群，在某种程度上，这是一个奇迹，比城市与互联网的关系更值得书写。

农业农村现代化是中国式现代化的重要组成部分，考察中国共产党领导下的农业农村现代化，不可忽视中国特色社会主义的制度优势，也不可忘记人口规模巨大等初始条件，正如习近平总书记所指出的，中国式现代化的特殊性在于工业化、信息化、城镇化、农业现代化是一个“并联式”的过程，几个要素“叠加发展”。这一相互促进、互为因果的发展模式，与西方国家工业化、城镇化、农业现代化、信息化的发展顺序相较，呈现出更为复杂多元的面相。因此，需要运用有力的理论思想武器——具有强大历史穿透力的马克思主义经典理论、开辟了马克思主义中国化时代化新境界的习近平新时代中国特色社会主义思想来分析现实和剖析现实。本书在辨析现代化、工业化和信息化三者关系的同时，对中国农业农村现代化的内涵变化进行了溯源梳理。中国从农业国转变为工业国的过程中，作为后发大国，工业化对现代化的影响必然更多表现在物质层面，而直到信息化明显成为工业化的一个新阶段，其带来的现代化影响才遍及经济、政治、文化、社会、生态等各个方面。当然，作为通用技术，以互联网为代表的信息技术与历史上的通用技术一样，必然会对人类社会产生全方位的影响，只是“并联式”发展加快了变化的速度，尤其一向以变化缓慢著称的中国乡村，终于也被互联网搅起了“一池春水”，新事物新现象层出不穷。

本书将互联网对中国农业农村现代化至目前为止产生的现实影响分为四个方面，即农民现代化、经济现代化、治理现代化、农村现代化。考虑农民接触互联网之初大多是用来进行个人信息沟通、娱乐和购物等，互联网最初带给农民的应是现代的观念和生活方式，而个人观念和思想的现代化引发了行为的现代化，富有企业家精神的农民利用互联网进行创业，互联网企业则发现了农业农村的商机，再加上地方政府、社会各方的支持，受惠于新型城镇化、发展县域经济、推广数字农业的宏观政策背景，均促使了现代农业产业体系、现代农业生产体系、现代农业经营体系的加快形成。观念的变化和经济的发展，持续激发了农民的主体意识，共商、共治、共享的现代乡村治理模式借助互联网技术不断创新和落实，推进了国家治理体系和治理能力现代化的历史进程。农村现代化则主要考察农村文化方面的变化，同时还涉及农村出现的“新农人”。乡村功能的开掘和非典型乡村文化的出现更是令人欣喜，曾经带来诸多难题的城乡之别、城乡矛盾，因互联网的助力初显弥合裂缝的迹象，也希望循此发展路径，早日实现“以每一个个人的全面而自由的发展为基本原则”(《资本论》)这一理想境界。需要特别强调的是,党和国家在信息化基础设施建设方面所进行的大量的前瞻性投入,以及自新中国成立以来对农业农村现代化大计的连续擘画,是互联网得以助力中国农业农村现代化的重要前提和保障,舍此,则不能有今日之成就。

付梓之际,非常感谢南京理工大学马克思主义学院领导与同仁们的信任与支持,从聆听我最初不成熟的想法,到一起探讨相关问题,帮助我解决了很多烦难事宜,因承教的师友甚多,此处恕不一一列出姓名。同时,也感谢本书责任编辑吉雄飞先生的细致与高效,保证了本书的出版质量。最后感谢我的家人,他们一直支持我不断探索和思考。当然,书中存在的一切问题与不足,均由本人承担。

著　者

2023 年秋于南京

目 录

Contents

绪 言

农业农村现代化问题是中国现代化进程中的基本问题，也是中国共产党治国理政的重大议题。农业大国的现代转型，百年来始终吸引着众多志士仁人的深切关注。但是，世界上并不存在定于一尊的现代化模式，也不存在放之四海而皆准的现代化标准。中国式现代化有着丰富的时代内涵，它是经济、政治、社会、文化、生态"五位一体"的现代化，是一种人类文明的新形态。中国式现代化也是中国共产党领导的社会主义现代化，"是人口规模巨大的现代化，是全体人民共同富裕的现代化，是物质文明和精神文明相协调的现代化，是人与自然和谐共生的现代化，是走和平发展道路的现代化"①。中国式农业农村现代化，同样也既有世界各国农业农村现代化的一般特征，更有基于国情的本国特色，并不能照搬其他国家的经验。过去，中国以小农经济为主，这是由自然地理条件决定的，也是历史形成的。耕地资源和水资源都不丰富，且地块零碎、人口众多；农民文化程度不高，缺乏商业意识；市场化程度不高，地域发展不均衡，治理体系不完善，诸多限制均造成中国农业农村的现代化之路困难重重。

百年来的中国现代化进程，城乡之间的不平衡以及农村发展不充分的问题一直存在，是最难解决也是必须解决的问题。习近平总书记指出："历史和现实都告诉我们，农为邦本，本固邦宁。我们要坚持用大历史观来看待农业、农村、农民问题，只有深刻理解了'三农'问题，才能更好理解我们这个党、这个国家、这个民族。必须看到，全面建设社会主义现代化国家，实现中华民族伟大复兴，最艰巨最繁重的任务依然在农村，最广泛最深厚的基础依然在农村。"②

与此同时，信息技术的迅猛发展和普遍应用是中国近三十年来最引人瞩目的成就之一。作为新一轮生产力革命的原动力，信息技术已渗透至各个行业，带动各领域技术与产业深度变革，推动了经济高速发展，同时也引发生产组织形式变化和

---

①习近平. 高举中国特色社会主义伟大旗帜 为全面建设社会主义现代化国家而团结奋斗——在中国共产党第二十次全国代表大会上的报告(2022 年 10 月 16 日)[M]. 北京：人民出版社，2022：22.

②习近平. 坚持把解决好"三农"问题作为全党工作重中之重，举全党全社会之力推动乡村振兴[M]//习近平. 论"三农"工作. 北京：中央文献出版社，2022：2.

经济社会结构调整，产生了巨大影响。已有西方研究者指出，和英国工业化时期的经济增长速度相比，“自从1978年以来，中国的增长率高出了大约六倍”，但是仅仅通过建设新工厂是无法获得这样的增长率的，“必然发生着某种事情”，而“这件事情就是信息经济的诞生”。[①] 中国信息通信研究院发布的《中国数字经济发展白皮书(2020年)》显示，2014—2019年的六年间，我国数字经济对GDP的增长始终保持50%以上的贡献率，2019年对GDP增长的贡献率更是达到了67.7%。[②] 我国2015—2022年间的经济发展新动能指数中，网络经济指数增长之迅速也十分瞩目(见表0-1)。

表0-1　2015—2022年中国经济发展新动能指数[③]

指标名称		经济发展新动能指数	主要分项指数				
			经济活力指数	创新驱动指数	网络经济指数	转型升级指数	知识能力指数
2022年	指数值	766.8	402.6	336.3	2379.0	162.8	193.4
	增速/%	28.4	3.5	15.5	39.6	1.2	5.9
2021年	指数值	597.3	388.81	291.2	1962.7	160.9	182.7
	增速/%	35.0	17.5	19.5	48.3	7.0	11.6
2020年	指数值	442.4	330.8	243.7	1323.6	150.4	163.7
	增速/%	35.9	20.0	20.4	54.8	3.3	10.0
2019年	指数值	325.5	275.7	202.4	854.9	145.6	148.8
	增速/%	26.2	17.9	15.8	42.1	1.0	9.5
2018年	指数值	258.0	233.8	174.8	601.6	144.1	135.9
	增速/%	35.0	17.6	21.6	66.0	18.0	5.8
2017年	指数值	191.1	198.9	143.8	362.3	122.1	128.5
	增速/%	30.2	21.9	13.6	81.1	2.3	2.7
2016年	指数值	146.9	163.1	126.6	200.1	119.8	125.1
	增速/%	22.8	27.7	11.2	46.8	11.5	11.1
2015年	指数值	119.6	127.7	113.8	136.3	107.4	112.6
	增速/%	19.6	27.7	13.8	36.3	7.4	12.6

①(英)博伊索特.知识资产：在信息经济中赢得竞争优势[M].张群群，陈北，译.上海：上海人民出版社，2021：中文版自序.

②有学者指出：在互联网广泛普及之后，大量互联网应用都以免费方式提供给了用户，以市场价格为基础的GDP统计不到这些免费服务，从而会低估数字技术对服务业效率的提升作用//李勇坚.数字技术正在治愈“鲍莫尔成本病”[J].中国发展观察，2022(5).

③数据来源：国家统计局.

具体到农业现代化，据农业农村部信息中心研究，中国农业信息化指数与现代农业发展指数的相关系数高达 0.9945，在影响农业现代化的诸多因素中，信息化的影响程度为 0.0892，已接近 10%。另据安徽工业大学研究，我国信息化水平每提高 1 个百分点，工业化水平提高 0.055 个百分点，城镇化水平提高 0.1109 个百分点，农业现代化水平则提高 0.174 个百分点。①

互联网极大促进了中国农业农村生产要素的优化配置和生产力的提高，推动了数字农业的发展，提升了人口素质和技能，同时创造了新的就业岗位，促成产业升级和融合，改善了乡村治理模式。互联网与中国农业农村现代化的关系也受到了党和国家的高度重视，习近平总书记就曾多次指明互联网要在农业农村现代化进程中发挥重要作用：

> 同步推进新型工业化、信息化、城镇化、农业现代化，薄弱环节是农业现代化。要着眼于加快农业现代化步伐，在稳定粮食和重要农产品产量、保障国家粮食安全和重要农产品有效供给的同时，加快转变农业发展方式，加快农业技术创新步伐，走出一条集约、高效、安全、持续的现代农业发展道路。②

> 我国经济发展进入新常态，新常态要有新动力，互联网在这方面可以大有作为。我们实施“互联网＋”行动计划，带动全社会兴起了创新创业热潮，信息经济在我国国内生产总值中的占比不断攀升。当今世界，信息化发展很快，不进则退，慢进亦退。我们要加强信息基础设施建设，强化信息资源深度整合，打通经济社会发展的信息“大动脉”。党的十八届五中全会、“十三五”规划纲要都对实施网络强国战略、“互联网＋”行动计划、大数据战略等作了部署，要切实贯彻落实好，着力推动互联网和实体经济深度融合发展，以信息流带动技术流、资金流、人才流、物资流，促进资源配置优化，促进全要素生产率提升，为推动创新发展、转变经济发展方式、调整经济结构发挥积极作用。③

> 要加大投入力度，加快农村互联网建设步伐，扩大光纤网、宽带网在农村的有效覆盖。可以做好信息化和工业化深度融合这篇大文章，发展智能制造，带动更多人创新创业；可以瞄准农业现代化主攻方向，提高农业生产智能化、经营网络化水

① 国务院发展研究中心课题组. 信息化促进中国经济转型升级：下[M]. 北京：中国发展出版社，2015：1.

② 中共中央文献研究室. 习近平关于社会主义经济建设论述摘编[G]. 北京：中央文献出版社，2017：190－191.

③ 习近平. 论党的宣传思想工作[M]. 北京：中央文献出版社，2020：192－193.

平，帮助广大农民增加收入；可以发挥互联网优势，实施“互联网+教育”、“互联网+医疗”、“互联网+文化”等，促进基本公共服务均等化；可以发挥互联网在助推脱贫攻坚中的作用，推进精准扶贫、精准脱贫，让更多困难群众用上互联网，让农产品通过互联网走出乡村，让山沟里的孩子也能接受优质教育；可以加快推进电子政务，鼓励各级政府部门打破信息壁垒、提升服务效率，让百姓少跑腿、信息多跑路，解决办事难、办事慢、办事繁的问题，等等。①

党的十八大以来，党中央紧紧抓住信息化发展的机遇，加快互联网基础设施建设，普及农村信息化服务，为更好地支撑农业农村现代化创造条件。2015 年，党的十八届五中全会就将“网络强国”提升为国家战略，突出了互联网经济在国民经济发展中的主要作用和地位；2017 年，党的十九大提出建设数字中国，要“推动新型工业化、信息化、城镇化、农业现代化同步发展”；2022 年 2 月，农业农村部发布的《“十四五”全国农业农村信息化发展规划》更是指出信息化对农业农村现代化的引领作用——“农业农村信息化是农业农村现代化的战略制高点”。

在中国乡村，与广大农民关系最密切的信息化技术是传统互联网应用技术。计算机应用扩展至民用后经历了三个阶段，其中 1.0 阶段(1970—1990 年)为个人计算机、单机模式时代，2.0 阶段(1990—2010 年)为互联网带来的网络化时代，3.0 阶段(2010 年至今)为万物互联的智能化时代。互联网对中国农业农村产生影响主要是在3.0 阶段。新一代 5G 技术、数据中心、云计算、人工智能、物联网等也正在逐步进入乡村。互联网究竟在哪些方面影响了中国农业农村现代化进程？有哪些独特性？未来走向如何？这些就是本书的研究兴趣所在。

在展开论述之前，本书先对互联网兴起后一些在概念上存在交叉关系的名词，如互联网经济、数字经济、信息经济、知识经济等作简要说明。

其中，数字经济是最新提出的概念。2022 年 1 月，国务院发布的《“十四五”数字经济发展规划》中明确提出：“数字经济是继农业经济、工业经济之后的主要经济形态，是以数据资源为关键要素，以现代信息网络为主要载体，以信息通信技术融合应用、全要素数字化转型为重要推动力，促进公平与效率更加统一的新经济形态。”②2022 年 10 月，习近平总书记在党的二十大报告中提出建设现代化产业体

①习近平. 论党的宣传思想工作[M]. 北京：中央文献出版社，2020：193 - 194.

②中国政府网. 国务院关于印发“十四五”数字经济发展规划的通知[EB/OL]. https://www.gov.cn/zhengce/zhengceku/2022-01/12/content_5667817.htm.

系，要加快发展数字经济，促进数字经济和实体经济深度融合。2023 年 2 月，中共中央、国务院印发的《数字中国建设整体布局规划》中提出：要做强做优做大数字经济，推动数字技术和实体经济深度融合，在农业、工业、金融、教育、医疗、交通、能源等重点领域加快数字技术创新应用。①

互联网经济和数字经济的共性都是指基于数字计算技术并通过互联网所进行的生产和消费活动。单从字面上看，互联网经济更强调网络“连接”，数字经济则更强调“根基”（二进制和字节）。在多数情况下，互联网经济和数字经济两者可以通用。数字化、网络化、智能化本来就是三位一体的，如互联网与物联网，两者并不是相对的概念，后者只是通过互联网实现“物”的连接，或者说是互联网的延伸，即物联网是互联网的应用。因此，二者在本义上其实并没有实质性差异。② 之所以出现混用现象，是由于“现有文献尚未就数字经济形成统一的定义，同时存在窄、宽两种口径。窄口径包括信息通信技术（ICT）货物和数字服务生产的相关经济活动，以及电子商务、数字音乐、数字金融、数字文化等数字经济特定业态。宽口径则将数字经济定义为围绕数据获取、加工、计算、运用、存储等活动所形成的新型经济形态。”③目前，我国的数字经济及其核心产业统计分类依照宽口径展开统计。④ 因此，本书将数字农业也纳入论述范围，其依据的农业物联网、涉农大数据中心、公共云服务平台等属于新一代互联网基础设施。

信息经济是一个更早的概念。信息（化）经济包含工业经济，是“依靠技术的深化，并且以流通领域范围的大幅度扩展为基础，将知识与信息融入所有物质生产与配送的过程中”；“信息化生产的生产力和竞争力奠基于知识的产生和信息的处理”。⑤ 传统工业在“互联网＋”下转型升级，数字经济与实体经济的融合表明信息化既是工业发展的更高阶段，同时还能促进传统工业进一步发展。20 世纪 80 年代初，计算机在国外开始进入民用领域，中国很快也开启了信息化之路。这一期间有两个标志性的事件，一是邓小平同志说的“计算机普及要从娃娃抓起”，二是“863 计划”中列出“信息技术”专项。进入 20 世纪 90 年代中期，信息经济、信息社会已经成为很多中国人耳熟能详的热词。信息经济在中国被定义为“基于信息技术的

---

①中国政府网. 中共中央 国务院印发《数字中国建设整体布局规划》[EB/OL]. https://www.gov.cn/xinwen/2023-02/27/content_5743484.htm.

②于立. 互联网经济学与竞争政策[M]. 北京：商务印书馆，2020：3 - 4.

③黄阳华. 基于多场景的数字经济微观理论及其应用[J]. 中国社会科学，2023(2).

④见国家统计局网站《数字经济及其核心产业统计分类(2021)》.

⑤(美)卡斯特. 网络社会的崛起[M]. 夏铸九，王志弘，等译. 北京：社会科学文献出版社，2006：91，112.

互联网向经济、社会、生活各领域渗透形成的，以信息产业为主导，以信息产品生产和信息服务为主体的新经济模式”[①]。同时，由于信息技术与教育、知识关系密切，因此又有凸显知识重要性的“知识经济”一说风靡。其特征如下：第一，以高新科技产业为主导产业带动其他知识密集型产业，从而推动整个知识产业的规模迅猛扩张，又以知识的共享效应和收益递增效应推动整个产业的结构优化和不断高级化，最终使整个社会经济得以持续增长和发展；第二，知识经济的核心是加工处理信息、创新并运用新的知识，其实质是创造“新组合”“新处方”，表现为收益递增规律，即一旦拥有就不断拥有；第三，组织结构是网络形态，在网络中不同行为主体交换着各种创新资源，实现着协同创新；第四，从社会再生产过程和流通系统来看，知识经济是一种以数字网络化的通信系统为主渠道、实现产销直接联动的经济。[②] 以上知识经济的特征基本上可以移用来形容数字经济、互联网经济。不同的命名来自对信息技术中某一因素内涵或外延的择取，强调不同的侧重点。

相关的异名同义概念还有一些，此处不再赘述。后文论述中以“互联网经济”为主，部分引述主要是为了尊重表达语境，不再作特意辨析。

---

①中国政府网.发展信息经济促进经济社会转型[EB/OL].https://www.gov.cn/xinwen/2014-06/21/content_2705707.htm.

②张培刚，张建华.发展经济学[M].北京：北京大学出版社，2009：350.

第一章　中国农业农村现代化与新技术动力

第一节　现代化分期与工业化两阶段

“现代化”的具体所指被大量研究者讨论过，各家说法繁简不一，内涵有别。中国现代化研究的开拓者和奠基人罗荣渠先生在20世纪90年代广泛考察世界各国学者的观点后，对“现代化”定义如下：“从历史的角度看，广义而言，现代化作为一个世界性的历史过程，是指人类社会从工业革命以来所经历的一场急剧变革，这一变革以工业化为推动力，导致传统的农业社会向现代工业社会的全球性大转变过程，工业主义由此渗透到经济、政治、文化、思想各领域，引起相应的深刻变化。”① 这一表述在今天仍然被学界沿用。例如，“现代化（modernization）是一个描述人类社会从传统向现代转型的总体性概念，是一个标识人类文明演进和发展趋势的核心概念”；“一般意义上，现代化是指工业革命以来经济、政治、文化、社会和思想等领域发生的全方位、系统性剧变”；“从综合影响来看，‘现代化’是包括社会领域各方面因素在内的全方位综合性变革，它是对人类自工业革命以来经济发展、知识增长、政治变革、制度变革、文化变迁以及价值重塑、心理适应等多方面变革的总称”。②

当代马克思主义研究者根据马克思和恩格斯的经典论述和历史事实构建了社会形态五重结构，“一是自然结构（地理环境、人口因素），二是经济结构（经济基础、生产方式），三是社会结构（交往形式），四是政治结构（上层建筑），五是文化结构（心理现象、意识形式）。自然、经济、社会、政治、文化五重结构具体的、历史的统一，叫作‘社会形态’。”生产力的发展要求生产关系发生相应变化，生产关系的变化进一步要求上层建筑发生相应变化，最终导致整个社会形态的改变。除了自然演

---

①罗荣渠．现代化新论——世界与中国的现代化进程[M]．北京：北京大学出版社，1993：16－17．

②赵义良．中国式现代化与中国道路的现代性特征[J]．中国社会科学，2023(3)：47，49．

化外，社会形态对应着有四种变革，即经济变革、社会变革、政治变革和文化变革。在具体历史境况中，这四种变革可以“前后颠倒，跨越进行”。[1] 很多国家的发展历程也证实了，现代化对社会产生的影响是全方位的，但从何处开始、路径如何，却并无固定的顺序。

具备什么样的特点可被视作已经现代化？这也有阶段之分。前文说过，信息化可被视作工业化的深入发展阶段，也被西方视为现代化的新阶段，而信息化社会被学界广为所知的称呼是后工业社会，丹尼尔·贝尔的《后工业社会的来临——对社会预测的一项探索》一书（新华出版社，1997）是研究这方面的代表作之一。很明显的，工业化的两个阶段对现代化的影响有些不同，以下表1-1和表1-2较为简明扼要地说明了两个阶段现代化的不同特征。[2]

表1-1　不同领域经典现代化的主要特点

领域	主要特点
政治现代化	民主化、法制化、科层化（官僚化）
经济现代化	工业化、专业化、规模化
社会现代化	城市化、福利化、流动化
个人现代化	开放化、参与性、独立性、平等性
文化现代化	宗教俗化、观念理性化、经济主义、普及初中等教育

表1-2　不同领域第二次现代化的主要特点

领域	主要特点
政治新现代化	知识化、国际化、平权化、分散化
经济新现代化	知识化、信息化、全球化、智能化
社会新现代化	知识化、网络化、创新化、社区化
个人新现代化	创新、合作、学习化、个性化
文化新现代化	多样化、文化产业化、自然主义、普及高等教育

表中所指经典现代化是指传统工业化时代，第二次现代化则是信息技术为主导的阶段，也即本书所着重论述的阶段。还有研究者总结为更为简洁的表述，如经

①程广云.马克思的三大批判：法哲学、政治经济学和形而上学[M].北京：中国人民大学出版社，2018:125，136.

②李晓翼.农民及其现代化[M].北京：地质出版社，2008:75,80.

济领域的工业化、政治领域的民主化、社会领域的城市化和价值领域的理性化及其互动过程[①]。一般来说，发达国家的工业化过程是先工业化再信息化，工业化为信息化提供必需的基础设施建设、技术装备、通信设备、电子产品等，信息化是传统工业化充分发展后的新阶段。世界经验也证明了，“技术在工业国家农业耕作中的普及要比在其他地方快得多”[②]。作为后发国家，中国的特殊性在于工业化与信息化之间间隔时间很短。2013 年 9 月 30 日，习近平总书记在主持十八届中央政治局第九次集体学习时就提出：“我国现代化同西方发达国家有很大不同。西方发达国家是一个‘串联式’的发展过程，工业化、城镇化、农业现代化、信息化顺序发展，发展到目前水平用了二百多年时间。我们要后来居上，把‘失去的二百年’找回来，决定了我国发展必然是一个‘并联式’的过程，工业化、信息化、城镇化、农业现代化是叠加发展的。”[③]这一论断极其精辟。在经典现代化阶段，中国的农业农村只受到了部分影响，今天的中国农业农村则需要同时面对两个阶段叠加的现代化。

辨析工业化两阶段与现代化的关系，涉及中国学界对中国农村现代转型与工业化关系的两种不同看法。部分学者认为应发展结合乡村特点的工业，农民通过工耕兼业提高收入，同时葆有发展的自主性，历史也证明了中国农村可以发展乡村工业，如纺织业、农产品加工业等；而部分学者认为应发展工业，通过规模化农业提高农业生产力，农业劳动力向第二第三产业转移。现在看来，随着技术和经济的发展，在社会主义制度的保障下，这两条道路并不是非此即彼，而是共存的关系。而且，农业的进步也可以视为广义工业化的一部分，信息化则加速了这一进程。

工业化与中国农业农村的关系，早在 20 世纪 40 年代，中国发展经济学奠基人张培刚（1913—2011）在其哈佛大学博士毕业论文中就曾探索过。论文详细探讨了农业与工业的相互依存关系、工业化对农业生产的影响、农业国工业化过程的外部贸易及对老工业国的影响。在论文的附录部分，张培刚提出“农业作为一种‘工业’与农业对等于工业”[④]，这在广义上是将农业作为一种工业的观点。张培刚晚年时结合中国发展实践，在过去的研究基础上对工业化与农业现代化的关系作了进一步探讨。他将工业化分成狭义和广义两种。狭义的工业化定义是把工业（特别是制造业）看做是农业的替代性产业，一个国家工业部门的产值和就业人口比重在国

①曹东勃. 滞留在现代化中途：“三农”问思[M]. 北京：中国经济出版社，2009：231.
②（法）孟德拉斯. 农民的终结[M]. 李培林，译. 北京：中国社会科学出版社，1991：17.
③中共中央文献研究室. 习近平关于科技创新论述摘编[G]. 北京：中央文献出版社，2016：24 - 25.
④张培刚. 农业与工业化[M]. 武汉：武汉大学出版社，2013：270 - 274.

民经济中达到优势地位，就被认为实现了工业化。权威的西方经济学辞典及著名的发展经济学家刘易斯、库兹涅茨等均持相同或类似观点。在张培刚看来，狭义工业化不能将农业的工业化包括在内。广义的工业化应是一个广义的产业概念，既包括制造业，也包括农业和新的产业形式。因此，张培刚提出："所谓工业化，就是指国民经济中一系列基要的生产函数(或生产要素组合方式)连续发生由低级到高级的突破性变化(或变革)的过程。根据这一定义，工业化不仅包括工业本身的机械化和现代化，而且也包括农业的机械化和现代化。"[①]

工农部门的二元两分，现在看来也是一个历史的过程。二百年前的大机器生产催生了现代城市，其规模、结构、管理对人类的影响完全不同于古代城市，造成很长一段时间内城与乡二元对立。古代的城乡关系是自给性乡村不能自足而产生对市场和城市的需要，在这种关系中，乡村是独立自主的，城市依附于乡村，是对自给性乡村的一种补充。现代的城乡关系则是城市工商业已经完成对乡村自给性农牧业的改造，乡村成为城市工商业的原料产地和市场，农业成为产业的一个部门。乡村与城市形成产业分工，工业装备了农业，农业成为工业和国民经济的基础。[②] 最早开始工业革命的英国就走过这样的一段历程，早期的乡村工业是引发工业革命的诸多因素之一，在经历了工业化、城市化的发展后，乡村得到了工业的反哺。但这一时期英国乡村也经历了圈地运动、农村凋敝、农民失地、农业破产等残酷的历史过程，而且这一由农而工、由工而农的历史过程属于内源性生成，不可复制。对于后发国家而言，无论是来自国外的成功经验还是救亡图存的压力，都会倾向于先发展工业，不过在特定历史情境下也会有例外。20 世纪 20—30 年代，基于长期以来对农立国的路径依赖和目睹当时资本主义世界的经济危机，中国的知识界一度出现了以工立国还是以农立国的争论。不过，这次争论未能对农业国的现代化之路达成共识，毕竟持固守传统农业立国观念者只有少数，争议主要聚焦在工农业孰先孰后上，具体发展路径也还十分模糊。[③] 新中国的第一代国家领导人早在革命年代的根据地建设中对工业化就已有实践和构想，在 20 世纪 40 年代提出了"使中国由农业国变为工业国"的纲领[④]。新中国成立后，之所以采取重工业优先发展的战略，也是因为中国耕地和资本都比较稀缺，而通过优先发展附加值比较低的农业

---

①张培刚，张建华．发展经济学[M]．北京：北京大学出版社，2009：324－325.

②杨思远．关于东乡族咀头村贫困的性质和原因的调查报告[J]．清华政治经济学报，2014(2).

③罗荣渠．现代化新论——世界与中国的现代化进程[M]．北京：北京大学出版社，1993：365－371.

④毛泽东．论联合政府[M]//毛泽东．毛泽东选集：第 3 卷．北京：人民出版社，1991：1081.

显然不利于经济增长。况且当时中国农业技术落后、规模小、成本高，大部分农产品必须用于养活本国居民而不能大规模出口，也无法通过参与国际分工来推动经济增长。[①] 因此，只能通过城乡二元制度汲取农业经济贡献，“工业化的投资不能不从农业上打主意”[②]。在1964年底至1965年初召开的第三届全国人民代表大会第一次会议上，周恩来总理郑重提出，要逐渐实现以工业现代化、农业现代化、国防现代化和科学技术现代化为主要内容的现代化，此即为数代人所熟知的“四个现代化”，其着重点仍围绕工业化和工业化的原动力之一——科学技术。从20世纪60年代开始，农业现代化主要围绕技术展开，包括发展化肥工业、推广良种、种植技术改良、病虫害防治、进口农业机械化设备等。农业从工业部门那得到越来越多的现代化要素输入。[③]

历史和现实都证明了农业不会完全被工业替代，而是工业发展到一定程度会反哺农业，农业的生产方式逐步工业化，形成寓工于农的局面。法国学者孟德拉斯在法国农业完成现代化后就意识到，“农业和非农业将变得很难区别，因为某些典型的农业工场将不再需要土地”[④]；马克思和恩格斯的预言则更早，“把农业和工业结合起来，促使城乡对立逐步消灭”[⑤]。

张培刚和张建华二位学者也曾对农业现代化下过定义：“由生存农业转向现代专业化农业，用现代科学技术和现代工业来为农业提供生产的技术手段和物质手段，用现代经济管理办法提供农业生产的组织管理手段，把封闭的、自给自足的、停滞的农业转变为开放的、市场化的、不断增长的农业。”农业又可以分为三个发展阶段：“第一，自给自足的生存农业阶段；第二，多样化混合农业阶段，作物种植多样化，部分为家庭自给生产，部分为商业交换生产；第三，现代农业阶段，即专业化的商业化农业。”“农业商业化所带来的一个变化就是农业生产组织方式的变化，农业将改变传统农业小而全的生产模式，逐步向规模化和专业化方向发展，专业化的结果将使得农业生产更加社会化，出现一系列的农业产前、产中和产后的服务组织。实现传统农业向现代农业的转型，不仅取决于农民提高生产率的技术和能力，更取决于社会、商业和制度

---

①肖林，权衡，等.中国经济学大纲——中国特色社会主义政治经济学分析：下册[M].上海：格致出版社，2018：786.

②陈云.陈云文选：第2卷[M].北京：人民出版社，1995：97.

③高原.工业化与中国农业发展(1949—1985)[G]//(美)黄宗智.中国乡村研究：第14辑.福州：福建教育出版社，2018.

④(法)孟德拉斯.农民的终结[M].李培林，译.北京：中国社会科学出版社，1991：274.

⑤中共中央马克思恩格斯列宁斯大林著作编译局.马克思恩格斯文集：第2卷[M].北京：人民出版社，2009：53.

条件。其中，传统农业的改造是农业发展的关键。”[①]以上定义和三阶段的描述是以技术、经营为中心，但张培刚等人没有止步于此，而是把工业化的影响拓展到宏观的制度、社会层面，他们认同罗荣渠的观点：“随着工业化的推进，还会引发更广泛的变化——现代化。”[②]换言之，现代化常从技术经济层面开始，最终遍及各层面。

张培刚晚年时也注意到了信息化的影响力，他和同时期的中国学者认为信息化是传统工业化的延续：“信息化的实质仍然是一场社会生产力和产业结构的变革，因此它不过是传统意义上工业化的深化和拓展。”并强调：“发展中国家的现代工业化要与信息化结合。”[③]但张培刚没有谈到这个工业化的新阶段是否会影响到他一直关注的农业现代化。2000年，长期关注中国农村发展的美国学者盖尔·约翰逊(1916—2003)认为：在今后的三十年中，要想食物产量继续增加、农业工人减少60%或者更多，中国的农业就必须迅速变革。要实现这两个目标，盖尔·约翰逊给出如下建议：“农民就需要从其他经济部门得到帮助。中央政府在其中要发挥重要的作用，如增加对农业科研的支持，仔细检讨可能会阻碍农业调整的政策，以及实行新的政策促进其他要素投入替代劳动力。”[④]该建议所强调的还是传统影响因素。约翰逊同样也没有意识到信息化对中国农业农村可能产生的影响，仍在农业国悠久的历史经验中寻找对策。张培刚和约翰逊是同代学者，作为中国乡村的长期关注者，他们自然更为熟悉经典工业化的现代化影响。当然，也由于当时的互联网仍是城市中的新鲜事物，电脑还是一种放置在专门机房里，需要掌握专门语言才能运行的机器，即便20世纪末21世纪初城市里的知识人群开始更加多样化地使用互联网，以及热议《第三次浪潮》《世界是平的》这些书籍时，互联网离对中国农业农村产生实质影响看起来还非常遥远。

第二节　边缘到中心：互联网的农业农村影响力变迁

这里，我们简单回顾和总结一下以信息化为代表的第二阶段工业化对中国农业农村现代化产生的影响。

---

①张培刚，张建华.发展经济学[M].北京：北京大学出版社，2009：364－365.

②张培刚，张建华.发展经济学[M].北京：北京大学出版社，2009：325.该书几乎原文引用了罗荣渠的原话：“从历史角度看，现代化是指人类社会从工业革命以来所经历的一场急剧变革，这一变革是以工业化为推动力，导致传统的农业社会向现代工业社会的全球性大转变过程.它使工业主义渗透到政治思想、生活观念、文化修养等许多方面，引发它们的更新与进步.其中，许多内容又是由工业化这一变革过程所必然引起而发生的.”

③张培刚，张建华.发展经济学[M].北京：北京大学出版社，2009：324－325，352.

④(美)约翰逊.经济发展中的农业、农村、农民问题[M].林毅夫，赵耀辉，编译.北京：商务印书馆，2004：129.

改革开放后，家庭联产承包责任制的实施使得传统种植业的收入明显增长，但很快到达其增长上限，部分劳动力得以从农业中析出，寻找兼营工商的机会。原来五小工业基础上的地方工业继续发展或转型，为这些劳动力创造了新的就业或兼业机会，农民收入提高，收入结构开始发生改变，增加了工资性收入和经营性收入。随着20世纪90年代中期出口导向工业的兴起，中西部乡镇企业吸纳农村劳动力的能力下降，又随着城市化进程的加快，农村劳动力开始转向城市和沿海地区，出现了大量"离土离乡"的农民工，乡村出现了空心化、老龄化的问题，而进城的农民市民化问题却并不易解决。这一时期的工业化、城镇化，导致很多地区的农业农村发展再度落后于城市。

转机来自国家的信息化建设开始产生累积效应。有赖于互联网技术的通用性，也得益于基础设施的提前布局，中国的乡村抓住了这次信息革命的发展机遇，可以将之视作工业化促进中国农业农村现代化的历史延长线上的延续。2002年，中国共产党的十六大报告正式提出了走中国特色新型工业化道路："坚持以信息化带动工业化，以工业化促进信息化，走出一条科技含量高、经济效益好、资源消耗低、环境污染少、人力资源优势得到充分发挥的新型工业化路子。"[①]报告指出，信息化要逐渐独立于传统工业化，成为重要的社会发展动力，但如前文所示，此时的互联网应用主要还是局限于有限的行业和人群中。2009年，中国互联网络信息中心(CNNIC)发布的《中国农村互联网发展状况调查报告》显示，农村网民规模首次过亿，达到10681万人，其中手机上网用户约7189万人，比2008年增长79.3%，远高于农村网民的整体增幅。但互联网普及率仅为15%，商务应用远落后于城市，仅在网络娱乐方面与城市持平。[②] 这个数据背后，与信息化、互联网开始从城市走向乡村的一个标志性现象有关——"山寨"手机的普及。"山寨"手机一度成为批评中国制造的典型产品，但"山寨"手机在乡村的普及，为更多的人群接触互联网做好了铺垫，国家主导的电力、电信等基础建设也初显惠及广大乡村的能力。

2012年，党的十八大报告提出："坚持走中国特色新型工业化、信息化、城镇化、农业现代化道路，推动信息化和工业化深度融合、工业化和城镇化良性互动、城镇化和农业现代化相互协调，促进工业化、信息化、城镇化、农业现代化同步发

①中共中央文献研究室. 十六大以来重要文献选编：上[G]. 北京：中央文献出版社，2005：16.

②阿里研究院. CNNIC《2009年中国农村互联网发展状况调查报告》[EB/OL]. http://www.aliresearch.com/ch/presentation/presentiondetails?articleCode=11918&type=%E6%8A%A5%E5%91%8A&organName=.

展。”[①]2013 年，当当、京东、阿里等大电商平台开始下乡，主要原因是“一二线城市的网购潜力已被充分释放，竞争异常激烈，相反，乡镇市场呈现更大的增长动力，成为电商的新蓝海”[②]。不过，当时这些平台下乡主要是工业品“下行”，农产品普遍“上行”还在两年之后。电商公司的地推措施——充满乡土气息、易懂易记的墙体广告出现在田间地头，农民开始了解互联网的商业价值、信息系统、销售渠道和现代流通方式。

互联网技术发挥作用一方面要依靠人的主观能动性，“基本上是以在人类心灵里储存与发展的知识为基础，所以拥有超越其根源而传播的非凡潜力，只要它们能够找到技术基础设施、组织环境与人力资源，通过从干中学的过程来予以同化和发展”[③]；另一方面又需要减少外部条件掣肘。新中国成立以来农村基础设施建设的不断完善，恰好为互联网与农村的结合提供了强有力的支撑。

截至 2014 年底，我国发展 4G 用户约 1 亿，4G 网络实现了全国绝大部分城市、县城的连续覆盖，发达乡镇、农村的数据业务热点覆盖，发展速度超出行业预期。2015 年初，“中国全面进入 4G 时代”[④]。

2014 年春节期间，“微信红包”使微信这款社交软件成为国民级应用，很多原本不熟悉互联网的网民开启了触网之路。2015 年国家开启乡村脱贫攻坚之战，明确提出加大“互联网＋”扶贫力度：“完善电信普遍服务补偿机制，加快推进宽带网络覆盖贫困村。实施电商扶贫工程。加快贫困地区物流配送体系建设，支持邮政、供销合作等系统在贫困乡村建立服务网点。支持电商企业拓展农村业务，加强贫困地区农产品网上销售平台建设。加强贫困地区农村电商人才培训。对贫困家庭开设网店给予网络资费补助、小额信贷等支持。开展互联网为农便民服务，提升贫困地区农村互联网金融服务水平，扩大信息进村入户覆盖面。”[⑤]同年，国家及相关部门密集出台多项农业农村与互联网的相关政策（见附录 1）。2015 年 9 月，拼多多 APP 上线，成为新一代农民售卖农产品的互联网平台。2016 年，短视频平台开始爆发，快手、抖音的用户和业务大量涉及农业农村。至此，商业互联网平台深入渗透乡村，对乡村产生了一系列影响。互联网进入农村，从最初用于沟通和娱乐，

---

①中共中央文献研究室. 十八大以来重要文献选编：上[G]. 北京：中央文献出版社，2014：16.

②中国农业农村信息网. 电商“下乡”[EB/OL]. http://www.agri.cn/zx/jjps/201908/t20190809_6475735.htm.

③(美)卡斯特. 网络社会的崛起[M]. 夏铸九，王志弘，等译. 北京：社会科学文献出版社，2006：115.

④中央网络安全和信息化委员会办公室. 中国全面进入 4G 时代[EB/OL]. http://www.cac.gov.cn/2015-02/28/c_1114461752.htm.

⑤中国政府网. 中共中央 国务院关于打赢脱贫攻坚战的决定[EB/OL]. https://www.gov.cn/zhengce/2015-12/07/content_5020963.htm.

最终成为农村创新创业的重要工具，出现了很多商业新模式，创造了很多就业机会。这一期间，农业农村电子商务进入高速增长阶段，“淘宝村”从 2009 年的 3 个增长至 2017 年的2118 个[①]。2017 年初，国家统计局数据管理中心负责人表示，2016 年互联网经济驱动新经济蓬勃发展，“互联网相关行业继续保持了高速增长势头，带动和影响了一大批新经济产业和行业的蓬勃发展。1—11 月，互联网和相关服务营业收入增长40.0%，增速比上年同期加快 13.6 个百分点；占全部规模以上服务业营业收入的 3.5%，比上年同期提高 0.9 个百分点；实现利润同比增长 45.5%，远高于全部规模以上服务业的平均利润增速。随着‘宽带中国’战略的稳步推进，移动互联网继续呈爆发式增长态势，1—11 月移动互联网接入流量累计达 82.1 亿 G，同比增长 124.1%。”“农村电商成为电子商务发展的一大亮点。2016 年，国务院继续推进电子商务进农村综合示范工作，带动了各类企业加速进入农村电子商务领域。如京东、苏宁已分别在 1000 多个县建立了县级服务中心或直营店；中国邮政集团的‘邮掌柜’系统覆盖了 20 多万个农村邮政服务站点；菜鸟公司发力推进农村物流建设。农村电子商务的发展不仅助力扶贫攻坚，还吸引了大量农村青年、大学生和农民工返乡创业创新。”[②]截至 2022 年，农村居民三农产品线上售卖平台占比分布如图 1－1 所示。

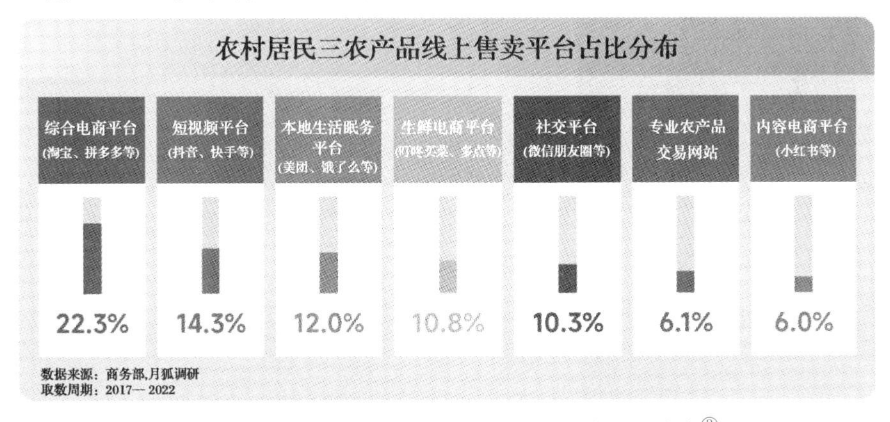

图 1－1　农村居民三农产品线上售卖平台占比分布[③]

随着农村电商深入发展，依托电商所积累的数字化产销渠道、数据资源要素和数字技术应用场景等资源，正在成为促进数字农业发展的重要基石。电商直采数字农

①阿里研究院. 中国淘宝村研究报告(2018 年)[R]. 杭州，2018.

②国家统计局官网. 许剑毅：2016 年我国服务业持续快速增长[EB/OL]. http://www.stats.gov.cn/sj/sjjd/202302/t20230202_1895816.html.

③中国国际电子商务中心. 2022 年移动互联网农村消费振兴研究报告[R]. 北京，2022.

业基地快速发展，盒马、京东、拼多多等部分电商企业在多地建设农业直采基地，通过数字化助力农产品品种研发、生产过程优化以及农产品标准制定，拉动和引导农业产业链资源配置优化，实现产业协同创新。① 数据显示，2021 年中国预制菜市场规模已达 3000 亿元，未来 3 至 5 年有望达到万亿元规模。随着预制菜产业的火爆，预制菜电商标准也陆续出台。2022 年 4 月，盒马与湖北的洪湖、潜江等地的多家工厂合作，制定了一套盒马预制虾标准，该标准对预制小龙虾的 15 个环节进行了规定，涉及 34 项参数。2022 年 6 月，京东超市、中国预制菜产业联盟联合发布并实施《佛跳墙预制菜产品标准规范》，建立了预制菜佛跳墙品类的全方位的规范细则。②

根据国家统计局和商务部的数据，近年来全国农村网络零售额增长明显（见图 1－2）。2020 年全国网络零售额达 11.76 万亿元，同比增长 10.9%，其中农村网络零售额为 1.79 万亿元，同比增长 8.9%。③ 研究发现，过去 20 年间，我国生产价格指数（PPI）的波动性一直比较大，但消费价格指数（CPI）却在 2013 年之后稳定性突然提高了许多，平台经济的繁荣很可能就是这一结构性变化的主要原因。2013 年之后，电商的销售额在社会零售总额中的比重开始大幅上升。电商的发展与物流、快递的发展同步，这极大地提升了全国各地区之间的融合程度，从而降低了 CPI 的波动性。④

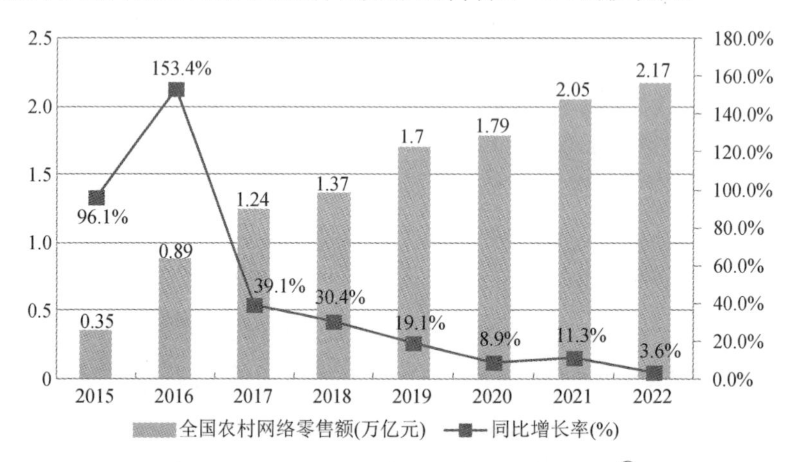

图 1－2　2015—2022 年全国农村网络零售额⑤

①中国国际电子商务中心. 中国农村电子商务发展报告（2021—2022）[R]. 北京，2022.

②中国国际电子商务中心. 中国农村电子商务发展报告（2021—2022）[R]. 北京，2022.

③中华人民共和国商务部官网. 商务部电子商务司负责人谈 2020 年全年网络零售市场发展情况[EB/OL]. http://whtb.mofcom.gov.cn/article/shangwxw/202102/20210203036186.shtml.

④黄益平，北京大学平台经济创新与治理课题组. 平台经济：创新、治理与繁荣[M]. 北京：中信出版集团，2022：18.

⑤中华人民共和国商务部. 中国电子商务报告（2022）[R]. 北京，2022.

通过互联网技术与物联网、传感器等结合的数字农业改变了传统农耕方式。农业的要素贡献原本主要体现在“土地、劳动和资本”[①]上，取决于土壤、气候、生物资源，运用科技要素可提高自然资源和自然力的利用效率。而在互联网影响下，农业的分工协作、劳动组织、生产管理形式、商业模式都有新的变化，降低了生产要素的配置成本，缩短了生产过程中的非劳动时间。建立在网络、流量、节点基础上的农业产业化运作体系，使生产要素产生从量的聚集到质的变化，大大提高了效率。

过去，我们提的较多的是农业现代化。2017年，党的十九大报告第一次将农业现代化和农村现代化并举。2018年9月21日，习近平总书记主持十九届中共中央政治局第八次集体学习时指出：“农村现代化既包括‘物’的现代化，也包括‘人’的现代化，还包括乡村治理体系和治理能力的现代化。我们要坚持农业现代化和农村现代化一体设计、一并推进，实现农业大国向农业强国跨越。”[②]既然我国的工业化、信息化、城镇化、农业现代化必须“并联”发展，那么农业农村现代化的两大组成部分也应“互有联系、彼此促进、相互交融”成为一个有机整体[③]，两者之间存在“共通性”和“传导性”[④]。

互联网在乡村产生广泛的影响一个非常重要的因素是覆盖人群的数量巨大，尤其是移动互联网使用界面的友好设计和可视化倾向，降低了上网的门槛。另外还有几个前提条件，如基础设施建设、城镇化影响、义务教育普及，这些一起促成了信息技术进入农业农村前所未有的深度与广度。和之前的信息技术如广播、报纸、电视乃至电话不同的是，互联网最大的特殊性在于它的工具性，释放了亿万中国农民的生产力和创新能力，同时改变了人们城市中心主义思想和传统的悯农怜农情结，农业农村显示出它应有的力量，而不再作为城市的附庸。城乡差距的缩小，不仅是收入上的，也涉及发展机会、生活方式和价值观念，乡村现代化逐渐成为现实，其基本表征是乡村农业部门和非农部门生产率提高、乡村发展模式变革、乡村居民收入来源多样化、乡村居民观念和生活方式改变以及乡村现代化程度提高。[⑤]

互联网对农业农村现代化的影响大致体现在以下几个方面：一是商业模式、经营方式转变，解决了农产品卖难的问题，也使农产品更好地对接市场需求；二是调

---

①张培刚，张建华．发展经济学[M]．北京：北京大学出版社，2009：360．

②中共中央党史和文献研究院．习近平关于“三农”工作论述摘编[G]．北京：中央文献出版社，2019：45．

③杜志雄．农业农村现代化：内涵辨析、问题挑战与实现路径[J]．南京农业大学学报：社会科学版，2021(5)．

④王春光．从农业现代化到农业农村现代化：乡村振兴主体性研究[M]．北京：社会科学文献出版社，2021：6．

⑤刘守英，陈航．马克思主义乡村转型理论及其对中国的启示[J]．中国农村观察，2023(3)．

动并协调各种经营主体组织起来，提高了农业生产率和产业链延伸带来的经济附加值(如农产品深加工、新型售卖方式等)；三是生产层面，逐步发展数字农业，提高了生产率；四是推进乡村治理服务，如信息公示、涉农事项在线办理、集体资产在线登记、村民自治在线议事；五是乡村文化和创新创意进入互联网，由于互联网的放大效应得到广泛传播，改变了城市中心主义视角下人们对乡村缺乏能动性的固有印象；六是农村人居环境改善，吸引大量人才返乡入乡，促进农业农村高质量现代转型。互联网对农业农村现代化的影响整体覆盖农业经营、农业生产、乡村治理、人口素质转变等诸多方面，是一个系统而又复杂的演变过程。

第三节　融合与创新:立足国情赋能农业农村现代化

现代化有自身的演变逻辑，但每个国家的现代化历程又有各自的路径。中国农业农村的现代化应立足基本国情和农业发展阶段，遵循发展的一般规律来推动农业生产力发展，构建现代农业产业体系和经营体系，最终提高农业的综合效益和竞争力，同时还有一个艰巨任务——数亿农民完成现代转型。

一、面向规模使用人群

《第七次全国人口普查公报(第七号)——城乡人口和流动人口情况》显示：全国人口中，居住在城镇的人口为 901991162 人，占 63.89%(2020 年我国户籍人口城镇化率为 45.4%)，居住在乡村的人口为 509787562 人，占 36.11%。与 2010 年第六次全国人口普查相比，城镇人口增加 236415856 人，乡村人口减少 164361984 人，城镇人口比重上升 14.21 个百分点。[①] 也就是说，经过多年的城镇化，中国还有 5 亿人口在乡村，而实际上城镇化人口中还有不少与乡村有着密切的联系。

习近平总书记在主持十九届中共中央政治局第八次集体学习时强调:“在现代化进程中，城的比重上升，乡的比重下降，是客观规律，但在我国拥有近 14 亿人口的国情下，不管工业化、城镇化进展到哪一步，农业都要发展，乡村都不会消亡，城乡将长期共生并存，这也是客观规律。”[②]

过去，在城乡二元结构下，资源向城市集中。其实原因很简单，在当时巨大的农村人口数量下，以原有的经济基础，难以支撑大规模的乡村建设投入。如果农民

---

①国家统计局. 第七次全国人口普查公报(第七号)[EB/OL]. http://www.stats.gov.cn/sj/tjgb/rkpcgb/qgrkpcgb/202302/t20230206_1902007.html.

②中共中央党史和文献研究院. 习近平关于“三农”工作论述摘编[G]. 北京：中央文献出版社，2019:44.

全部离开土地进入城市，这无疑不现实，也会带来很多问题，巴西、印度等国大城市中大量贫民窟的出现，就是因为无法解决充分就业和体面居住的问题。[①] 就地就近非农化社会成本则要低很多，也能促进城乡均衡发展。在同样人多地少的日本，长期固定性的雇佣劳动是日本农民兼业的主要形式，农民可以被视作“有土地的工人”。1960 年以前，日本大城市的人口增长迅速，但此后便停止增长，人口一方面流向中小城市，另一方面由于町村合并，出现包括大片农村在内的小城镇，加之交通的发展，农民不出村或者在附近地区就可以非农就业。这些兼业农民在农村的居住条件比城市工人优越，而且收入一般也不亚于城市工人，因此就没有必要弃农从工。[②] 学者黄宗智认为，经过了中国改革期间最庞大、最关键的社会经济变迁，“半工半耕的家庭其实是中国最庞大、最基本的经济单位，他们结合农业和农业、农民和工人，组成一个密不可分的大群体”;“中国的劳动人民其实并不能清楚划分为工人和农民，而是两者紧密交织的半工半耕的成员”。[③] 近年来，农业补贴的发放使农民出外打工的机会成本增加，这也进一步增加了农民留在老家的可能性。而以人为本的城镇化、互联网带动县域经济发展使就地就近非农就业机会增加，农民离乡就业的空间半径逐渐缩小。下面列举 2012—2022 年间几个年份的情况作进一步的说明。

（1）2012 年：跨省流动农民工所占比重继续下降。分区域看，东部地区 83.7%的外出农民工在省内流动，其中乡外县内占 32%，县外省内占 51.7%，跨省流动的仅占 16.3%；中、西部地区外出农民工则是以跨省流动为主，分别占 66.2%和 56.6%。[④]

（2）2014 年：跨省流动农民工比重有所提高。分区域看，东部地区外出农民工 18.3%跨省流动，比上年提高 0.5 个百分点；中部地区外出农民工 62.8%跨省流动，比上年提高 0.3 个百分点；西部地区外出农民工 53.9%跨省流动，比上年下降 0.2 个百分点。[⑤]

（3）2015 年：跨省流动农民工比重比上年减少。分区域看，东部地区外出农民工 17.3%跨省流动，比上年下降 1 个百分点；中部地区外出农民工 61.1%跨省流

---

①胡景北.农业劳动力转移和失业孰轻孰重：中国和美国的比较研究[J].学术月刊，2015(3).

②王振锁.日本农业现代化的途径[M].天津：天津社会科学院出版社，1991：182-183.

③(美)黄宗智.中国的新型非正规经济：实践与理论[M].桂林：广西师范大学出版社，2020：39.

④中国政府网.国家统计局发布 2012 年全国农民工监测调查报告[EB/OL].https://www.gov.cn/govweb/gzdt/2013-05/27/content_2411923.htm.

⑤中国政府网.国家统计局发布 2014 年全国农民工监测调查报告[EB/OL].https://www.gov.cn/guowuyuan/2015-04/29/content_2854930.htm.

动,比上年下降 1.7 个百分点;西部地区外出农民工 53.5%跨省流动,比上年下降 0.4 个百分点。[①]

(4) 2016 年:外出农民工增速继续回落,跨省流动农民工所占比重继续减少。2011—2016 年,外出农民工增速分别为 3.4%,3%,1.7%,1.3%,0.4%和 0.3%,呈逐年回落趋势;外出农民工占农民工总量的比重也由 2011 年的 62.8%逐渐下降到 2016 年的 60.1%。分区域看,东部地区跨省流动的农民工占 17.8%,比上年提高 0.5 个百分点;中部地区跨省流动的农民工占 60.6%,比上年下降 0.5 个百分点;西部地区跨省流动的农民工占 52.2%,比上年下降 1.3 个百分点;东北地区跨省流动的农民工占22.9%,比上年下降 2.3 个百分点。[②]

(5) 2017 年:农民工总量继续增加,并且是外出和本地农民工双增长。在外出农民工中,省内流动农民工 9510 万人,比上年增加 242 万人,增长 2.6%,占外出农民工的 55.3%,比上年提高 0.6 个百分点(自 2014 年以来该数据逐年提高)。新增外出农民工主要在省内流动,省内流动农民工增量占外出农民工增量的 96.4%。分区域看,东部地区省内流动的农民工占 82.5%,比上年提高 0.3 个百分点;中部地区省内流动的农民工占 38.7%,比上年提高 0.7 个百分点;西部地区省内流动的农民工占 49%,比上年提高 1.2 个百分点;东北地区省内流动的农民工占 76.4%,比上年下降 0.7 个百分点。[③]

(6) 2022 年:农民工总量继续增长,本地农民工增速快于外出农民工。在外出农民工中,跨省流动农民工有 7061 万人,比上年减少 69 万人,下降 1.0%;省内流动为 10129 万人,比上年增加 87 万人,增长 0.9%。分区域看,中部地区跨省流动农民工占外出农民工的比重为 55.6%,西部地区为 47.5%,东北地区为 31.4%,东部地区为 15.0%。[④]

以上几个年份的数据表明,省内流动的农民工占比自 2014 年以来逐步提高。

---

①中国政府网. 2015 年农民工监测调查报告[EB/OL]. https://www.gov.cn/xinwen/2016-04/28/content_5068727.htm?eqid=bda4b8f000018cfb00000003647058ba.

②中国政府网. 2016 年农民工监测调查报告[EB/OL]. https://www.gov.cn/xinwen/2017-04/28/content_5189509.htm#1.

③百度百科. 2017 年农民工监测调查报告[EB/OL]. https://baike.baidu.com/item/2017%E5%B9%B4%E5%86%9C%E6%B0%91%E5%B7%A5%E7%9B%91%E6%B5%8B%E8%B0%83%E6%9F%A5%E6%8A%A5%E5%91%8A/22545493?fr=ge_ala.

④中国政府网. 2022 年农民工监测调查报告[EB/OL]. https://www.gov.cn/lianbo/2023-04/28/content_5753682.htm.

农业转移人口流向可细分为“县内跨乡、市内跨县、省内跨市、跨省”四种[1]，尤其是县内跨乡类型，多数为通勤型兼业。农民流向的变动也与国家的新型城镇化政策有关。早在2012年，中央经济工作会议就提出“积极稳妥推进城镇化，着力提高城镇化质量”，这是中央会议中第一次提出新型城镇化的概念。2013年，中央城镇化工作会议首次召开，明确提出“要以人为本，推进以人为核心的城镇化，提高城镇人口素质和居民生活质量，把促进有能力在城镇稳定就业和生活的常住人口有序实现市民化作为首要任务”，即从“土地城镇化”为主导的模式转向“人口城镇化”，明确了城镇化是以人为核心的城镇化。而之前的土地城镇化带来了建设超前及房屋、基础设施空置等一系列问题。“政府的推动力量在某种程度上加快了城镇化的进程，是中国城镇化呈现跨越式发展的重要影响因素。但这种政府推动也有不利的影响，就是地方政府具有征用拍卖土地获得政府收入的冲动，从而造成土地城镇化速度远高于人口城镇化速度的局面，这在很大程度上降低了中国城市的土地产出效益和聚集经济效益。”[2]新型城镇化模式的提出主要是针对上述弊端。2013年的这次会议明确指出，要想实现“以人为核心的新型城镇化”，推进农业转移人口市民化，解决好人的就业问题是关键。以人为核心，意味着新阶段的城镇化必须有产业的支撑，必须充分考虑就业，以产业聚集吸引人的聚集。产业支撑和升级是城镇化得以保持和推进的动力，城镇则可以释放创新能力促使产业升级，同时发展服务业拓展就业空间。

关于中国农业农村经济现代化的实现路径，学界大致归结为以下四种：第一种是农村工业化带动下的农业现代化，这在东部沿海工业发达地区特别明显；第二种是城市化带动下的农业现代化，这在城郊农村地区比较明显；第三种是旅游发展催生的现代农业发展模式；第四种是网络带动的电商以及诱发的农业产业化、规模化和商品化发展。[3] 其中，第四种是互联网直接驱动，而前三种路径均和互联网有密切关系，也均与城镇化进程有关。

根据预计，“到2030年，我国还将新增1亿多农村转移人口，应通过加快产业布局调整，大力发展中小城市和县域经济，使新增农业转移人口的大多数（60%以上）在省内转移就业，在本地实现市民化。”[4]就各地城镇化的条件而言，都市圈范

①金三林．扎根城市之路：农业转移人口就近市民化的路径与政策研究[M]．北京：中国发展出版社，2015：1．
②李培林．面对未来：我国城镇化的特征、挑战和趋势[J]．中国社会科学院大学学报，2022(8)．
③王春光．从农业现代化到农业农村现代化：乡村振兴主体性研究[M]．北京：社会科学文献出版社，2021：22．
④金三林．扎根城市之路：农业转移人口就近市民化的路径与政策研究[M]．北京：中国发展出版社，2015：85．

围内的县域很容易承接外溢的需求和功能，但都市圈外的县域就需要自己形成产业，或是利用本地资源禀赋，或是“无中生有”。有学者认为，全国约有 1500 个县城，如果每个县城都能接收新增农业转移人口，就能提升县城对全县经济发展的带动力，再在县城以下培育镇的就业潜力，这样城镇本身的发展就能创造需求，从而为广大农村剩余劳动力提供大量就业机会。通过城乡融合、产业融合发展拓展就业渠道、带动村镇就业，既提高了农民经营性收入和工资性收入，又实现了县域内产业全面发展。均衡的城镇化和生产力布局可使乡村留住一批年轻人，因此“产业振兴”成为新型城镇化的关键之一。①

中国城乡要素空间配置的基本内涵包括城乡空间互动、城乡产业互动和城乡要素互动三个层面。其中，“城乡空间互动分为城乡人口空间分布、城乡基础设施连接以及城乡空间生态融合三个维度；城乡产业互动分为城乡产业分工与三次产业融合两个维度；城乡要素互动则主要包括城乡土地、技术、信息、资本双向流动以及城乡公共服务均等化等维度。”②互联网主要作用于后两个层面。在三次产业融合及技术、信息、资本、公共服务均等化等要素的互动中，互联网从沟通信息开始整合各种生产要素，扩大交易范围、降低交易成本、提高资源配置效率，继而产生网络外部性和规模经济效应，诸要素叠加后出现经济组织形态、价值创造方式、产业经济结构等质的改变，并衍生新的配套需求，县域内多个新的经济增长点逐渐产生，最终形成以县城为中心节点、乡镇为大小节点的网状经济结构，做大本地经济的“蛋糕”。

县域范围内很多向农民提供就业机会的劳动密集型产业，它们的创业门槛低，就业带动力强，有集聚效应，在空间布局上也倾向于城镇，为农民提供了通勤型兼业的就业机会，农民外出务工表现出“离土不离乡”的特征。乡村经营非农产业的环境得到改善，也吸引了不少农村的年轻人自主创业。农民的职业选择从单一向多元转变，很多人不再从事传统农业，从事商业、运输业、服务业的人员则大大增加，收入构成中也多了工资性收入、家庭经营性收入、财产性收入和转移性收入。

著名的刘-费-拉二元经济模型认为，劳动力的释放取决于农业部门的技术进步，劳动力的吸收取决于工业部门的积累。困难在于，农业劳动生产率的提高不仅取决于一些缓慢发生的现代化活动如市场参与以及取得现代肥料、知识产权等，还

---

①叶兴庆，金三林，韩杨，等. 走城乡融合发展之路[M]. 北京：中国发展出版社，2019：294 - 296.

②肖林，权衡，等. 中国经济学大纲——中国特色社会主义政治经济学分析：中册[M]. 上海：格致出版社，2018：577 - 578.

取决于劳动力和土地资产的商业化。[1] 中国劳动力和土地资产的商业化在改革开放以后逐步启动,互联网带来的就业机会进一步带动了劳动力的商业化。这些在县域范围内带来就业机会的产业大多也还是属于劳动密集型产业,有效缓解了中国农村巨大的人口就业压力。日本学者杉原薰在速水融的"勤勉革命"(其原意是指江户时代由于农民人口增长和土地稀缺而发展形成了一种与西方工业革命不同的劳动密集型技术和生产模式,它与德·弗雷斯的西欧"勤勉革命"概念大异其趣;而且,速水融也并不否认近代早期的东亚存在市场机制,事实上,他认为日本的"勤勉革命"本身就是顺应市场和本国资源禀赋而选择的一种生产模式)的基础上指出:正是由于"斯密动力"和自身要素禀赋的作用,近代早期的东亚国家采取了劳动密集型技术和劳动力吸纳型制度;即使是在遭遇机器工业的冲击之后,日本也没有简单地移植西方技术,而是在自身历史基础上形成了一条较少使用机器和资本、更多以人力与机器相配合的发展道路,并通过雁阵模式逐渐影响到了亚洲其他地区;与近现代西方国家的资本、资源密集型发展模式相比,东亚的劳动密集型发展道路更节约资源,更重视人力资本培育,在增长的同时也更有效地抑制了资本与劳动收入差距的扩大。[2] 互联网为增长友好型、就业友好型和生态友好型的产业提供了技术支撑,在分工和布局合理的农业农村产业化下,原料产地和加工地相距不远导致原料折损率低,且建设用地规划便利,创业人员熟悉本地营商环境,员工的生活成本也很低。农民获得了在本地就业的机会,不再需要付出背井离乡的成本。而人口一旦形成聚集,政府就可以提升市政基础建设和公共服务的供给标准,供给成本也大大低于以往高度分散的状态。

互联网为农村劳动力带来的就业机会可以看下面一些数据:《中国数字经济发展与就业白皮书(2019年)》显示,2018年,全国农村电商超过980万家,带动就业人数超过2800万人[3];2021年底,全国农村电商有1632.5万家;拼多多平台显示,截至2021年10月,"新新农人"(95后涉农商家)数量在两年内增长了近10万人,现已超过12.6万人,在涉农商家中的占比超过13%,且每位"新新农人"平均带动5~10位95后参与到电商创业中,平均带动当地就业岗位超过50个,他们逐渐成长为农村电商创业带头人中的重要力量[4]。

---

①(美)费景汉,(美)拉尼斯.增长和发展——演进的观点[M].洪银兴,郑江淮,等译.北京:商务印书馆,2014:9.
②关永强,张东刚."斯密型增长"——基于近代中国乡村工业的再评析[J].历史研究,2017(2).
③中国信息通信研究院.中国数字经济发展与就业白皮书(2019年)[R].北京,2019.
④中国国际电子商务中心.中国农村电子商务发展报告(2021—2022)[R].北京,2022.

电商所影响的传统农业就业机会涉及农产品种植、收购、集中、分类、保管、挑选、整理、加工、包装、储藏、运输、销售等一系列环节，同时涉及仓库、冷库、生产线等配套设施的管理和维护。留在家乡的劳动力一类是照顾家庭的青壮年，另一类是年老体弱者，还有就是缺少专业技能或接受一定技能有困难的人群。诸如食品加工业在向乡村分布、布局时，将打造本地优势农产品加工业及包装、储藏保鲜等配套产业，推动电商、物流服务等建设，增加产品附加值，并将产业链增值收益留给本地就近就业的农民。农民远距离出外打工需要成本，如路费、生活费等，就近非农就业的收入可能会比外出打工低一些，但几乎没有上述成本费用，还可以兼顾家庭，尤其是女性，她们更倾向于近距离流动。农民兼业可以分为雇佣劳动和自营兼业，从事雇佣劳动的农民又可以分为固定工、季节性临时工和日工三种。

【案例】

从事农产品种植、试验和推广的陕西兴平兴渭农业投资有限公司是周边农民务工增收的“聚财宝地”，极大地方便了出外打工时难找工作的年老务工者就近兼业。在公司农场里务工的人员都是附近的村民，他们之间非常熟悉。这些人在农场里务工的天数都不尽相同，务工时间也相对灵活，他们平日自己家里有农活就各忙各的，等闲暇时园区有活干就来打几天零工，一些村民一年能赚好几万元钱。[①]

此外，互联网还带来一些新兴产业，比如数据标注，该行业很适合需要兼顾家庭的农村中青年女性从事。[②] 根据《中国数字经济发展白皮书(2020年)》显示，当前互联网公司关注的重点更多集中于算法、软件、算力等领域，对数据标注的关注度并不够。该行业需求极大、门槛低，而提供服务的主要为大大小小上千家企业和作坊，它们规模不一，无法满足行业需求。数据标注企业下沉“带动了大量农村和小城镇的人口就业，数据标注企业也因此被称为新时代的‘数字富士康’”；“数据标

①兴平市人民政府. 兴平：高效农业赋能乡村振兴[EB/OL]. http://www.snxingping.gov.cn/ywdt/mtkxp/202206/t20220614_1364000.html.(有改写)

②李晓洁. 黄土高原上的AI训练师. 三联生活周刊，2023(10). 需要补充说明的是，就地化创业的产业是县域经济的重要组成部分，工厂可能设在县城或者工业园区，但会充分利用乡村资源和社会基础，能带动县域内很多农民就业. 这些产业或是和当地农业特色相关，如特色农产品、传统手工业产品等，就地取材、因地制宜加以开发，成本低、门槛低、风险低；或者是门槛较低的劳动密集型产业. 留守在乡村的中年妇女是很重要的劳动人群，她们因为陪读而集中在县城或乡镇中小学附近，从事工业生产的同时还要兼顾家庭和农业生产. 因此该类企业在劳动管理方面非常灵活，数据标注产业的下沉也是基于这一劳动力特征.

注对原有就业没有替代效应，只带来新增就业机会，目前主要集中在人力成本低的地区，并形成了若干数据标注村”。[①] 数字技术对就业带来的影响主要有替代作用、互补作用和创造性作用，后两个作用带动纯就业的增长。[②] 数据标注这样的新兴业态和农村的传统业态并未形成竞争关系，不存在“创造性破坏”。反之，如网约车，其出现后与出租车形成了替代存在关系，加剧了行业竞争。

二、激发人民首创精神

人类彻底解放的根本在于社会生产力的高度发展。马克思和恩格斯告诉我们：“当人们还不能使自己的吃喝住穿在质和量方面得到充分保证的时候，人们就根本不能获得解放。”[③]因此，要实现人的自由，就要“推动人的全面发展、社会全面进步”[④]。人类社会的生产活动不仅是要促使生产资料和消费资料的日益富足，更要实现广大劳动者精神上的发展。“通过社会化生产，不仅可能保证一切社会成员有富足的和一天比一天充裕的物质生活，而且还可能保证他们的体力和智力获得充分的自由的发展和运用”[⑤]，故“任何人的职责、使命、任务就是全面地发展自己的一切能力，其中也包括思维的能力”[⑥]，而且“每个人的自由发展是一切人的自由发展的条件”[⑦]。我们党和国家事业发展的重点工作也一直都是围绕着人的全面发展而展开的，包括人的发展机会、生活水准、生活方式、价值观念等，不断满足人民追求美好生活的愿望，发挥人民的主体性和创造性。

很多发展中国家的农业现代化可以界定为“从维持生计型生产向多元化、专业化的农业生产逐步且持续的转型过程”，政府“除了响应生产扩大所提出的要求来调整农业结构外，必不可少的往往还需要进行各种影响整个农业社会、政治和制度

---

①中国信息通信研究院.中国数字经济发展白皮书(2020年)[R].北京，2020.

②黄益平，北京大学平台经济创新与治理课题组.平台经济：创新、治理与繁荣[M].北京：中信出版集团，2022：149.

③中共中央马克思恩格斯列宁斯大林著作编译局.马克思恩格斯选集：第1卷[M].北京：人民出版社，2012：154.

④习近平.习近平谈治国理政：第3卷[M].北京：外文出版社，2020：9.

⑤中共中央马克思恩格斯列宁斯大林著作编译局.马克思恩格斯选集：第3卷[M].北京：人民出版社，2012：814.

⑥中共中央马克思恩格斯列宁斯大林著作编译局.马克思恩格斯全集：第3卷[M].北京：人民出版社，1960：330.

⑦中共中央马克思恩格斯列宁斯大林著作编译局.马克思恩格斯选集：第1卷[M].北京：人民出版社，2012：422.

结构的深刻变革。如果没有这一系列变革，农业发展可能根本无法启动。”①改革开放以来，中国农业发展与改革的四大驱动力是“农村制度创新、农业技术进步、市场化改革和农业投入”②。这四大驱动力中既有顶层设计也有民间智慧，“以人民为中心”，在尊重人民群众主体地位和首创精神的同时把加强顶层设计和坚持问计于民统一起来，形成惠及更广泛人民群众的制度设计。这也是中国共产党治国理政的成功经验之一。一切发展依靠人民，人民群众是历史的创造者，是推动社会发展的根本力量，坚持以人民为中心的现代化发展，体现了我国社会主义制度的本质特征和社会主义的生产目的要求。

党的十八大以来，习近平总书记多次强调以人民为中心的发展思想，要发挥人民的主人翁精神，增强其致富本领；要充分调动社会参与的积极性，在发展中保障和改善民生，扎实推进共同富裕。2018 年，习近平总书记在庆祝改革开放 40 周年大会上特别强调：“必须坚持以人民为中心，不断实现人民对美好生活的向往。”③ 2021 年 2 月 25 日，习近平总书记在全国脱贫攻坚总结表彰大会上说：“只要我们始终坚持为了人民、依靠人民，尊重人民群众主体地位和首创精神，把人民群众中蕴藏着的智慧和力量充分激发出来，就一定能够不断创造出更多令人刮目相看的人间奇迹！”④农民作为乡村主体，在拥有互联网这一新的生产工具后，极大发挥了自我发展和创新精神。党和政府要尊重劳动人民的首创精神，最大限度地发挥劳动人民的聪明智慧，及时响应农民个体的主观能动性和创造性，充分地释放和发挥农民的潜能；要不断总结发展路径，从宏观上加以校正和调整，为农民提供更长久激励的发展环境和更加广阔的发展空间。有研究者指出，中国制度变迁证实了“中国政府是实践的或者说是能动的务实主义者”⑤。

农村电商就是基于互联网的一种自下而上、内生动力极强的变革。1997 年是我国电子商务元年，但农村电商约在十年后才出现。2007 年，浙江临安白牛村村民潘小忠开出村里第一家淘宝店销售当地特产山核桃。没几年，村上的淘宝店越开越多，先多为单品销售，后来逐渐增加品类，在知名度打响后，以特色农产品（特色种植、特色养殖、特色食品）为核心，再扩展到特色文化（如传统技艺、民俗文化

---

①（美）托达罗，（美）史密斯. 发展经济学[M]. 聂巧平，程晶蓉，译. 北京：机械工业出版社，2020：303.
②黄季焜. 四十年中国农业发展改革和未来政策选择[J]. 农业技术经济，2018(3).
③习近平. 习近平谈治国理政：第 3 卷[M]. 北京：外文出版社，2020：182.
④习近平. 习近平谈治国理政：第 4 卷[M]. 北京：外文出版社，2022：136.
⑤姚洋. 作为制度创新过程的经济改革[M]. 上海：格致出版社，2016：9 - 10.

等）和新业态（如休闲旅游、民宿、电子商务等），生产、加工、流通、销售、服务等一二三产业深度融合，逐渐走出一条综合发展之路，并对周边区域产生较强的辐射带动和示范引领作用（比如从自然村影响到整个行政村），形成地方资源整合。[①]

下面这个例子则清晰勾勒了民间创新与政府引导共谋发展的过程。

【案例】

陕西省武功县，每天约有 15 万单生鲜干果通过电商网络销往全国各地。其中，占据“半壁江山”的是新疆瓜果，销售额占全疆农产品电商的两成左右。“买西北，卖全国”，在淘宝农产品电商 50 强县榜单中，武功位列全国第五、西北第一。农产品电商出疆，武功成了首选地。

出 G30 连霍高速公路武功收费站，就是占地 650 亩的武功县电子商务产业园（以下简称“电商园”）。进入电子商务时代，武功的区位成为最大的发展优势。武功境内陇海铁路、连霍高速、国道京昆线等道路纵横交错，距离西安咸阳机场也仅 40 多分钟车程。从新疆直发其他省份，物流花五六天，而到武功只要一天，再有两三天就能到全国各地。

（民营企业自发创新）2014 年 3 月，美农成为武功电商园首家入园企业，还带来每天 8000 多张订单。2015 年，新疆农产品电商从西安及周边跟了过来，引得武汉、九江、太仓等地 30 多家新疆电商也纷纷来到武功。

（政府支持）作为一个传统农业县，武功 42 万亩耕地中超过一半是商品粮基地，可供二、三产业发展的土地本就不多。“县财政没钱，电商缴税少，仓储占地又大”，当地一些干部对发展电商起初并不看好。但从 2014 年开始，这个经济总量排在咸阳市中下游、财政收入才 1 个多亿的“穷县”，每年竟拿出 1000 万元支持电商发展。不到 8 年时间，武功就已聚集 368 家电商企业、40 多家物流公司，电商销售额从 2014 年的 3.6 亿元增加到 2020 年的 46.18 亿元，对 GDP 贡献率超过 10%。2016 年前后，发展电商已成为全县上下的共识。

（带动就业）目前，武功电商带动 5 万多人就业，相当于县城人口总数。一些返乡农民工也在电商园找到了工作，既能挣钱又能照顾家庭，就不愿出去打工了。

（新业态下模式变化）电商新业态竞争，最终拼的还是供应链和品控。相比

①浙江在线. 白牛村：在“云上”逐梦“共富”[EB/OL]. https://zjnews.zjol.com.cn/zjnews/202306/t20230629_25914548.shtml.

传统电商相对稳定的订单，直播电商是非常高效的销售渠道，但爆单对供应链和品控都是极大的考验。爆单货品需要临时采购，不仅采购价格高，质量更是难于管控，导致售后赔付率高。为了避免类似的爆单，采取订单农业的办法，即提前与产地合作社签订合同，确定种植标准和采购价，以确保产量和品质。他们还自建纸箱包装厂，早上生产下午就能用。培育专业买手队伍，也是品控和供应链的重要保障。美农在西北地区有 30 多名买手，合作时间最长的已有十几年。优秀的买手既要懂货，还要争取更低的价格，同时对产品要有敏锐的市场洞察力，看一眼就要知道能不能成为爆款。

（龙头企业的作用）作为当地产业龙头，美农更深地介入电商变局中。抖音西北直播基地落户武功，美农负责运营，提供培训、招商、会议等服务，并按入驻主播销售额的 0.5%～0.8%获得返点。社交电商、社区电商异军突起时，营销和设计中心仍保留在西安的美农，社区电商业务已经覆盖西安 1000 多个中高端社区，销售额逾 1 亿元。

（产业聚集效应）武功吸引电商的优势并不限于区位，当地物流费比西安还便宜，相当于江浙沪包邮区的价格。地方政府对小电商同样重视，从招商、入驻到生产，武功都有专人一对一带着企业跑流程。

（衍生影响）武功并不满足于仅仅当个电商集散地，纸箱、泡沫等配套加工企业也都顺“链”而来。在产业园一角，投资上亿的农产品加工基地已在建设中。

武功曾采取自建“智慧乡村”小店、共建邮政驿站等形式推广农村电商，由于本地农产品规模小、标准化程度低，加上运费贵等原因，这些尝试效果并不理想。受益于农村淘宝的“临门一脚”，武功农村电商实现全覆盖，“卖东西”渠道窄和“买东西”不方便的痛点由此迎刃而解。

（改变农民观念）武功电商在销的来自武功本地的农产品已超过 130 种。武功盛产猕猴桃，过去因为过量使用农药和膨大剂，长期卖不上价，最便宜时只有一块钱一斤，现在每个售价高达 6.6 元，一个顶过去好几斤。一场电商推动的品质革命正在发生。电商只要 90～120 克的标准果子，用了膨大剂的反而没人要，市场教育了农民。[1]

---

①新华每日电讯. 新疆农产品电商出疆，首选这里“中转”[EB/OL]. http://www.news.cn/mrdx/2021-10/27/c_1310271993.htm.（有改写）

更常见的农村电商模式是农民自发在电商平台上出售各种产品，这也是农村市场经济模式的补充或升级。农村电商并不局限于农产品上行，还带动了乡村工业。在阿里平台上涌现出一批以江苏省睢宁县沙集镇东风村为代表的电商特色村。根据阿里大数据确定的100个电商特色村广泛分布在全国18个省区，非农产品电商村在数量和交易规模上都远超农产品电商村。根据阿里巴巴公司的追溯，最初的试水者是江苏徐州睢宁县沙集镇的“东风村三剑客”[①]，而该村也是全国最早的“淘宝村”之一。2006年，村里三名年轻人先后注册了网店，参考国内外品牌家具设计样式，尝试销售简约时尚的组合木质家具。东风村在淘宝网上卖出的第一件宝贝——收纳架，是村里的木匠依葫芦画瓢做出来的。[②]“三剑客”的创业项目是家具，创业之初村里既无家具厂，也没有快递点，只有10多家网店。经过持续发展，东风村不仅家具产品种类日益丰富，从简易拼装家具到板式家具、实木家具、钢构家具等一应俱全，销售范围也扩展到更多品类，从单一的家具到服装、电子、饰品等产业，能满足多样的消费需求，同时还带动全县电商蓬勃发展。2017年，睢宁县已涌现出51个淘宝村，成为江苏第一大淘宝村集群。[③] 如今的东风村物流、金融、质量检验等相继升级，全面提升电商服务质量，此外还有其他配套产业，如摄影企业、电商运营服务机构、原材料供应商、五金配件厂商、会计服务公司等，彻底改变了原来强生产、弱品牌的不利模式，通过产业升级，实现可持续的高质量发展。[④]

数据显示，2017—2018年在阿里巴巴中国零售平台上，贫困县非农产品销售总额超过300亿元，远高于农产品销售总额，其中290余个贫困县非农产品销售额超过1000万元。贫困县非农产品交易前50强如表1-3所示。

表1-3 2017—2018年贫困县非农产品交易前50强[⑤]

排名	省	市	县(区)	主营产品
1	江西	赣州市	南康区	实木床
2	河北	邢台市	平乡县	自行车

①阿里研究院.中国淘宝村研究报告(2018年)[R].杭州，2018.

②江苏省人民政府.沙集：泥土里长出“电商王国”[EB/OL].http://www.jiangsu.gov.cn/art/2018/11/4/art_64352_7862304.html.

③阿里研究院.首届“中国农民丰收节”电商数据报告[R].杭州，2018.

④中国经济网.江苏省徐州市睢宁县沙集镇东风村：离土不离乡 网上奔小康[EB/OL].http://www.ce.cn/xwzx/gnsz/gdxw/201901/01/t20190101_31152697.shtml.

⑤阿里研究院.首届“农民丰收节”电商数据报告[R].杭州，2018.

续表 1-3

排名	省	市	县(区)	主营产品
3	河南	南阳市	镇平县	颈饰
4	四川	甘孜州	九龙县	—
5	河北	衡水市	武邑县	保险箱
6	安徽	六安市	舒城县	儿童床
7	安徽	宿州市	砀山县	水果罐头
8	江西	赣州市	上犹县	布艺沙发
9	河北	邢台市	广宗县	童车
10	河南	安阳市	滑县	口腔护理
11	江西	上饶市	上饶县	卫浴家具
12	湖北	黄冈市	蕲春县	保健器材
13	河北	保定市	曲阳县	石雕
14	重庆	—	万州区	儿童服装
15	河南	商丘市	虞城县	扩音器
16	江西	九江市	修水县	餐桌
17	安徽	六安市	裕安区	旅行箱
18	河南	周口市	郸城县	篮球鞋
19	江西	赣州市	于都县	吸顶灯
20	河南	信阳市	光山县	棉服
21	安徽	安庆市	潜山县	机械五金
22	安徽	安庆市	宿松县	婴儿奶粉
23	江西	赣州市	瑞金市	羽绒服
24	安徽	阜阳市	阜南县	卫浴家具
25	安徽	亳州市	利辛县	门帘
26	河北	衡水市	饶阳县	T恤
27	江西	上饶市	余干县	卫浴家具
28	河南	信阳市	固始县	垃圾袋
29	河南	开封市	兰考县	民族乐器
30	河北	保定市	涞水县	锅具

续表 1-3

排名	省	市	县(区)	主营产品
31	河南	濮阳市	台前县	照明系统
32	江西	赣州市	石城县	墙纸
33	安徽	安庆市	望江县	儿童套装
34	河北	邢台市	威县	保健护具
35	河南	商丘市	民权县	书包
36	安徽	阜阳市	颍上县	女士袜子
37	安徽	宿州市	泗县	口腔器械
38	江西	上饶市	鄱阳县	卫浴家具
39	河南	新乡市	封丘县	国产白酒
40	河北	保定市	唐县	睡袋
41	河北	衡水市	武强县	花架
42	河南	周口市	商水县	渔具
43	河南	周口市	沈丘县	烧烤架炉
44	河北	沧州市	海兴县	舞服
45	江西	赣州市	兴国县	—
46	重庆	—	秀山县	简易衣柜
47	江西	赣州市	宁都县	墙纸
48	河北	保定市	望都县	低帮鞋
49	安徽	六安市	金寨县	洗发水
50	河北	保定市	易县	手链

有学者研究发现,2016年的淘宝村在地理分布上和20世纪80年代中国乡镇企业的分布惊人相似。[①] 部分淘宝村还能明确找到与原来乡镇企业的联系,如以汉服销售出名的曹县安蔡楼村,曾经生产销售过影楼服饰等产品。[②] 淘宝村的出现意味着农村产业化进入新的阶段,这类乡村工业是新的"乡镇企业",一般规模不大,主要吸收农村剩余劳动力。而早期的工业化就是在比较优势的基础上形成的,

①(美)诺顿.中国经济:适应与增长[M].2版.安佳,译.上海:上海人民出版社,2020:320-321.

②阿里研究院.北大教授邱泽奇:农村电商,为什么是菏泽?[EB/OL].http://www.aliresearch.com/ch/presentation/presentiondetails?articleCode=21434&type=%E6%8A%A5%E5%91%8A&organName=.

比如人力资源、自然资源、地理优势等。[①] “决定一个国家或一个地区乡村工业发展的基本因素包括农业劳动剩余、乡村工业区位、资本供给来源、民间创新能力、乡村社区结构。”[②]“我国农村工业的区位选择一开始就表现出与传统工业区位论不一致的地方,它既没有布局在原料地,也没有布局在接近市场的地方,更不是布局在运输成本最低的地方,而是自然地分布在其所属的乡村。”[③]这种乡村工业是两头在外的模式,即原料的供给和产品销售均不在工厂所在地,而且该经济模式在乡村工业中并不鲜见。韦伯的工业区位理论把原材料分为广布原料、地方原料、纯原料和失重原料(如燃料),如果地方原料需求超过供给限量,对地方和区域来说它们就是“相对广布原料”。[④] 20 世纪 30 年代著名的河北高阳纺织业以及 20 世纪 80 年代的“三来一补”都是典型例子。对于原有的比较优势和两头在外模式,研究者认为两头在外的出现主要取决于制度,因为在所有的制度要素中居于中心地位的是一个复杂的商业关系网络。只要加工业的原材料供应是开放的,在发展的最初阶段,许多乡村区域中的任何地方都有可能发展出小规模的工业,“在以资本短缺为普遍特征的经济体系中,小规模工业得以生存主要在于它动员独立的资本资源的能力”[⑤]。

目前以互联网为销售渠道的乡村工业零售形式一般分为“铺货型”和“精品型”两类。前者在平台上大量上传产品,通过快速拓宽品类来提高销量。它们追求 SKU[⑥] 的数量,很少参与产品研发制造,主要寻求最优价格从工厂或经销商手中拿

---

①淘宝村中有一种类型是与当地的产业基础结合,如浙江青岩刘村就因靠近义乌小商品市场而成为网销日用小商品的源头,采用小额混批的模式进行销售.

②张培刚,张建华.发展经济学[M].北京:北京大学出版社,2009:371.

③杨晓光.中国农村工业发展及其区域效应[M].北京:商务印书馆,2011:245.

④(德)韦伯.工业区位论[M].北京:商务印书馆,1997:56-60.韦伯的讨论通过两个技术系数进行:一是“原料指数”,即所配置资料的重量对制成品重量的比率;二是“配置重量”,即将所有既定区位点之间必须移动的总重量以每吨制成品表示,也就是1加原料指数.如果生产过程是重量获得的,原料指数小于1,配置重量大于1,结果工厂的区位推向消费点;如果生产过程是重量损失的,原料指数大于1,配置重量大于2,工厂定位趋向原材料贮存的位置.这是运输成本变化而劳动成本不变的例子.当劳动成本变化时,工厂区位将脱离其运输定位,而是与其“劳动系数”大小成比例地变为到处移动.所谓劳动系数,即每吨产品劳动成本与被运输的投入和产出总重量之间的比率.加上运输和劳动成本,在更接近辅助工业和更廉价的劳动力的形式上易形成集聚经济,产生了一种在城市中心工厂群集的趋势.不过,这个集中化的趋势会被拥挤中心较高地租的反团聚效应所抵消//(英)布劳格.经济理论的回顾[M].姚开建,译校.北京:中国人民大学出版社,2009:487.

⑤(日)顾琳.中国的经济革命:二十世纪的乡村工业[M].王玉茹,张玮,李进霞,译.南京:江苏人民出版社,2009:12-13.

⑥SKU(Stock Keeping Unit)指最小存货单位.品牌、型号、配置、等级、花色、包装容量、单位、生产日期、保质期、用途、价格、产地等属性中任一属性与其他商品存在不同时,都可称为一个SKU.该概念原用于大型连锁超市的物流管理,由于电商和物流的关系,已成为互联网生产者和消费者常用的概念.

到热门产品的销售权；冲爆品，以短期利益为导向，靠中间信息差获利；是一种小批量、高频次、极速到货的模式，主要参考历史销量走势、商品特点、到货时间、未来销量趋势等信息。这种模式需具备较强的资本实力购买热门产品的授权以及价格不菲的平台流量服务。精品型卖家持有较少SKU，而是集中资源对单款产品长时间运营，根据消费需求持续对产品进行升级改造；开设工厂也并非该类型卖家的必选项，将自主研发和外协生产相结合，可以通过固定的供应商和柔性定制来实现产品升级。比如，江浙一带的电商是由传统贸易工厂转型而来，主要从事某一类产品的生产和销售，因此在供应链上更具优势。华南卖家则多为自己选品，然后找工厂合作。其难处在于，中小卖家难以找到大型工厂，而小工厂产品质量参差不齐，品质难以保障，最终导致店铺在平台上的投诉率上升。为此，卖家需要自建质检团队，前往全国各地的供应商工厂检查产品质量。同时该模式的生产周期无法完全由自己控制，每逢旺季或生产热门产品时，需要等待工厂排期。[①] 上述乡村工业的产业链、销售模式已跨境出海，从业者在实战中谙熟了现代商业世界的规则。

三、推进共同富裕进程

在物质资料的生产过程中，人不仅和自然界发生关系，彼此之间也要发生关系，而人们在生产过程中结成的各种经济关系就称为生产关系。组织结构、管理流程等都可视为生产关系。马克思主义的经典论述告诉我们："随着新生产力的获得，人们改变自己的生产方式，随着生产方式即谋生的方式的改变，人们也就会改变自己的一切社会关系。"[②]

马克思对生产力和生产关系、物质基础和上层建筑关系的深刻论述阐明了科学技术的变化如何影响了人类社会。以工业化为开端的西方现代化，资本的无限扩张，造成了"在一极是财富的积累，同时在另一极，即在把自己的产品作为资本来生产的阶级方面，是贫困、劳动折磨、受奴役、无知、粗野和道德堕落的积累"[③]的残酷现实，引发了大规模的社会不公。中国的现代化道路不同于资本主义现代化的一个重要特征，就是着眼于实现全体人民的共同富裕。习近平总书记指出，我国的现代化"是全体人民共同富裕的现代化"，并强调"共同富裕是社会主义的本质要求，是中国式现代化的重要特征"。改革开放以来，中国共产党人总结历史经验教

---

①见2022年第36期《财新周刊》相关报道.

②中共中央马克思恩格斯列宁斯大林著作编译局.马克思恩格斯文集：第1卷[M].北京：人民出版社，2009：602.

③中共中央马克思恩格斯列宁斯大林著作编译局.资本论：第1卷[M].北京：人民出版社，2004：743-744.

训，充分认识到贫穷不是社会主义，平均主义也不是社会主义，全体人民共同富裕才是社会主义，实现全体人民共同富裕是社会主义制度优越性的重要体现。中国式现代化道路的重要目标之一是实现全体人民共同富裕，而实现共同富裕既需要以高度发达的社会生产力为基础，又不能脱离与之相适应的生产关系，因此必须重视发展生产力，不能脱离生产力讲共同富裕，要在高质量发展中促进共同富裕。同时，也要充分认识到，共同富裕需要社会主义制度保障，要通过合理的制度让发展成果更多更公平地惠及全体人民。只有在生产资料公有制的基础上，与按劳分配制度一起，才能在不断发展生产力的基础上实现劳动者个人财富和社会共同财富的不断增长。

在农业农村研究中，亲小农派学者如恰亚诺夫、卡尔·波兰尼、詹姆斯·斯科特等认为农业不能完全走工业化、规模化的现代化之路。近几十年来，随着新自由主义全球化，一些发展中国家大力推行"贸易自由化、私有化和'推开政府'（对遵循小农路线的农业发展，政府开支与援助资金都减少）等政策"[①]，农业也被卷入全球的市场竞争中，贫富分化加剧，这与我国社会主义制度严重相悖。2001 年中国加入世贸组织，意味着也会受农业贸易自由化影响，为了保障农业安全和农民利益，中央从 2004 年开始全面实行粮食直补、良种补贴和农机具购置补贴政策。党和政府从执政的初心出发，一贯坚持"大国小农是我国的基本国情农情。当前，全国小农户数量约占各类农业经营户总数的 98%，经营耕地面积约占耕地总面积的七成。人均一亩三分地、户均不过十亩田的小农生产方式，是我国农业发展需要长期面对的基本现实，农业在相当长时期仍将是我国几亿农民生存和就业的基础产业。""我国国情决定了我们不能学欧美的模式，短期内不应该、也不可能把农民的土地集中到少数主体手上搞大规模集中经营。同时也不可能走日韩高投入高成本、家家户户设施装备小而全的路子。现阶段，最现实、最有效的途径就是通过发展农业社会化服务，把一家一户干不了、干不好、干起来不划算的生产环节集中起来，统一委托给服务主体去完成，将先进适用的品种、技术、装备、组织形式等现代生产要素有效导入农业，实现农业生产过程的专业化、标准化、集约化，从而实现农业现代化。"[②]只有将小农和农业社会化服务结合起来，才能既提高农业生产力，又能保障农民的权益。

要想提高农业的生产力，将分散的劳动力组织起来是必须的。整体上，农业产

---

①（英）伯恩斯坦. 农政变迁的阶级动力[M]. 修订版. 汪淳玉，译. 北京：社会科学文献出版社，2020：115－116.

②中国政府网. 以专业化社会化服务引领农业现代化发展——农业农村部就《关于加快发展农业社会化服务的指导意见》答记者问[EB/OL]. https://www.gov.cn/zhengce/2021-07/16/content_5625385.htm.

业化的组织模式大致可以分为纵向和横向两大类。纵向组织模式是按照生产、加工、销售等环节，将农业产业链上的所有主体结合起来。典型的组织模式是“公司＋基地＋农户”，形成龙头企业为主导的“市场—龙头—基地—农户”，实现农工商一体化。农民一般以土地（流转）、房屋（出租）、资金（参股）、劳动力（成为产业工人）等生产要素参与其中，除了工资性收入，部分农民还会有财产性收入。这类组织模式下人员分工得到细化，农民不再全程参与农产品的种植决策和生产销售，因此需要设计合理的经营和分配制度，处理好劳动者和经济组织的关系。不少农民合作组织具有“公司化”趋势，它们既想拥有合作社的政策优惠，又希望按照股份有限公司的运作方式管理，但合作社制度设计的本义是社员的联合而非资本的联合，“一人一票”而非“资本决定票数”，是股份分红而非交易量分红。① 在这种经营模式下，单个农户参与决策和管理的可能性很小。横向组织模式是由农业专业合作社等牵头，以自愿合作的原则，把分散的、小规模的同类农产品生产主体联合起来，实现资金、技术、人才等资源的横向联合，主要在农业生产原料供应和农产品加工销售等环节进行合作。这类合作较为松散，但生产主体自主性较高，在经营和管理上农民可以参与合作社的集体决策。恰亚诺夫曾指出，纵向一体化的利润要比横向一体化高，但资本可以将很大一部分经营风险转嫁给农民，因此需要合理地控制资本。②

比如大型互联网平台企业，原本主要是在销售环节与农业发生关系，继而跨界进入生产、流通环节，向产业链上游和下游延伸。很多公司原本都不专业从事农业，但现在都积极拓展涉农业务，如阿里的淘宝村、盒马基地等，属于非农资本进入农业。平台经济的优势来自收集个人和商业数据，并对用户进行匹配。大数据提供的深层信息促成了跨界经营的必然性。目前看来，互联网平台企业与农民之间的劳动关系认定较为清晰，并未出现其城市业务中雇佣人员劳动关系归属模糊、职业安全与劳动保障存在潜在风险等问题，但是作为强有力的经济组织，互联网平台企业真正要做好农业现代化的推动者，理清权责利，与农民共同前进，也还有很长的一段路要走。当然，“对平台经济行为一定要做深入细致的分析，而不能简单地搞一刀切式的判断。”③

---

①国务院发展研究中心农村经济研究部课题组. 稳定与完善农村基本经营制度研究[M]. 北京：中国发展出版社，2013：55－56.

②（俄）恰亚诺夫 A. 农民经济组织[M]. 萧正洪，译. 北京：中央编译出版社，1996：263.

③黄益平，北京大学平台经济创新与治理课题组. 平台经济：创新、治理与繁荣[M]. 北京：中信出版集团，2022：40.

无论是当代资本主义，还是现阶段中国特色社会主义，实行的都是市场经济或商品经济，都要受到商品经济的基本规律——价值规律的支配和制约。但是，在不同的社会制度特别是不同的生产资料所有制下，同样的价值规律却会导致完全不同的结果。社会主义市场经济以人民为中心，生产的目的是实现共同富裕。[①] 当前我国农村的所有制形式主要为集体经济，还有少量的国有经济、混合所有制经济和非公有制经济。以公有制为主体多种所有制经济共同发展的基本经济制度保障了农民权益，促进了社会公平。

在社会主义市场经济中，除了生产资料公有制范围内的按劳分配以外，还有按生产要素分配的方式，生产要素的所有者根据所有权获得报酬是生产资料所有权在分配上的具体表现。在农村按生产要素分配的方式中，土地要素的分配变化最为瞩目。

长期以来，我国土地利用总体规划、城镇建设规划只编制到乡镇一级，对村庄建设规划编制不足。[②] 国土空间规划对城市考虑较多，自然经济条件下的乡村空间则多为自然和历史形成。“整体上，传统农村地区有相当数量的农业和非农土地并没有发挥其应有的价值，配置效率和投资效率都非常低下，严重制约了农地的规模经营、农业现代化以及国家耕地保护目标的实现。”[③]

过去，农民承包的土地不能流转、抵押，带来了农业经营规模小、农民组织化程度低、农业要素生产率及使用效益不高的问题，同时也造成农村土地监管职责不明、超标准占用宅基地、村庄格局缺少规划等问题。随着乡村经济的发展，产业用地逐渐增加，如观光休闲农业的配套居住、餐饮、办公等附属设施需要用地，因此必须在一定程度上对土地加以集中。由于我国现有农用地用途管制严格，尽管可以使用3%～7%的附属设施用地，但对规模总量、地块位置、使用方式等严格限制，而且必须申请建设用地指标，在实践中往往难以满足返乡下乡创业和发展新型农业的需要，甚至一些特色农业园连建设冷库、分拣车间和农具储藏室都难以实现。[④]

农村劳动力的非农化导致劳动力数量下降，同时随着农业机械化水平提高以及土地复垦、退耕还林政策的实施，为发展规模化、集约化、信息化的农业提供了空

①冯金华.以人民为中心和以资本为中心：两种发展道路的比较——基于劳动价值论的若干思考[J].学术研究，2020(12).

②叶兴庆，金三林，韩杨，等.走城乡融合发展之路[M].北京：中国发展出版社，2019：43.

③陶然.人地之间：中国增长模式下的城乡土地改革[M].沈阳：辽宁人民出版社，2023：226.

④叶兴庆，金三林，韩杨，等.走城乡融合发展之路[M].北京：中国发展出版社，2019：129.

间。而农业产业化程度加深，又使得土地承包权和经营权分离的趋势加大。在三权分置下，通过土地流转使原来的小块土地经营权集中，改善了土地碎化和闲置现象，农业适度规模化经营逐渐得以实现，我国的人地矛盾随着农村劳动力转到非农部门就业得到了缓解。

农村的人口、土地、生产结构变化也对村庄一级的土地规划布局提出了新要求。要将农村新型社区建设与一二三产业结合，聚集相关经济活动，增加农民收入；要以农民意愿为前提，因地制宜探索适度集中居住和培育职业农民；要统筹盘活闲置宅基地，整合集体建设用地优先用于发展乡村经济，激发村镇发展活力。在空间布局上，要沿公路线到工业园区或是利用村中原有的学校、公共场所开设工厂；还可以通过盘活农村闲置资源如撤并村、撤并学校等形成的闲置场所解决土地需求。

【案例】

湖南省委省政府《关于支持贫困地区发展产业扩大就业的若干政策》下发后，江华瑶族自治县及时出台了减免税费、给予厂房建设补贴、用工补助、培训、金融支持等优惠政策，支持和引导小微企业下乡进村开设工厂（车间），全县有条件的村都兴办了一家就业岗位在30人以上的小微工厂（车间）。

企业打破传统流水线生产模式，把生产工序化整为零，每一道工序一个工厂（车间）单独操作，上班时间灵活自由、各自工作互不影响，吸纳贫困人口“家门口”务工就业。创新了“复杂工序在园区，简单生产在村里”“车间在村里，生产在家里”“培训在公司，生产在家里”“回乡创业，家庭作坊”四种方式。

通过小微企业进乡村，一是实现贫困群众“家门口”就业，达到“挣钱顾家两不误”的目的；二是有效克服贫困户“等靠要”思想，激发通过劳动致富的内生动力，提振脱贫摘帽的信心和志气；三是实现了劳动力转移，为留守妇女、单身青年、待业青年的“增收”“脱单”“学习”提供了平台，促进乡风文明，助推社会和谐；四是有效解决企业招工困难的问题，也免去企业建设宿舍楼、食堂等基础设施的压力，降低运营成本；五是加快推进农村一二三产业融合，既让贫困村通过收取闲置厂房的租金，提高了村级集体收入，又培养了一批“小老板”和致富带头人，为农村经济发展注入新活力，达到贫困户稳定脱贫、企业盈利、资产盘活、多方共赢的喜人局面。

目前，全县已有460多家小微企业（车间）进乡村，年产值近10亿元，去年“江华至义乌”物流专线开通后，江华人在义乌办的60多家企业中，就有20多家回江华进乡村办厂，其他正在筹备回乡办厂。这些小微企业涉及皮具、塑料包装、制衣、电子、门窗、制香等行业，吸纳11000多个留守劳动力（其中贫困劳动力40%以上）家门口就业，人均年增收1.8万元以上。[①]

在现行法律下，农村集体所有的土地分为耕地、宅基地和农村建设用地（公益事业及公共设施用地）三个部分，只能为农业或集体经济组织成员所用。对超出范围的非农用地，必须通过征用转变成国有土地，因此进入农业农村的投资项目往往受到缺乏国有建设用地指标的困扰。

针对农村的变化，国家有关部门出台了一系列政策进行调整，强化乡村产业发展特别是农村产业融合的要素保障。2015年国务院办公厅文件和2020年中央一号文件都对乡村产业发展项目单列国有建设用地指标做出规定。但地方政府建设用地指标大多比较紧缺，成本也比较高，而投向乡村产业发展的财税等贡献有限，尤其涉农企业需要以优惠的价格供地，因此地方政府既要损失财税，又要补贴地价，如果上级政府没有检查督导，为乡村产业单列国有建设用地指标意愿不足。2017年，原国土资源部、国家发展和改革委员会联合印发《关于深入推进农业供给侧结构性改革做好农村产业融合发展用地保障工作的通知》，提出各地区在编制和实施土地利用总体规划中，要适应现代农业和农村产业融合发展需要，优先安排农村基础设施和公共服务用地，做好农业产业园、科技园、创业园用地安排；乡（镇）土地利用总体规划可以预留少量（不超过5%）规划建设用地指标，用于零星分散的单独选址农业设施、乡村旅游设施等建设。2021年1月，自然资源部、国家发展和改革委员会、农业农村部联合印发《关于保障和规范农村一二三产业融合发展用地的通知》，对保障农村一二三产业融合发展合理用地需求、为农村产业发展壮大留出用地空间作出安排，提出把县域作为城乡融入和发展的重点切入点，科学编制国土空间规划。2021年4月，农业农村部等10部委联合印发《关于推动脱贫地区特色产业可持续发展的指导意见》，就完善用地政策做出具体部署。

新型城镇化背景下小城镇的发展能创新农村建设用地方式，将分散的用地资源集中到小城镇与产业园区，提供产业用地保障，既能缓解产业发展面临的土地资源紧张难题，发展旅游、特色农产品加工等产业，形成一批特色小镇，也可以承接外

①江华瑶族自治县人民政府.江华瑶族自治县产业扶贫工作总结[EB/OL].http://www.jh.gov.cn/jhnyncj/0200/201909/a0825f4b831646669e80f8a6f2a0d124.shtml.

部产业转移。在这一过程中,既保护了农村集体经济组织成员的承包权,又保障了经营者的权益。通过优化土地资源配置和适度规模经营,提高了劳动生产率,实现农业规模效益。在改革的进程中,"从组织创新到制度创新都不可以避免地涉及多样化和规范化的关系",但"对多样化的肯定不能超出合理的限度,因为整个旧体制的交替过程,总在较深层次上有一些共同的问题,要靠共同的制度和组织规范才可能真正解决";"丰富多样的个性中所包含的内在稳定的共性,是农村深层改革中十分值得注意把握的命题"。[①] 在农村土地所有权、使用权和经营权的改革中,尤其需要制度设计来保障各方权益,防止出现农民失地又失业的现象。

按照生产要素进行分配,农民的收益目前还涉及其他自然资源、资本要素分配(股息、房屋租金、分红等),知识、技术、信息要素分配(农艺、园艺技术入股),管理要素分配等,符合我国按劳分配为主体、多种分配方式并存的基本分配制度。

坚持公有制为主体、多种所有制经济共同发展和按劳分配为主体、多种分配方式并存,把社会主义制度和市场经济有机结合起来,不断解放和发展社会生产力,体现了我国制度的显著优势。"从微观层次来看,只有在一定的制度条件下,反映某一技术关系的生产要素组合才能实现;从宏观层次来看,各种制度安排之间的相互依存性,在很大程度上决定了各种生产要素组合(技术关系)之间的相互作用;从经济发展史来看,制度的调整和变动决定着经济结构和经济发展的长期走势。"[②] 社会主义基本经济制度把公有制、按劳分配等和市场经济有机地结合起来,发挥宏观性、长远性和灵活性优势,能够保障广大农民平等参与现代化进程、共同分享现代化成果以及共同完成农业农村现代化的宏业。

四、助力有为政府引领

在任何一个社会,政治的核心是国家,最强有力的核心组织是政府。经济基础和上层建筑的辩证关系集中体现为经济和政治的辩证关系,二者有机统一,不可割裂。经济是政治的基础,政治是经济的集中表现。在社会主义中国,就是要把坚持加强党的领导和尊重人民首创精神相结合,在改革实践中贯彻党的群众路线、坚持人民主体地位、尊重人民群众在实践活动所表达的意愿和所创造的经验;坚持边实践边总结,从实践中获得真知,以符合马克思主义认识论和方法论;坚持做好顶层设计、规划统筹,提出战略目标、战略重点,确定优先顺序、主攻方向,制定工作机制

①周其仁. 产权与中国变革[M]. 北京:北京大学出版社,2017:89-90.
②张培刚,张建华. 发展经济学[M]. 北京:北京大学出版社,2009:57.

等。在中国共产党的领导下，脱贫攻坚、乡村振兴上升为国家战略，通过健全体制机制，强化以工补农、以城带乡，推动形成了工农互促、城乡互补、协调发展、共同繁荣的新型工农城乡关系。

我国的社会主义市场经济体制强调有为政府与有效市场的结合。市场经济的基础是分散决策，亚当·斯密形容市场为“看不见的手”，经济主体自律、诚信则是决定利益长久的约束力量，即个人自利行为最终转化为社会福利。但历史的经验和教训证明市场之手也常常会失灵。在现代市场经济中，不能只通过自发的市场调节来实现价值规律，还需要政府进行必要的干预和调节。要充分发挥市场在资源配置中的决定作用，更要发挥好政府作用，把市场经济和社会主义制度的优势都发挥出来。作为第三方，政府畅通信息，通过合理引导、适当监管和协调决策，可以营造良好的发展环境，建立有效的服务提供系统，提供必要的公共服务。借助数字技术，政府能为各类社会主体（公众、企业、社会组织等）提供参与社会治理的技术便利和数据支持，同时还能了解社会运行状况，掌控社会舆情。

2013年11月9日，习近平总书记在中共十八届三中全会作《关于〈中共中央关于全面深化改革若干重大问题的决定〉的说明》时指出：“我国实行的是社会主义市场经济体制，我们仍然要坚持发挥我国社会主义制度的优越性、发挥党和政府的积极作用。市场在资源配置中起决定性作用，并不是起全部作用。”①在推进与农业农村现代化密切相关的城镇化过程中，习近平总书记也指出：“推进城镇化，还要注意两对关系。一是市场和政府的关系，既坚持使市场在资源配置中起决定性作用，又要更好发挥政府在创造制度环境、编制发展规划、建设基础设施、提供公共服务、加强社会治理等方面的职能。二是中央和地方关系，中央制定大政方针、确定城镇化总体规划和战略布局，省及省以下地方则从实际出发，贯彻落实总体规划，制定相应规划，创造性开展建设和管理工作。”②

黄宗智曾指出，中国近三十年的市场化发展奇迹的动力主要来自国家，首先是乡（镇）、村级（集体）政府推动的乡村工作化，而后是各级政府带动的“招商引资”。在市场化运作中，国家体制一方面显示了某些弊端，但一方面也建立或扩大了许多专业化的合理部门与管理体系。“中国当前的经验和问题是史无前例的，不可能通过任何学科或学派的议定前提来解决。”③由中央进行顶层设计和统筹，完善发展

①中共中央文献研究室.习近平关于全面深化改革论述摘编[G].北京：中央文献出版社，2014：57.
②中共中央文献研究室.十八大以来重要文献选编：上[G].北京：中央文献出版社，2014：592.
③（美）黄宗智.中国的隐性农业革命[M].北京：法律出版社，2010：78-79，83.

目标、政策体系和考评标准，为地方发展工作提供遵循，是一项成功的治国理政经验。最为外界熟知的是"一五"到"十四五"规划，都是国家通过规划编制和实施来实现治理目标。下面，我们列表对比中国共产党的十九大报告与二十大报告中对中国农业农村现代化目标表述的区别(见表1-4)。

表1-4　十九大报告与二十大报告对中国农业农村现代化目标的表述

相关领域	十九大报告	二十大报告
总体表述	农业农村农民问题是关系国计民生的根本性问题，必须始终把解决好"三农"问题作为全党工作重中之重	全面建设社会主义现代化国家，最艰巨最繁重的任务仍然在农村
城乡关系	要坚持农业农村优先发展，按照产业兴旺、生态宜居、乡风文明、治理有效、生活富裕的总要求，建立健全城乡融合发展体制机制和政策体系，加快推进农业农村现代化	坚持农业农村优先发展，坚持城乡融合发展，畅通城乡要素流动
人才组织建设	加强农村基层基础工作，健全自治、法治、德治相结合的乡村治理体系；培养造就一支懂农业、爱农村、爱农民的"三农"工作队伍	加快建设农业强国，扎实推动乡村产业、人才、文化、生态、组织振兴
粮食安全	确保国家粮食安全，把中国人的饭碗牢牢端在自己手中	全方位夯实粮食安全根基，全面落实粮食安全党政同责，牢牢守住十八亿亩耕地红线，逐步把永久基本农田全部建成高标准农田，深入实施种业振兴行动，强化农业科技和装备支撑，健全种粮农民收益保障机制和主产区利益补偿机制，确保中国人的饭碗牢牢端在自己手中
设施农业	—	树立大食物观，发展设施农业，构建多元化食物供给体系
农民增收	促进农村一二三产业融合发展，支持和鼓励农民就业创业，拓宽增收渠道	发展乡村特色产业，拓宽农民增收致富渠道；巩固拓展脱贫攻坚成果，增强脱贫地区和脱贫群众内生发展动力
经营制度	构建现代农业产业体系、生产体系、经营体系，完善农业支持保护制度，发展多种形式适度规模经营，培育新型农业经营主体，健全农业社会化服务体系，实现小农户和现代农业发展有机衔接	巩固和完善农村基本经营制度，发展新型农村集体经济，发展新型农业经营主体和社会化服务，发展农业适度规模经营

续表 1-4

相关领域	十九大报告	二十大报告
土地要素	巩固和完善农村基本经营制度，深化农村土地制度改革，完善承包地“三权”分置制度；保持土地承包关系稳定并长久不变，第二轮土地承包到期后再延长三十年；深化农村集体产权制度改革，保障农民财产权益，壮大集体经济	深化农村土地制度改革，赋予农民更加充分的财产权益；保障进城落户农民合法土地权益，鼓励依法自愿有偿转让
保障条件	—	统筹乡村基础设施和公共服务布局，建设宜居宜业和美乡村；完善农业支持保护制度，健全农村金融服务体系

可以看出，经过五年的发展，国家农业农村现代化的总体原则没有改变，即农业农村的重要性不可替代，城乡关系也仍是农业农村优先发展；但在人才组织建设、粮食安全、土地要素、农民增收来源方面的规划随着形势和现实的变化更为细致和明确，设施农业则首次在党的重大报告中提出，凸显了数字技术在农业现代化中的重要性。

在理解顶层设计的重要性时，要务实辩证地看待政府与市场的关系并不是非此即彼的对立。从历史上看，那些率先实现工业化的国家在工业化阶段曾普遍采取了关税保护、产业补贴等政策，而非市场主体之间完全自由竞争。技术生产与传播会围绕信息连接确立后的生产网络组织，大部分会独立于政府行为之外，但是政府在“提供人力资源（亦即各个层级的教育）和科技基础设施（尤其是可接近、低成本和高质量的通信和信息）方面的角色仍然十分重要”①。

强调经济制度在社会制度及其变迁中的基础地位，也是马克思主义政治经济学的重要特点。制度影响资源配置的效率，会约束人的行为，也会激励人的决心，对私人决策会产生决定性的影响。农作物种植决策的风险包括自然风险和市场风险，经济作物通常是随行就市，因此需要政府进行政策指导和宏观调控，控制经济作物的市场风险。政府的引导和支持还体现在就业引导以及基础设施、公共服务方面。“政府行为的一个主要作用应该是帮助农业和农村人口做出调整，以适应农业就业机会的减少。这意味着政府干预的重点应从产品市场转移到要素市场（尤其是劳动力市场）。农民福利的增加更加依赖于劳动力市场而不是产品市场。”“政

①（美）卡斯特. 网络社会的崛起[M]. 夏铸九，王志弘，等译. 北京：社会科学文献出版社，2006：115.

府要能够让市场充分地、有效地发挥作用，并且运用政府的资源去从事那些市场无法有效完成的重要活动，以便降低经济增长中农业的调整成本，并逐步消除城乡生活在质量方面和多样化方面的差距。"[1]互联网、电力等基础设施建设能够产生积极的溢出效应，促进经济增长，但大型基础设施建设仅靠市场调节是不现实的，因为超前建设往往会存在沉没成本，同时投资周期也会非常长，普通的企业很难承担。而且互联网基础设施有别于传统基础设施，其技术迭代升级迅速，持续性投资需求大，也就意味着建设和运营对技术要求高，需要培养大量技术型人才和融合型人才。

我们国家这些年来的相关政策（见附录1）清晰地勾勒出互联网在农村从无到有所带来新的就业机会、催生出新的产业并产生全方位影响的过程。国家通过顶层设计，实施了一系列信息惠民工程，如信息进村入户工程、"宽带乡村"工程、"数字乡村发展战略"工程等，广大农村地区的互联网从无到有。

我国的农村互联网基础设施建设主要由国家电网、中国移动、中国电信、中国联通等国企承担。以中国电信为例，据2021年《中国电信数字乡村白皮书》披露，中国电信已拥有1亿多农村移动用户、6650万农村宽带用户、5600万IPTV用户、超10万个农村服务网点，建设完成超过20万个"平安乡村"示范村，数字乡村综合信息服务平台落地服务630多个县（区）。[2] 2022年6月，我国现有行政村已全面实现"县县通5G、村村通宽带"。行政村通光纤比例从不到70%提升至100%，平均下载速率超过100 Mb/s，基本实现与城市同网同速。[3] 又据《第51次中国互联网络发展状况统计报告》显示，截至2022年12月底，我国农村网民规模达3.08亿，占网民整体的28.9%。[4] 农村互联网设施建设不仅有效地解决了农村缺乏信息资源乃至闭塞的问题，也成为农民就业创业的"新工具"。研究显示，宽带建设使农村家庭创业率显著上升了4.8个百分点，尤其是显著促进了批发零售方面的创业。[5]

下面简单介绍一下信息通信网络在广西壮族自治区的覆盖情况。

---

①（美）约翰逊．经济发展中的农业、农村、农民问题[M]．林毅夫，赵耀辉，编译．北京：商务印书馆，2004：389．

②中国电信．数字赋能！中国电信助力长沙县果园镇打造乡村振兴新样本[EB/OL]．http://www.chinatelecom.com.cn/news/03/202104/t20210413_60388.html．

③中国国际电子商务中心．中国农村电子商务发展报告（2021—2022）[R]．北京，2022．

④中国互联网络信息中心．第51次中国互联网络发展状况统计报告[R]．北京，2023．

⑤王剑程，李丁，马双．宽带建设对农户创业的影响研究——基于"宽带乡村"建设的准自然实验[J]．经济学：季刊，2020(1)．

【案例】

广西目前农村地区信息通信网络发展水平处于西部地区先进水平，处于全国农村地区第一方阵。广西信息通信行业按照国家、自治区党委政府工作要求，大力开展农村通信基础设施建设，构建城乡一体、“同网同质”的信息通信网络。近年来，争取中央财政电信普遍服务补助资金近 20 亿元，自治区乡村振兴 4630 万元，加上企业投资，累计投资 70 多亿加快农村地区信息通信基础设施建设，2018 年实现行政村 100%通光纤网络，2019 年行政村 100%覆盖 4G 网络（共有 14220 个行政村）；2020 年以来，大力推进光纤、4G 网络向自然村延伸覆盖，2020 年底广西率先建成全国光网第一省，2022 年广西已基本实现 5 户以上自然村通 4G 网络和 20 户以上自然村通光纤（广西 19.3 万个自然村 4G 网络和光纤网络覆盖率超过99.7%和 89.7%，均比 2019 年提高了 12%），距边境 0～3 千米范围的带状区域基本覆盖 4G 网络。同时，也同步在有需求的农村地区开展 5G 和千兆光纤网络建设，已建成的 6.2 万个 5G 基站中有 1.5 万个 5G 基站布局建设在农村地区，乡镇和行政村 5G 覆盖率分别为 100%和 50%。千兆光纤网络已覆盖全区乡镇及以上行政区域，覆盖全区 77%的行政村。全区中小学校（含教学点）100%覆盖宽带网络。[①]

我国的顶层设计多以部门分工的形式加以落实，如 2015 年 12 月国务院办公厅印发的《关于推进农村一二三产业融合发展的指导意见》，涉及发展改革委、农业部、科技部、工业和信息化部、财政部、商务部、教育部、科技部、水利部、交通运输部、国土资源部、人力资源和社会保障部、文化部、民政部、人民银行、银监会、证监会、保监会、税务总局、旅游局、能源局、林业局、工商总局、供销合作总社、扶贫办、地方人民政府等多个政府部门，均各司其职，承担相应的任务。中央政府对农村信息化发展的顶层设计力度不断增强，形成“速度—广度—质量”三位一体的农村信息基础设施建设政策框架。[②] 农业农村现代化较常涉及的中央部门及业务范围的对应关系如表 1-5 所示。

---

①广西区通信管理局. 加快数字乡村网络基础设施建设新闻发布会答记者问全文[EB/OL]. 广西区通信管理局微信公众号，2022-11-23.

②曾亿武，杨红玲，郭红东. 农村信息化发展顶层设计：政策回顾与前瞻[J]. 农林经济管理学报，2020(1).

表 1－5　农业农村现代化较常涉及的中央部门及业务范围的对应关系[①]

部门	业务范围
农业农村部	种植、养殖
商务部	电商、交易和流通
工业和信息化部	数字农业、数字乡村的技术支持
乡村振兴局	脱贫攻坚、乡村振兴
发展改革委	产业创新
互联网信息办公室	数字乡村建设指南

以商务部为例，为了助力互联网电商进入农村，尤其是贫困地区，商务部主导了“电子商务进农村综合示范”项目，从 2014 年开始，到 2020 年实现了 832 个贫困县全覆盖。通过“项目制”的方式将中央专项资金分配到地方，主要用于建设农村电子商务公共服务体系、健全县乡村三级物流配送体系、推动农村商贸流通企业转型升级、培育农村电商创业带头人等；再进一步整合社会资源，使得社会主体通过竞标方式参与项目建设。通过财政引导资金，以杠杆撬动社会资本投入，实际上起到了创新农业农村投融资机制、吸引扩大社会资本投资的作用，增强了乡村内生发展动力。[②]

下面以江西省某县为例。根据公开文件显示，该县于 2021 年实施电子商务进农村综合示范工作，预计总投资 2450 万元，其中中央财政资金1000 万元，县财政配套 350 万元，社会资本 1100 万元。对中央财政资金的使用该县也有明晰且严格的规定，具体项目分项及中央财政资金使用细则如表 1－6 所示。

表 1－6　电子商务进农村综合示范项目分项及中央财政资金使用细则[③]

项目分项	中央财政资金具体用途和支持标准	中央财政资金支持的比例
县域电子商务公共服务中心提升建设项目	主要用于电子商务公共服务中心的软硬件提升改造，引进优质第三方电商服务资源，以及对维护县电子商务公共服务中心的正常运营（如房租、水电、网租等）等费用给予补贴	原则上不超过 15%，每个示范县只支持提升改造 1 个县域电子商务公共服务中心

①由公开资料整理而得.

②当然，有时候也会超出一般业务范围，如农业农村部曾与淘宝、滴滴橙心优选等平台积极合作，探索电子商务与农民合作社的合作模式，在农产品采销、冷链仓储、品牌推广上进行对接，推动合作社产品进城，增加农民收入//农业农村部信息中心，中国国际电子商务中心.2021 全国县域数字农业农村电子商务发展报告[R].北京，2021.

③根据地方政府公开文件整理而得.

续表 1-6

项目分项	中央财政资金具体用途和支持标准	中央财政资金支持的比例
人员培训项目	只能用于支持电商培训项目的实施和向社会公开采购培训服务，不能用于补贴培训机构购置电脑、投影仪、音响设备、培训桌椅等硬件设施设备和基建装修费用。补贴标准要符合国家财政部、中共中央组织部、国家公务员局联合印发的《中央和国家机关培训费管理办法》或江西省有关培训的具体规定	原则上不超过10%，至少应选择两家以上具备资质的培训机构
县域电子商务物流快递配送体系巩固提升建设项目	主要用于补贴物流快递资源整合、改造升级公益性(冷链)仓储分拣物流快递集散中心和县乡(镇)村级物流快递配送中心(点)以及公共配送平台费用；开展共享物流快递信息数据应用平台建设、乡村邮路建设等	农村产品对发往县域外网货上行物流补贴，每单补贴不超过1元，补贴对象为农村产品经营主体，单个农村产品经营主体补贴额度最高不超过10万元；工业品下行不予补贴
农村产品上行体系建设项目	主要用于培育区域公用品牌，开展农产品国家地理标志、国家生态原产地产品保护认定和绿色食品、有机食品等产品资质认证，以及农村产品流通标准化、生产认证、商标注册、品牌培育、品控溯源和质量认证等综合服务体系建设；开展农村产品上行分等分级、初加工、包装、冷链仓储等基础设施建设；开展农村产品产销对接，鼓励企业积极参加各类展销展览推广、与第三方平台合作建设线上推广平台、打造农村产品电商多元化供应链等	对农村产品上行的各类项目的补贴，单个项目补贴额不超过项目投资总额的50%
乡镇商贸中心示范建设项目	主要用于改造升级乡镇商贸中心，对乡镇商贸中心经营场所进行的基础装修(不含土建)、购置必要的硬件设施设备等进行补贴	补贴的乡镇商贸中心应开设在乡镇(城关镇除外)，场地面积一般在2000平方米以上，单个项目补贴额度不超过项目投资总额(不含土建)的50%
农村电子商务规划及宣传推广项目	主要用于县电子商务产业发展规划的编制、商务政策宣传和示范创建工作；开展创业创新大赛、直播助农、电商节、论坛交流等活动推动产品上行；支持成功经验、典型案例的总结和推送工作	支持金额最多不超过10%

上表中，只有第三项对农村产品的经营主体进行补贴，其余均是为了给县域内电商创造更好的经营环境或提供更加完善的基础设施。作为我国最基本的行政职能单元，县的建制相对完备，功能较为齐全，和基层民众关系密切，财政上自主性强，因此是推行国家项目制很好的载体。也即通过中央决策、地方执行及政策法规的引导和支持，调动市场对资源的配置作用，再由上一级政府对下一级政府执行监督和评估，并采用分期拨款、追加投资等方式对项目进行监督考核，做好激励和约束工作。

"电子商务进农村综合示范"项目的实施显著提升了农村劳动力本地就业率，开始试点后不久农村劳动力本地就业比例整体提高了近 3 个百分点。研究显示，经过一系列稳健性检验后，该结论依然成立。[①] 以下是广西壮族自治区的情况。

【案例】

2015 年至 2021 年，广西共 66 个县获批电子商务进农村综合示范县，县(市)覆盖率达 94%，基本建设和完善了县、乡、村三级具有服务农产品上行和工业品下行功能的物流配送体系、电子商务公共服务体系。示范地区累计建成服务站点 6016 个，物流配送网点 8839 个，农村电商业务累计培训 37.16 万人次，电商带动就业 67.27 万人，网络零售额累计达 325.68 亿元，培育农产品网销单品 28515 个。[②]

由于各地电商发展态势良好，该综合示范项目除了向贫困县覆盖以外，也向一些电商基础较好又需资金资助的县覆盖。

各级政府也可以运用财政补贴、税收减免和低息贷款等经济激励手段提供农村农业发展支撑。目前，农产品初加工业发展迅速。农产品初加工业是延长产业链和提高经济附加值的有效手段，为了鼓励发展，政府出台了相应政策。

【案例】

江西省政府 2021 年 9 月发布《农产品初加工税收减免政策》。农产品初加工依法享受国家税收减免政策，根据国家相关文件，种植业类的粮食、林木产品、园艺植物(含水果、蔬菜、花卉初加工)、油料植物、糖料植物、茶叶、药用植物、纤维植物、热带和南亚热带作物初加工，畜牧业类的畜禽类、饲料类、牧草类初加

①张琛，马彪，彭超. 农村电子商务发展会促进农村劳动力本地就业吗[J]. 中国农村经济，2023(4).

②全国电子商务公共服务网. 广西农村电商创新路助农致富奔康[EB/OL]. https://dzswgf.mofcom.gov.cn/news/43/2021/8/1629958736881.html.

工，渔业类的水生动物、水生植物初加工，均享受企业所得税优惠政策。以购进农产品为原料生产液体乳及乳制品、酒及酒精、植物油的增值税一般纳税人，其购进农产品无论是否用于生产上述产品，增值税进项税额均按照《农产品增值税进项税额核定扣除试点实施办法》规定抵扣。农产品加工企业购进农产品，可凭增值税发票、海关进出口增值税专用缴款书、农产品收购发票或销售发票抵扣进项税额。下一步，将继续支持地方扩大农产品加工企业进项税额核定扣除试点行业范围，完善农产品初加工所得税优惠目录，落实税收优惠政策。①

此外，前文提到的互联网带动农村产业发展涉及新的土地需求和土地规划问题，国家为公共利益的需要，可以依法对集体所有的土地实行征用。通过政府的整体规划，可以高效集中地使用产业发展所需要的土地。互联网在农村能产生巨大影响，还有一个配套条件是政府主导的城乡交通道路建设。“要想富，先修路”（见附录 2 和 3），信息流通与空间流通形成了叠加效应。

①江西省人民政府. 农产品初加工税收减免政策[EB/OL]. http://www.jiangxi.gov.cn/art/2021/9/24/art_61129_3631021.html.（有改写）

第二章　作为通用技术的互联网

科学技术是人类经济社会发展的重大驱动力，人类在工业革命之后创造了前所未有的财富证明了这一力量的巨大。恩格斯在《马克思墓前悼词草稿》中说，马克思“把科学首先看成是历史的有力的杠杆，看成是最高意义上的革命力量”[1]。当今世界的生存竞争，很大程度上体现为不同制度和不同技术之间的竞争。“由于这个进化过程容纳了人类心智的力量，所以优胜劣汰的速度会呈指数级猛增。”[2]

第一节　泛在结合

走向现代化对一个古老的农业大国而言并不容易，传统、人口、国土面积、区域差异都会带来重重挑战。研究认为，农业农村成功实现现代转型必须具备技术、资本、制度、教育和工农相互促进等几个要素。“第一，提供刺激性体制，包括建立适合传统农业改造的土地制度、生产组织制度和激励制度。向农业引入成本更低的新要素，就是减低生产成本，因此，应该让市场机制发挥作用，以要素和产品的价格来刺激农民，以促进农民更新和投资新要素。第二，建立非营利性农业研究机制。农业生产的持续发展要求有连续不断的农业技术发明和创造，由于地区之间的农业自然条件存在着重大差异，因此需要建立分散的研究体系，从而需要大量的研究资源的投入。第三，改造传统农业，不能停留在原有技术水平的生产要素的累加和组合上，必须向农业投入新的生产要素。就农业的改造而言，也存在一个资本化的过程，在这个过程中，农业中资本相对于土地和劳动的比例将大幅度提高。第四，建立农业生产服务体制，包括新投入品的销售、农产品的加工和销售、信贷的扩张和其他调动农业资源的手段、交通运输工具、道路建设、水利建设等，还包括乡村基层组织建设。第五，要实现对传统农业的改造，必须提高农民的素质，提高其人力

①中共中央马克思恩格斯列宁斯大林著作编译局. 马克思恩格斯全集：第19卷[M]. 北京：人民出版社，1963：372.

②桑本谦. 法律简史：人类制度文明的深层逻辑[M]. 北京：生活·读书·新知三联书店，2022：21.

资本的水平。”①上述五点，对于有数亿农村人口的中国来说，如何才能均衡的、匀质的在全社会得以实现，除了国家的引导、民间的智慧，还需要一个能在最大限度内动员、传递和实现中国数亿农民追求现代化的工具。当然，我们现在已经知道答案——以互联网为代表的信息技术，它能最大限度地突破时空限制而广泛存在。

20 世纪 90 年代中期，学界提出了通用技术（General Purpose Technology，或称为共用技术，简称 GPT）的概念。它需具备以下四个特征，即很大的改进空间（wide scope for improvement and elaboration）、用途广泛多样（applicability across a broad range of uses）、应用潜力范围广泛（potential for use in a wide variety of products and processes）、与已有技术或潜在的新技术有很强的互补性（strong complementarities with existing or potential new technologies）。② 我国学者对这四个特征曾加以阐释：第一，具有很强的渗透性，应用范围非常广泛。第二，具有发展性。此类技术会不断地发展进步，因此用户的应用成本会不断地呈现下降的趋势；同时，由于技术应用的程度不断加深，生产效率将得到持续改善。第三，与其他一些专有技术之间存在很强的互补性，表现出较强的溢出效应。一方面，其自身在不断演变与创新的同时，会促使新的技术和产品不断涌现，从而引发收益递增的可能；另一方面，除了技术层面的创新之外，还可能引起生产、流通、组织模式等管理方式的变化，引发新的商业模式，改变现有产品或服务的生产流程，实现资源配置效率的进一步优化。③ 对照上述特征描述，互联网技术属于典型的通用技术，以多技术、多系统的深度集成和综合的方式促成了大量创新，并引发深度变革。

纵观人类社会科技发展史，不难发现科技革命必将引发产业革命（见表 2 - 1）。

表 2 - 1　历次工业革命的“发展矩阵”④

阶段	代表技术	信息传播方式	主要产业	代表性生产形式	代表国家	发展速度量级
工业革命 1.0（蒸汽时代）	蒸汽机	纸媒	第二产业	大机器工业	英国	功率 50 至 60 年翻番

①张培刚，张建华. 发展经济学[M]. 北京：北京大学出版社，2009：366.

②Lipsey R G, Carlaw K I, Bekar C. The Consequences of Changes in GPTs[M]//Helpman E. General Purpose Technologies and Economic Growth. Cambridge：MIT Press，1998：193 - 218.

③田杰棠. 中国云计算应用的经济效应与战略对策[M]. 北京：中国发展出版社，2013：13 - 14.

④国务院发展研究中心课题组. 以信息化培育经济增长新动能[M]. 北京：中国发展出版社，2021：4.

续表 2-1

阶段	代表技术	信息传播方式	主要产业	代表性生产形式	代表国家	发展速度量级
工业革命 2.0（电气时代）	发电机 内燃机	广播 收音机	第二产业	流水线	德国 美国	能效 10 至 20 年翻番
工业革命 3.0（电子时代）	集成电路 电子计算机 互联网	电视 互联网	第三产业	自动化生产	美国	集成电路晶体管数目每两年翻番
工业革命 4.0（信息时代）	物联网 大数据 人工智能	Web 2.0 和 Web 3.0 即时信息传输、交互式人工智能	信息化的影响贯穿第一、第二、第三产业	智能化、个性化、定制化；平台化、网络化、生态化	欧美主要发达国家、以中国为代表的新型市场国家和发展中国家	全球数据总量每两年翻番

通用技术在演进过程中有自我增强的特征。所谓自我增强，是指技术实行过程中的自我强化机制，它包括技术使用过程中的边际成本递减特征、学习效应（随着某一技术的流行，人们会对之进行模仿和改进）、协调效应（由于许多行为人都采取相同的技术，因此在产品的生产和销售方面会产生合作利益）、适应性预期（一项新技术在市场中使用者增加，可以使更多的生产者形成对这一技术即将流行的看法，从而有利于进一步扩张）。[①] 过往的科技革命往往由单一核心领域突破引起，再带动其他技术领域的发展，而信息技术的特别之处在于“实现全域赋能和快速创新”，具有全域的渗透性、交织性和融合性特征。科技成果转化为生产力的过程会在信息化加持下不断加速。[②] 互联网技术自问世以来，本身也在不断变化中，也支持了持续的学习、模仿和创新。[③] 创新之间相互兼容，不断互动，“技术-经济范式是一个最佳惯行做法的模式，它由一套普遍的、通用的技术原则和组织原则所构成，代表着一场特定的技术革命得以运用的最有效方式，以及利用这场革命重振整个经济并使之现代化的最有效方式。一旦得到普遍采纳，这些原则就成了组织一切

①张培刚，张建华. 发展经济学[M]. 北京：北京大学出版社，2009：115.

②国务院发展研究中心课题组. 以信息化培育经济增长新动能[M]. 北京：中国发展出版社，2021：5.

③互联网进入民用阶段后，其世界发展简史可以参看吴军所著的《浪潮之巅》（第 4 版）；中国互联网发展简史可以参看林军所著的《沸腾十五年：中国互联网 1995—2009》（修订版）和林军、胡喆所著的《沸腾新十年——移动互联网丛林里的勇敢穿越者》（上、下册）.

活动和构建一切制度的常识基础。”①

具体到某款应用的“自我增强”发展，以微信为例，首先是社交软件，通过公众号信息传播增加用户黏性，获得广告收益；接着增加支付功能，形成微信商业生态圈的基础；再引入第三方合作，以小程序形式增加各种服务功能；继而又增加短视频；最后形成负载多个功能的一款国民级应用。再如网络购物模式，也在不断演变、分化。电商平台分综合性、垂直型两种，其中综合性电商平台又分自营、第三方和混合模式；之后又出现社交电商、内容电商等。

技术扩散的一个途径是人力资本的流动，其流动方式既有有形转移，也有无形转移。其中，后者是指并不需要通过人员的流动，而只借助于信息的非自愿流动发生的技术溢出。② 互联网普及后，大量互联网应用都以免费方式提供给了用户，技术带来了福利，农民通过互联网既可以获得前沿科技信息和政策信息，也可以观看和模仿他人的成功经验，通过揣摩和学习，形成一个非正式但有效的知识分享和扩散系统，降低了商业模式复制效仿成本。互联网提供的此类学习机会可以称为新型“知识溢出”，众多农村互联网经营主体从模仿起步，逐步摸索出了自己的特色，又遵从某些共性，淘宝村的形成、风格主题相似的三农视频、“宇宙尽头是带货”的运营模式都是如此风行开来。

信息传递原本只是人类社会运转的基本需求。现代意义上第一次大的信息传递飞跃是工业革命时期出现的电报、海底电缆，它们同样也带来了信息化革命③，并与铁路、远洋航运形成合力，促进了大众媒体、交通网络、全球贸易和金融业的巨大变化。④ 电报之后，又有电话、传真，但未能引起像电报那样大的影响。可见同样是加速信息流通，也有量级的差异。下面通过 2001 年的一个研究成果来帮助理解互联网对农村的影响力。该研究发现：在基础设施中，电话对农业收入的影响很不明显，公路、电力对收入有正影响但未达到显著水平；离城镇的距离对农业收入也没有显著影响。基础设施对农业收入影响不明显，反映了自产自用产品占大部分、商品率很低的农业生产和市场之间联系还不是很紧密（但基础设施与外出打工和家庭经营非农收入有密切关系）。其中，电力对农业收入的影响可能是利用水利灌溉设施会提高农业产量进而提高农业收入。与县城的距离影响较弱的原因在

①（英）佩蕾丝. 技术革命与金融资本[M]. 田方萌，胡叶青，刘然，等译. 北京：中国人民大学出版社，2007：21.

②张培刚，张建华. 发展经济学[M]. 北京：北京大学出版社，2009：248.

③（英）斯丹迪奇. 维多利亚时代的互联网[M]. 多绥婷，译. 南昌：江西人民出版社，2017.

④国内学界近年也多有大众传媒、现代出版业对中国近代社会转型的研究，限于篇幅和主题，此处不赘述.

于，一方面，离县城近的地方农业生产结构要复杂一些，劳动密集型产品比重较高，产品的价格也略高一些；另一方面，由于县城周围受到非农产业和城镇扩容的影响，人均拥有农业资源减少而导致人均农产品产量减少。这样县城的距离因素对农业收入正反两方面的影响相互抵消。[①] 现在看来，主要是电话未能像互联网通过聚集和高速多样化的信息沟通与交通、电力等形成实时协同效应。“事实上，在20世纪80—90年代，人们已经能够获得电视和电话提供的多数信息服务……然而，直到以互联网为基础实现的计算机和电信结合，才使信息服务在世界范围内快速传播。”[②]以平台经济为例，平台经济是指依托云、网、端等网络基础设施，并利用人工智能、大数据分析、区块链等数字技术工具撮合交易、传输内容、管理流程的新经济模式。[③] 百货大楼、农贸市场等也属于传统的平台，但互联网平台“颠覆型创新、多边市场、跨界竞争及线上线下整合能力等特征”却是传统平台不具备的，二者的差异在于“数字平台通过创新技术产品、业务流程与商业模式，突破传统平台面临的地域、时间、交易规模、信息沟通等方面的约束，获得全新的规模、内涵、效率和影响力。”[④]中国有较多人群开始使用互联网是在20世纪90年代中期，以门户网站、邮件收发、BBS应用、文件传输为主，商业色彩并不浓厚。之后又经历了21世纪初的互联网泡沫，中国互联网企业开始重新启程，但直到博客、社交媒体兴起之前，互联网都没有对传统行业产生很大的影响。当年门户网站的新闻主要来自传统媒体，页面底部列着几十家传统媒体合作单位名单。博客、社交媒体，更准确地说是用户生产内容的Web 2.0兴起，加上智能手机、流量降费等软硬件因素的助力，传播主动权才日益为用户掌握。Web 2.0的三个基本特征带来连接的根本性变化，一是网页创作模式的发展让更多人能够参与到共同创造和维护某些共享内容；二是存储在个人计算机上的数据逐步转向存放到由大公司提供的存储和服务设施上；三是新兴的连接模式不仅是用户和网站发生关系，人和人之间也发

①王萍萍，贝虹．农民收入与农业生产结构调整[J]．统计研究，2001(7)．互联网、信息在诸多驱动力下的重要性在近年研究中仍被证实，宽带建设对创业的促进作用显著高于同期道路建设//王剑程，李丁，马双．宽带建设对农户创业的影响研究——基于“宽带乡村”建设的准自然实验[J]．经济学：季刊，2020(1)．

②(英)弗里曼，(葡)卢桑．光阴似箭——从工业革命到信息革命[M]．沈宏亮，主译．北京：中国人民大学出版社，2007：336．

③黄益平，北京大学平台经济创新与治理课题组．平台经济：创新、治理与繁荣[M]．北京：中信出版集团，2022：1．

④黄益平，北京大学平台经济创新与治理课题组．平台经济：创新、治理与繁荣[M]．北京：中信出版集团，2022：6．

生关系。许多创新都与信息处理密切相关，同时满足上述三个条件即可形成大规模合作网络，拥有通信和存储信息的能力，再加上人的自身所拥有的"算力"，对社会的影响就会显现出乘数效应。

互联网改变传统生产消费模式也体现了通用技术的典型特征，首先改善了消费者被动获取信息的地位，激发了用户多样化个性化的需求。比如在涉农电子商务发展的初始阶段，人们普遍认为线上只能销售容易标准化、不易变质且价值相对较低的产品，而个性化、需要体验的或者价值较高的要在线下进行。互联网企业不断弥补短板，如发展移动支付、增强可视化功能，以及通过分享评论、攻略笔记、直播、线上线下联动等演进补偿手段，逐渐实现销售可能。农产品最开始只能依靠图文展示，借助标准化语言确切描述农产品特征。直播、短视频则能全面展示农产品的生长过程、地理环境，并以农耕文化契合国人的田园生活理想，弥补了消费者无法接触实物、信息不足的缺憾，提升了消费者的购买兴趣。宣传推广农产品也便于推广当地风土人情，挖掘文旅潜力。

互联网通过信息整合、组织调整、功能重组等过程实现各节点间的连接，农产品上行获得大量的新的外部需求，道路、电力等基础设施的潜力得以发挥，极大增强了人员、商品、要素、信息的双向流动效率。流通效率在社会再生产过程中具有与生产效率同等重要的地位，高效流通的体系能够在更大范围把生产和消费紧密联系起来，发挥出扩大交易范围、改变交易场所、拓展交易时间、丰富交易品类、加快交易速度、减少中间环节、推动分工深化、提高生产效率、降低交易成本和促进财富创造的作用。互联网信息技术的应用为农业农村带来新的发展驱动力，在不断更新中，倒逼着相关主体进行适应性调整。

互联网赋权多数人群后，其自我增强来自每个参与个体的合力，几乎每一个熟悉互联网的人都感受到互联网似乎产生了与自然的复杂演化同样的特征。"世界上还有很多复杂的东西既不是天然的，也不是人为设计的。""之所以说这些东西不是天然的，是因为有人类的心智参与其中；之所以说它们也不是人为设计的，是因为其中还包含着进化的力量，进化甚至是主导性的力量。进化需要时间，进化的程序一经开启，时间就可以替代智力去创造奇迹。"①

①桑本谦.法律简史：人类制度文明的深层逻辑[M].北京：生活·读书·新知三联书店，2022：9.

第二节　连锁变化

现代化经济体系是由社会经济活动各个环节、各个层面、各个领域的相互关系和内在联系构成的一个有机整体。推动经济增长的因素可以概括为要素投入增加和要素生产率提高。随着时代的发展，要素生产率提高主要来自技术进步的贡献。马克思说："由于社会劳动生产率的增进，花费越来越少的人力可以推动越来越多的生产资料"。[①] 今天的农业农村经济已不能再用简单的投入产出比来衡量生产率，同样也需要用全要素生产率（Total Factor Productivity，简称 TFP）来进行评价。在经济学中，TFP 是一个余项的概念，指的是扣除各类要素（如资本、劳动等）投入的贡献后所不能解释的产出，通常被用来反映要素的使用效率。"总体来说，TFP 的进步主要来自两个方面，一是资源配置状况的改善，二是技术进步。资源配置状况的因素一般有制度环境、市场化程度、产业结构、社会环境、税收制度，技术变迁的因素一般有基础设施、劳动力素质、金融系统、研发和转化、技术引进。"[②] 本节我们探讨技术和经济的关系。

互联网出现前的农业现代化进程主要是生产技术的科学化、生产工具的机械化，但社会化不足，因存在着较高的技术和资金门槛，除了专业人群外，社会其他力量很少进入。

互联网等新一代信息技术作为大型基础设施，与农业农村深度融合后，其影响力广泛分布于生产、分配、交换、消费等环节，大幅降低了各类成本。一是信息成本。获取和传递信息费用是信息社会交易费用的重要组成部分，互联网信息搜索的便利降低了信息不对称的程度。二是搜寻成本，即经济主体在进行各项交易时寻找信息的成本，互联网带来的利好主要表现在产品定价透明、品类增多和供需匹配效率大大提升。搜寻成本的降低激发了多样需求，稀缺产品和利基产品得到机会，也使某些产品获得超出本身的关注度。[③] 三是确认成本，主要涉及信誉系统的构建和支付环节保障。四是渠道成本，简化了产品到消费者手中的层级。下面的表 2-2 概括了互联网所提供的常见功能。

---

①中共中央马克思恩格斯列宁斯大林著作编译局．资本论：第 1 卷[M]．北京：人民出版社，2004：743.

②刘明康，陈永伟．中国全要素生产率的现状、问题和对策[G]//吴敬琏．比较：第 84 辑．北京：中信出版集团，2016.

③理想状态下，网络销售稀缺产品对农产品是有利的，但只是理想状态，稀缺产品应由消费者主动搜寻，不能自然推送，只能采取广告形式使人知晓.

表 2-2 数字平台的常见功能[①]

功能	具体描述
产生灵活性	提供快速、动态的介入;资源、工作或劳动能够按需要使用,参与者能以不同角色而做相应的贡献
撮合	能够根据参与者的需求或供给而连接起来并促进交易;平台通过算法或数字支撑的过滤、评价与搜寻优化这一流程
扩大接触	通过平台可扩大接触规模,参与者能够接触到更多的、不同类型的、更远的资源及以前接触不到的或闲余的资源
管理交易	平台商处理交易物流,保管买方的付款并等买方同意后再支付给卖方,提供保障和保存交易记录,提供完成任务的工作场所
信任构建	平台商建立合法性系统,促进参与者彼此信任及对平台商的信任
促进合作	平台商鼓励并受惠于合作行动;共享经济中的参与者参加了大规模的社交运动,平台商丰富了社区、邻居或专业团体的社交资本

上述功能在农业农村经济发展中得到了广泛应用,并呈现连锁效应。互联网在乡村的实用价值首先从买卖环节开始,黄宗智曾在书中提到印度农村合作组织的历史非常悠久,但作用主要表现在农村融资和化肥方面,销售方面的作用则十分有限。[②] 电子商务则从流通端切入,工业品下乡影响到农村产品上行,消费创造出新的生产需求,引起了一系列变化;再逐步向农业产业链上游延伸,渗透到农业生产、加工、流通等环节,继而推进组织、管理、储运、营销、品牌、服务等环节互联网化,重塑了农业农村的商业模式、生产组织方式、管理方式。农业种植经营逐渐商品化、专业化和社会化,稳定了农产品产出和质量。

互联网平台最初与传统产品生产并没有关系,主要通过信息交换促进双方或多方供求之间的交易,产生重要的商业与经济价值。比如,在供求沟通方面,传统生产主体或个人可能较为封闭,互联网技术则带来了互动,搜集消费者的反馈信息较以前容易很多,还可以将消费者对产品的建议正式纳入生产设计环节,增设粉丝社区等,让消费者发现问题、表达需求,并在详细了解消费者需求后将设计环节前置,再通过集聚订单、合并 SKU 和分析数据,形成生产决策。社交媒体显现商业价值后,传统的电商平台也推出了社交群聊功能,方便商家发布新的信息、售后沟通等,而没有互联网的时候,这类信息由各地的销售代理完成,互联网大大降低了由于物理空间分散带来的高昂的信息成本。各大电商进入农产品供应链,推进流通、

①Sutherland,Jarrahi(2018)//赵昌文,等.平台经济的发展与规制研究[M].北京:中国发展出版社,2019:7-8.
②(美)黄宗智.中国的隐性农业革命[M].北京:法律出版社,2010:16.

生产的自动化、智能化。在生产组织形式上，各要素之间衔接配合的契合度提高，如生产、交易、流通等环节呈现规模实时协作的组织方式。互联网技术还帮助扩大了生产经营规模，加快标准化进程，发展设施农业，实施包括生产前（如选择加工专用品种、提高产品附加值）的全过程控制，并借助消费端积累的消费者数据出现了订单农业等新模式。精准的销售模式倒逼上游的生产体系发生变化，从需求侧入手，农产品销售方面实现了一定程度的定制，通过了解消费者的需求偏好，预估消费者的数量需求，从而更好地掌握市场需求和生产数量，并以合同形式保障履行；与专业合作社紧密联系，按需求种植生产，解决了农产品的非标问题，保障农产品质量，并通过互联网追溯功能保证售后。订单管理、生产过程监控、质量追溯、价格管理的业务数据化，以及根据实时变化调整和优化生产决策分析，解决了单靠人力解决不了或者很难解决的生产及管理上的难题，在更大范围、更深层次上提升了要素价值、资源配置效率，降低了生产成本。

市场需求的变化又促进农业部门内部的结构调整及农业部门和非农部门之间的比例转换，改变了农村产业间互联互通不强的问题，带动乡村三产融合，加快了传统农业升级转型的进程，一向为生产导向型的农业生产（当然是由于市场信息掌握不充分造成的）转变为消费导向型。

互联网帮助农民群体创造就业机会，参与经济的高速增长，提高了收入，并实现包容性增长。“包容性增长”这一概念是 2007 年由亚洲开发银行首次提出。互联网“在一定程度上发挥孵化器的功能，提供融资、辅导、撮合等服务，支持线上企业的成长”[①]。互联网为信息资源获取和沟通提供了便利，使农村农民有了“变道超车”的可能，数字社会助力实现数字包容，对长期受制于与外界沟通不利的农村来说意义重大。一些无法在线下就业创业的人士在线上开办了商店和企业，或者获得了就业机会。[②] 包容性增长关注机会创造，确保人们公平获得机会，而机会的平等有赖于个人的能力提高。《2016 年世界银行发展报告》指出，数字技术对经济增长的影响主要体现在包容性、效率和创新三个方面。其中，包容性是指更多的公司能够通过数字市场进行竞争；效率是指由于更快地处理数字化以前的人工操作而获得的收益；创新是作为激烈的网络竞争的意外结果而发明的新产品和新流程。

---

①黄益平，北京大学平台经济创新与治理课题组. 平台经济：创新、治理与繁荣[M]. 北京：中信出版集团，2022：43.

②福建省残疾人劳动就业服务中心. 2023 年第一期全省残疾人阿里巴巴云客服培训班开班！[EB/OL]. http://jyzx1.1203.org/1381/1193185.jhtml.

伴随着互联网的发展，新的商业经营形态应运而生并呈扩展态势，“新业态”一词开始在大众视野内频繁出现。新业态作为一种新经济发展的产物，还在不断演化，目前国内学者对“新业态”尚未形成统一、明确的定义，但也有一些基本的共识：认为新业态是伴随互联网技术的进步和大众对服务或产品多元化需求而出现的，它颠覆了传统业态的经营模式，而是依托互联网技术，在生产资料信息化、数字化和智能化条件下，将互联网与现有领域和传统产业相结合而衍生出的新型企业、商业、产业组织形态或灵活就业模式。2017 年 7 月，国家统计局在《新产业新业态新商业模式统计监测制度(试行)》中对“新业态”进行了首次定义：新业态是顺应多元化、多样化、个性化的产品或服务需求，依托技术创新和应用，从现有产业和领域中衍生叠加出的新环节、新链条和新活动形式。新业态在涉农方面的做法包括：由电商衍生出的直播、生鲜＋冷链配送等；“产品＋服务创新”的形式，如云养猪，领养一亩地；“互联网＋企业”的形式，如通过微信群、团购等功能实现产地直销；私域流量，产地直供；“定制服务”的形式，如指定农产品品类；视频展示等。微信和短视频平台在农村普及后，新的商业经营形态加速出现，如直播、拼购，而内容电商和社交电商的重叠又演变出社区团购。新业态形成了新的就业增长点，新的就业岗位具有更强的灵活性、流动性、可变性和包容性。农村新业态能发挥农业的多功能性，增加劳动力就业市场选择的差异性、多样性，拓宽就业的灵活性，实现就业结构的优化升级。

以下是 2015 年 12 月 17 日，美莱网创始人、CEO 刘传军在第二届世界互联网大会“互联网创新与初创企业成长”论坛上的一段发言。

【案例】

美菜的发展和整个大的经济形势与互联网的发展是分不开的。早在 2010 年，我就想做农产品电商，经过调研发现中小餐厅有强烈需求，但问题在于没有互联网，没有 Wi-Fi，没有智能手机，很难达成交易。2012 年底我又去调研餐厅，时机还是不成熟。到了 2013 年底，发现中小餐厅中 40%～50%的人有了智能手机，4G、无线网、微信的出现，使得时机来了，具备了条件。所以说：移动互联网对于美菜，对于整个 O2O 行业都起到了积极的推动作用。[①]

①美菜. 美菜 O2O 将改变农业[EB/OL]. https://www.meicai.cn/#/news/d1.(有改动)

互联网能被农村广泛接受，还有一个重要的原因——一定程度上解决了信任问题。比如交易中的支付，过去常用现金交易或信用交易，对大宗农产品而言，采用信用交易可行性较高，但不适合频繁小额交易的农产品，如果支付环节出现问题，双方的诉讼成本将高过收益，所以需要一个足以支撑小额交易的系统机制。互联网解决了这个问题，由第三方通过技术和规则来限定。在没有互联网的时代，普通人之间解决交易收账问题会采取非正式制度，如通过人际网络解决，几百年前晋商的票号就是衍生产物。而这在与陌生人组成的现代契约业务中显然不适用，通过移动支付技术，既解决了支付中的信任难题，也节约了一大笔属于马克思所说的流通费用。马克思在《资本论》中告诉我们："资本是按照时间顺序通过生产领域和流通领域两阶段完成运动的。资本在生产领域所停留的时间是它的生产时间，资本在流通领域停留的时间是它的流通时间。所以，资本完成它的循环的全部时间，等于生产时间和流通时间。"[①]马克思又将流通费用分为纯粹的流通费用、保管费用和运输费用。[②] 纯粹流通费用中包含了其他经济学家所提出的交易费用。经济学家科斯在1937年发表的《企业的性质》一文中提出了交易费用的概念，在1960年发表的《社会成本问题》一文中又进一步说明"为了进行市场交易，有必要发现谁希望进行交易，有必要告诉人们交易的愿望和方式，以及通过讨价还价的谈判缔结契约，督促契约条款的严格履行，等等。"[③]也即任何经济主体搜集信息、商务谈判、履约监督等活动都会产生交易费用。这说明信息成本是交易费用的主要组成部分。[④] 威廉姆森等进一步发展了交易费用理论，把交易成本在经济中的作用形容为"物理学中的摩擦力"。不确定性越大，交易频率越高等，都会导致交易费用增加。[⑤] 尤其对网络零售小本经营的农民而言，每一次交易都相当于是一次签约，频繁存在"信息问题转化为信任问题"[⑥]带来的交易费用，互联网技术相对便利地帮助他们解决了这一问题。

农村人群接受和熟练使用互联网要晚于城市，对于未经工业文明深度影响的中国乡村，接受互联网并没有遇到太大阻力。从最初的方便沟通开始，接着是消遣和娱乐，然后发现农产品、乡村生态以至创意想法都可以通过互联网接入一个更广

---

①中共中央马克思恩格斯列宁斯大林著作编译局.资本论：第2卷[M].北京：人民出版社，2004：138.

②中共中央马克思恩格斯列宁斯大林著作编译局.资本论：第2卷[M].北京：人民出版社，2004：146－170.

③(美)科斯.企业、市场与法律[M].盛洪，陈郁，译校.上海：上海三联书店，1990：91.

④张培刚，张建华.发展经济学[M].北京：北京大学出版社，2009：108.

⑤(美)威廉姆森.资本主义经济制度：论企业签约与市场签约[M].段毅才，王伟，译.北京：商务印书馆，2002：31，84－90.

⑥陈昌盛，许伟.数字宏观：数字时代的宏观经济管理变革[M].北京：中信出版集团，2022：16.

阔的世界，相对于分散的小农经济，互联网起到了一个塑造网络的作用，农民的组织化程度因为社会化大生产大大提高。马克思主义政治经济学认为，商品经济条件下私人劳动和社会劳动的矛盾是商品经济的基本矛盾，农民的私人劳动必须进入交换，通过流通和消费才能成为社会劳动，农民的劳动耗费才会得到补偿，因此农民必须考虑为交换而生产。向不断增长的城市地区销售高附加值产品，“尤其是园艺种植（水果、蔬菜和鲜切花）和水产养殖方面的产品”是发展中国家农业农村的新机会，“但是小农场主可能需要专业的组织来协助利用这些新的机会”。[①]

需要指出的是，互联网对经济发展也会有负面影响。对于农民个体和小型经营者，虽然入驻网站的初始成本并不高，但后继“由节点增加而产生的信息化规模经济以及由冲突限制的逐步发展而导致的规模不经济，这些相互对抗的力量合在一起”，平台经济产生了从规模经济到规模不经济的问题，“随着组织规模的增长，其（相互对抗的力量）可能性呈指数级增长，与此同时，其自由度呈指数级坍塌”。[②]从网络中获取信息也会存在信息茧房、回声室效应的问题，同质性会带来选择性关注、系统性偏差，对个人而言，加工筛选复杂的信息更是一种挑战。

互联网在降低成本的同时又增加了新的成本。虽然互联网为个人和中小企业提供了经济机会，但信息产业具有的“高固定成本，低边际成本”特征，会造成“赢家通吃”的现象。[③] 而导致这一问题的原因是网络效应，即一种产品对用户的价值取决于有多少其他用户使用。网络效应会引发需求方规模经济和正反馈。[④] 根据梅特卡夫原则（Metcalfe's Law），如果网络中有 n 个人，那么网络对每个人的价值与网络中其他人的数量成正比，网络对所有人的总价值与 $n\times(n-1)$成正比，网络效应引发正反馈——有用户基础的网络会越来越大。这也是平台容易产生垄断现象的原因之一。网络效应可以分为直接网络效应和间接网络效应。直接网络效应是指同一市场内消费者之间的相互依赖性，也就是使用同一产品的消费者可以直接增加其他消费者的效用，例如用户的评价意见可为其他用户提供参考。间接网络效应主要基于基础产品和辅助产品之间技术上的互补性，这种互补性导致了产品需求上的相互依赖性，即用户使用一种产品的价值取决于该产品的互补产品的数

①（美）托达罗，（美）史密斯. 发展经济学[M]. 聂巧平，程晶蓉，译. 北京：机械工业出版社，2020：310.

②（英）拜因霍克. 财富的起源[M]. 俸绪娴，刘玮琦，尤娜，译. 杭州：浙江人民出版社，2019：185.

③（美）夏皮罗，（美）范里安. 信息规则：网络经济的策略指导[M]. 孟昭莉，牛露晴，译注. 北京：中国人民大学出版社，2017：3.

④（美）夏皮罗，（美）范里安. 信息规则：网络经济的策略指导[M]. 孟昭莉，牛露晴，译注. 北京：中国人民大学出版社，2017：11-12.

量和质量，一种产品的互补产品越多，那么该产品的市场需求也就越大。网络效应的存在，催生了消费者对于网络性产品的消费行为对其他消费者带来的“正外部性”的关注，也即平台一侧的用户会关注平台另一侧的用户数量。而当这种正外部性的行为未得到补偿或鼓励时，就会造成网络产品的最优消费者数量低于实际消费者数量，因此互联网平台发展初期多采取免费、补贴等“烧钱”行为抢先占领市场。平台会因为规模的扩大，不断提升配套和服务质量，其价值也会不断增大。一个新用户加入大的网络平台能获得更多的信息量或交易量，并可以利用大数据实现精准营销。但是平台在做大后，往往会提高原有门槛，注册费、会员费、中介服务费、广告费都会水涨船高，造成所谓得风气之先者吃一波红利的现象。农产品线下零售市场的一个显著特征是，市场上存在大量卖者和买者，数目众多且规模小，双方提供和需求的产品都非常少。这种情形下，买卖双方都不能影响市场价格，而只能接受给定的价格。电商平台则改变了这一特征，农产品销售者的定价能力受到更多不确定性因素影响，加上平台之间存在很多规则差异且细则繁复，也对经营人才的能力提出了新的要求。

互联网促成了更精细的分工，但又会造成新的等级制和信息不畅的问题。“电子邮件以及各类即时通信工具使得企业内部员工和客户之间的沟通变得非常迅速和透明，然而对于企业管理来说，如此多样化和频繁的通信会使得信息沟通失控。”德国焊接行业隐形冠军企业IBG采取了类似机场控制塔管控整个机场的办法，设置一个专门的视频平台，把所有通信都集中在这个平台上进行公司日常的事务管理和项目管理，“通过明确的流程管理机制使得决策更公正客观”。①

还有一个可能产生的不利影响是，“经济最大化的模式被推广到整个社会，并具有内在的紧迫性，这使其成为塑造人类行为的强大力量。追求收入最大化成为一种社会协作和控制的新模式。”②个人可以通过互联网定制日常物质需求，对生产者来说，利基市场(Niche Market)、不确定性的生产会成为常态，这对生产者将是一个很大的挑战。比如订单农业作为一种柔性定制，可以减少供需信息不畅所造成

①(德)西蒙，(德)杨一安. 隐形冠军[M]. 张帆，吴君，刘惠宇，等译. 北京：机械工业出版社，2022：310. 该公司还有一个重要的做法是利用信息技术构建网络型组织，建立最重要人才的关键技能数据库及制定规则简单的“通用决策流程”. 在这两者基础上，项目决策人提供最佳团队人员建议，在规定时间节点之前，各团队必须做出相应决策. 整个流程由中立的仲裁人进行监督和详细记录，为所有分公司配备视频会议室，支持多方同时连线会议，可以不分地域不分业务单位地实现信息的及时沟通和高效合作，即“现代的信息技术将世界各地的专家和知识联通起来”.

②(美)海尔布隆纳，(美)米尔博格. 经济社会的形成[M]. 刘婧，译. 长沙：湖南文艺出版社，2022：84.

的损失，但农业生产周期比工业品长，而且存在不少不确定因素。工业品可以依据消费者的个性化需求订单进行设计、采购、生产、发货，可以通过模块化提升效率，但农产品却难以模块化组装，有些特色农产品的挖掘、品牌化、推广都需要时间。数字时代“最根本的变化是数字化记录和万物互联，人的所有行为特征皆可数字化且具有可连接性，劳动和休闲的边界被打破，经济行为都可以转为时间模块，时间的积累性凸显。”[①]这一点也许是我们的过虑，由于农业与自然的天然联系，相信技术还很难轻易异化农村农民。

第三节　双向互动

生产力决定生产关系，生产关系对生产力具有反作用，这是历史唯物主义的基本原理。“人们在自己生活的社会生产中发生一定的、必然的、不以他们的意志为转移的关系，即同他们的物质生产的一定发展阶段相适合的生产关系。这些生产关系的总和构成社会的经济结构，即有法律的和政治的上层建筑竖立其上并由一定的社会意识形式与之相适应的现实基础。物质生活的生产方式制约着整个社会生活、政治生活和精神生活的过程。”[②]也即技术与社会之间存在双向互动关系，技术对社会活动、社会结构等产生影响，反之社会又为技术提供发展条件，有时还可能形成约束。现代化生产是一种社会化生产，具有生产集中化、一体化、大型化的特征，社会分工和互相依存主导了社会关系。生产资料使用、生产过程、劳动产品的日益社会化，也促成了生产组织和生产管理的日益社会化。通用技术通过创新互补扩散到更多领域，催生出新的经济、政治和文化形态，影响到社会的组织、分配、运行规则等，可以视为社会技术。英国学者拜因霍克在《财富的起源》一书中将社会技术概括为“是为实现一个或多个目标把人们组织在一起的方法和设计”。“每个社会技术突破都可以为接下来的一系列突破创造出更多的空间：货币的发明催生了会计职位，从而带来了股份制公司的发明，以及股票市场的出现等。”在经济领域，物理技术和社会技术从概念转化为现实多经由商业实现，商业将物理技术和社会技术融为一体，并将它们转化为产品和服务带入现实世界。[③] 之所以商业起到重要的中介作用，是因为现代国家、社会、经济的基本关系可以勾勒为“国家与社

①陈昌盛，许伟．数字宏观：数字时代的宏观经济管理变革[M]．北京：中信出版集团，2022：14.

②中共中央马克思恩格斯列宁斯大林著作编译局．马克思恩格斯文集：第2卷[M]．北京：人民出版社，2009：591.

③(英)拜因霍克．财富的起源[M]．俸绪娴，刘玮琦，尤娜，译．杭州：浙江人民出版社，2019：19，314，316.

会的经济运作都要通过社会。有时候，国家、社会与经济的关系也被简化为政府、利益集团与市场的关系。政府是国家的行政机构，是国家权力的中心。利益集团由社会里相同或相近利益的人组成，作为一种组织，其运作能量往往大于个人，是社会的权力集中点。市场则是当代经济的权力中心。”[①]演化经济学将其称为技术-经济范式。该范式认为技术革命一般是从某处先开始，接着扩散到生产各环节，它是“一次技术革命及其范式在整个经济中得以传播的过程，这一过程不仅在生产、分配、交换和消费方面产生出结构性变化，而且也在社会中产生了深刻的质的变化。”[②]

马克思在《资本论》中揭示了资本主义社会生产技术运行的基本图景：“在第四篇中已经指出，社会劳动生产力的发展怎样以大规模的协作为前提，怎样只有在这个前提下，才能组织劳动的分工和结合，才能使生产资料由于大规模积聚而得到节约，才能产生那些按其物质属性来说只适于共同使用的劳动资料，如机器体系等等，才能使巨大的自然力为生产服务，才能使生产过程转化为科学在工艺上的应用。”[③]马克思指出：“由协作和分工产生的生产力，不费资本分文。它是社会劳动的自然力。”[④]随着劳动自身的发展，劳动必然会从自然分工走向社会分工。第一次分工体现的是人与自然的关系，属于生产力的范畴；之后的分工总是在一定的所有制条件下形成的人与人之间的协作关系，属于生产关系的范畴。“在宗法制度、种姓制度、封建制度和行会制度下，整个社会的分工都是按照一定的规则进行的。这些规则是由哪个立法者确定的吗？不是。它们最初来自物质生产条件，过了很久以后才上升为法律，分工的这些不同形式正是这样才成为不同的社会组织形式的基础。”[⑤]“协作”“分工”“组织劳动”都是社会技术的具体表现。马克思的交往理论告诉我们：“人与人的交往，这是主体间的交往（人际交往），形成人与人的社会关系，因此它也就是人与人的社会博弈。”“交往形成人与人的社会关系，亦即主体与主体的互动，包括生产技术的、经济的、社会的、政治的和精神的交往。人们的交往活动的规范化和制度化形成社会结构。社会结构是人的交往实践不断生产和再生产的产物和表现。”[⑥]个人的关系交往中产生了非正式规则，如规范、惯例、信念、习

---

①朱天飚．比较政治经济学[M]．北京：北京大学出版社，2006：4－5．

②（英）佩蕾丝．技术革命与金融资本[M]．田方萌，胡叶青，刘然，等译．北京：中国人民大学出版社，2007：25．

③中共中央马克思恩格斯列宁斯大林著作编译局．资本论：第1卷[M]．北京：人民出版社，2004：719－720．

④中共中央马克思恩格斯列宁斯大林著作编译局．资本论：第1卷[M]．北京：人民出版社，2004：443．

⑤中共中央马克思恩格斯列宁斯大林著作编译局．马克思恩格斯文集：第1卷[M]．北京：人民出版社，2009：624．

⑥程广云．马克思的三大批判：法哲学、政治经济学和形而上学[M]．北京：中国人民大学出版社，2018：117，147．

俗、价值观和文化，而经济行为又都镶嵌在社会网络中。[①] 这就决定了每次技术革命总会带来生产结构、社会结构、观念文化的大转型。“从历史唯物主义的立场出发，任何一个技术革命浪潮经济潜能的释放，并不是技术体系本身的自然表达，而是与整个社会政治环境、观念、政策密切相关。由于技术革命浪潮是一个持续渐进的过程，其经济效能也并非自然释放，而是受到社会-政治范式的制约。”[②]

在技术融入人类意识和知识结构的发展与变化中，技术越来越成为人与人之间、人与世界之间互动的中介。目前，互联网平台的六大类型对应着人与外界的六种连接关系：人和商品——网络销售类平台；人和服务——生活服务类平台；人和人——社交娱乐类平台；人和信息——信息资讯类平台；人和资金——金融服务类平台；人和计算能力——计算应用类平台。[③] 绝大多数平台和C端（消费者）的个人工作生活密切相关，包含衣食住行（电子商务、快递/外卖/即时物流、出行/酒旅、地图、本地服务）、通信社交（通信软件、社交、约会）、信息获取（搜索引擎/浏览器、新闻资讯、出版、自媒体、网络广告）、娱乐休闲（在线视频/短视频、MCN运营平台、音乐、游戏）、自我提升（在线教育、问答网站、运动健身）。平台用户有买卖双方、社交媒体用户、广告商和软件开发商。[④] 信息技术全方位影响了人与人、工作与工作、组织与组织之间的关系，引起与经济结构紧密相关的社会结构的改变。

技术进步同时也带来治理方面的变化，传统的规制型治理方式并不都适用。信息共享和扩散的新模式影响了人的认知和社会行为。互联网的网络节点分散且纵横交错，而非传统的线性归属模式，其突破了组织原来的边界，以低成本产生了很多跨界现象，催生出很多具有敏捷、开放、数字化工作方式和自组织特点的组织集群[⑤]，改变了社会群体的行动能力和方式，削弱了人们对传统组织的依赖，而“传统政治空间的核心特征是组织的稳定性、国家能力和行政能力，但技术赋权使社会呈现出更复杂的组织形态和行动特征”[⑥]。个人观点和感受在互联网上也容易放

①（美）格兰诺维特. 社会与经济：信任、权力与制度[M]. 王水雄，罗家德，译. 北京：中信出版集团，2019.

②杨虎涛. 社会-政治范式与技术-经济范式的耦合分析——兼论数字经济时代的社会-政治范式[J]. 经济纵横，2020(11).

③黄奇帆，朱岩，邵平. 数字经济：内涵与路径[M]. 北京：中信出版集团，2022：194－195.

④黄益平，北京大学平台经济创新与治理课题组. 平台经济：创新、治理与繁荣[M]. 北京：中信出版集团，2022：121.

⑤黄奇帆，朱岩，邵平. 数字经济：内涵与路径[M]. 北京：中信出版集团，2022：104－109.

⑥樊鹏，等. 新技术革命与国家治理现代化[M]. 北京：中国社会科学出版社，2020：9.

大聚集，产生“发展型相对剥夺感”[①]，挑战了传统价值和认知，对现有的社会治理和秩序提出了很多新要求。

基于互联网产生的各类主体数量剧增，新业态主体通常存在跨界行为，传统的分部门、分行业规制方式难以奏效，交叉管理需要统筹协调。如互联网企业在用工形式、组织方式、就业模式、劳动关系、工作时间、报酬支付及管理模式等方面与传统模式都有不同，具体表现为组织方式平台化、劳动关系复杂化、工作时间弹性化、工作成果计件化等特点，在零售业、餐饮业、交通运输业、物流配送业以及本地生活服务行业表现尤为明显。在所有权方面，互联网也有其特殊性，如物化资产的所有权是较为明晰的，而互联网上大量信息、创意等都是非物质形式，其所有权判定自互联网诞生以来一直就是难题。

其他诸如因先发和规模优势而导致的赢者通吃问题，不正当竞争、数据安全、隐私保护、技术伦理等问题，以及平台的界定与架构、平台类型与特性、多边市场的定价、“鸡与蛋”困境及破局、平台单栖与多栖、平台产生与演化、平台战略与商业模式、平台包络与竞争、平台规模化与黏性、平台垄断与规制、平台生态与治理、数字平台算法、数字平台汇聚于智能撮合等问题[②]，这些都需要进一步的研究，需要制度的设计和保障来调节社会公平。

互联网平台的价值输出会潜移默化影响人的价值认知，特别是世界观、价值观尚未成熟的青少年，网络上存在的大量低俗的、伪科学的、消极的信息对他们的影响很大。互联网为农村儿童带来了远程学习、掌握数字化技能[③]的机会，但也引发了网络沉迷、游戏上瘾等问题。2023年初，武汉大学中国乡村治理研究中心发布了《农村留守儿童手机沉迷问题调查与对策建议》研究报告。报告显示：四成留守儿童有专属手机，一半留守儿童使用长辈的手机；67.3%的家长认为孩子出现了手机沉迷的趋势，21.3%的家长认为孩子严重沉迷手机，情况十分严重。[④]

数字鸿沟问题因经济、年龄、性别、教育、地理等因素而普遍存在。随着互联网的普及，用户数字技能的高低也会造成数字鸿沟。目前，信息化的增收效应对收入

---

①赵鼎新. 社会与政治运动讲义[M]. 2版. 北京：中国社会科学文献出版社，2012：80.

②赵昌文，等. 平台经济的发展与规制研究[M]. 北京：中国发展出版社，2019：5.

③澎湃新闻. 大山深处的编程课：用爱编织梦想，助力乡村教育发展[EB/OL]. https://m.thepaper.cn/baijiahao_19566428.

④新周刊. 社会学专家夏柱智：农村留守儿童，困在智能手机里[EB/OL]. https://www.neweekly.com.cn/article/shp0789218859.

较高和受教育程度较高的农户更加明显，加剧了农村内部收入差距①，需要采取各类措施加以弥补。政府服务渠道也不能“一刀切”全互联网化，系统性地排斥缺少数字技能的人群，传统服务与现代服务仍需要结合。

党的十九大报告对党提出了“善于运用互联网技术和信息化手段开展工作”的要求，“全面增强执政本领”。技术本身是中性的，互联网可以提高效率和透明度，可以推动经济和社会发展，政府可以在互联网技术的辅助下实现更有效的社会治理。广义的技术进步由资源配置的改善、生产要素的提高、知识进步、规模经济、政策的影响、管理水平六个因素组成②，其中后两者是从治理角度减少和遏制技术在带来进步的同时所产生的破坏。

在对西方现代性困境进行理性反思时，法国哲学家列斐伏尔认为，作为构成现代性三个“价值”之一的技术，“逐渐成为主人和舵手；如同资本主义制度下的货币和商品一样，技术呈现为一种自主的现实，思想、社会甚至国家控制不了技术。技术作为一般力量，同时积极地和消极地扩散开来，在改造现实的同时，也具有极大的破坏性（包括核技术）。”③尤其是数字化平台不同于一般技术公司，一旦做大，就具有行业性、生态性、公共性、社会性、垄断性等特性。平台公司具有社会性公共服务的功能后，因其穿透性强、覆盖面宽、规模巨大，一旦疏于管理，哪怕有一个漏洞，放到全国也会有重大后果。④ 互联网技术在农村同样也引起生活、生产、文化、组织的变化，“改造传统农业的成与败，不仅取决于农民提高其生产率的能力和技术，更重要的是农民身处的社会、商业和制度方面的各项条件”⑤。

①朱秋博，朱晨，彭超，等. 信息化能促进农户增收、缩小收入差距吗？[J]. 经济学：季刊，2022(1).

②张培刚，张建华. 发展经济学[M]. 北京：北京大学出版社，2009：236.

③(法)列斐伏尔. 日常生活批判：第3卷[M]. 叶齐茂，倪晓晖，译. 北京：社会科学文献出版社，2018：582.

④黄奇帆，朱岩，邵平. 数字经济：内涵与路径[M]. 北京：中信出版集团，2022：283，287.

⑤(美)托达罗，(美)史密斯. 发展经济学[M]. 聂巧平，程晶蓉，译. 北京：机械工业出版社，2020：307.

第三章　农民现代化

互联网技术不仅打通了城乡之间的商品流通与服务贸易,促进城乡之间资金、人才、技术等要素流动,还使农村居民的思想观念、能力素养、组织形态和生活方式发生显著变化。技术渗透到人们的日常生活中,改变了人的交往方式和知识生产方式,创造出新的社会规则和运行方式,引发一连串的社会效应。习近平总书记指出,“互联网深刻改变人类交往方式,社会观念、社会心理、社会行为发生深刻变化”①。

第一节　生活方式

互联网和电子商务正在改变着农民生活的方式,互联网销售模式基本解决了过去农村消费市场经营品种单一、商品档次低、交易秩序不规范等问题,使农民消费结构从较低层次转向较高层次。2020年,欧特欧监测数据显示,华东地区县域网络零售额为21486.3亿元,占全国县域网络零售额的比重为60.9%,华东地区县域电商发展一直独领全国,在全国县域电商发展中具有举足轻重的地位,已经形成了产业链条较为完整的电商集群;华南地区紧随其后,其县域网络零售额占全国县域网络零售额的比重约为19.5%;东北地区、西北地区发展相对滞后,县域网络零售额合计占全国县域网络零售额的比重仅为2.1%。② 此外,据第51次《中国互联网络发展状况统计报告》显示,截至2022年12月,我国城镇地区互联网普及率为83.1%,较2021年12月提升1.8个百分点;农村地区互联网普及率为61.9%,较2021年12月提升4.3个百分点。③ 这也为基于互联网的新产业、新业态、新商业模式快速发展、检验和迭代带来极大的便利。

大型电商平台不断下沉,为县域生活服务业商户提供线上经营渠道,推动农村

---

①习近平.在经济社会领域专家座谈会上的讲话[N].人民日报,2020-8-25.

②农业农村部信息中心,中国国际电子商务中心.2021全国县域数字农业农村电子商务发展报告[R].北京,2021.

③中国互联网络信息中心.第51次中国互联网络发展状况统计报告[R].北京,2023.

传统商超、小卖店加速数字化改造。很多地方通过电商平台、社交网络、在线旅游和外卖平台等渠道,将本地的特色商品、自然风光、文化旅游资源及时发布出去,带动乡村旅游、餐饮及民宿等产业发展。[①] 社区团购进入下沉市场,阿里巴巴、腾讯、美团、拼多多、滴滴等互联网巨头纷纷开展社区团购业务,社区团购竞争加剧,而基于社区团购的低价和低成本特性,为了增加用户规模和黏性,众多社区团购平台加快在下沉市场的布局和投入。美团 2021 年上半年财报显示,已将数十万村民发展为团长。社区团购平台通过预售模式、微信私域获客、农村小店数字化改造等手段,让农村地区拥有了品类日益丰富的"云货架",扩大了农民采购商品的范围和种类,使得村民们享受到了更多的实惠好货和便利服务,进一步缩小了城乡差距,提升了农民的幸福感。[②]

电子商务进入农村,销售产品既有上行也有下行,其中上行为农产品,下行为农资、日常消费品等。数据显示,农村和城市网络消费结构差异不大,服装、日用品、家电、食品、家具和化妆品网购消费额占比都在 7 成以上。[③] 2022 年 9 月,中国国际电子商务中心发布的《中国农村电子商务发展报告(2021—2022)》显示,2021 年全国农村网络零售额为 2.05 万亿元,占全国网络零售额的 15.66%,同比增长11.3%。2022 年上半年,全国农村网络零售额为 9759.3 亿元,同比增长 2.5%。其中,农村实物商品网络零售额为 8904.4 亿元,同比增长 3.6%。[④] 分品类看,零售额前三位的品类分别为服装鞋帽针纺织品、日用品和家具,分别占农村实物商品网络零售额的 29.41%,18.55%和 7.77%。增速前三位的品类分别是电子出版物及音像制品、中西药品、书报杂志,同比增速分别为 90.3%,62.6%和 42.7%。[⑤] 在消费上,相比于关注商品的品牌和外观,农村居民在购物时依然奉行实用主义,九成以上的农村居民表示看重商品的性价比;为买到更高性价比和更符合心意的商品,85.7%的农村居民在线上购物时会花时间对比不同的商品和不同的平台。除了"实用主义者"外,约七成的农村居民正在成为"品质生活家",71.8%的农村居民表示对于功能差不多的商品,愿意多花钱去购买品质更高的一款,65.1%的农村居民愿意多花一点钱打造理想中的高品质生活。[⑥] 这些都促进了农民生活质量和福利水平的提升。

---

①中国国际电子商务中心.中国农村电子商务发展报告(2021—2022)[R].北京,2022.
②中国国际电子商务中心.中国农村电子商务发展报告(2021—2022)[R].北京,2022.
③阿里研究院.首届"中国农民丰收节"电商数据报告[R].杭州,2018.
④中国国际电子商务中心.中国农村电子商务发展报告(2021—2022)[R].北京,2022.
⑤中国国际电子商务中心.中国农村电子商务发展报告(2021—2022)[R].北京,2022.
⑥中国国际电子商务中心.2022 年移动互联网农村消费振兴研究报告[R].北京,2022.

消费互联网极大推动了消费创新，改变了人们的日常消费方式乃至生活方式，其带来的现代消费、文化和生活方式甚至对最偏远的村庄都能产生影响。农村居民通过电商接触到国内丰富、多元的消费大市场，消费理念逐步转变，激发了新的消费需求，也催生了新的消费潮流和消费体验。互联网提高了农民的消费福利(下行一直比上行更为容易，乡村可以得到更便利、实惠的商品和服务)，农民可以买到原来买不到的产品，并且节约了搜寻成本和交通成本。互联网商品下行还能保证销往农村的商品质量，农村居民同样可以购买到正品行货。不过，由于价格透明，而工业品的获利主要在售后服务环节，这在乡村还不一定能覆盖。

在国内国际双循环的新发展格局下，农村地区作为我国经济社会数字化发展战略的纵深地位日益突出。"农村不仅是最大的生活资料潜在市场，也是生产资料潜在市场。农民既是生活资料的消费者，又是生产资料的消费者。"[①]城乡贸易的高效发展提振了消费需求，畅通了国内国际双循环，培育了农村内需体系，扩大了消费能力，改善了农民生活质量。

互联网实现了产品、信息、技术等的时空交换，使农民其他日常生活方式也在向现代转型，农村生活和商业服务正在走向数字化、在线化和智能化。尤其是近几年来，我国农村生活服务在线化加速普及，在线教育、在线问诊、餐饮外卖、在线旅游、在线休闲娱乐等发展迅速。互联网医疗、在线教育等数字化服务供给持续加大，促进了乡村地区数字化服务提质增效。截至2022年12月底，我国农村地区在线教育和互联网医疗用户占农村网民规模比例为31.8%和21.5%，较上年分别增长2.7个和4.1个百分点。[②]

互联网使农民日常交往空间也发生了变化，不仅有分散，还有聚集。至2017年起，国家开始在全国范围内实施信息进村入户工程。信息进村入户工程是数字农业农村的基础性工程，"互联网+"农产品出村进城工程是在此基础上的提升应用，益农信息社则是国家信息进村入户工程的载体。在农业农村部的主导下，按照有场所、有人员、有设备、有宽带、有网页、有持续运营能力"六有"标准，为每个行政村新建或利用现有设施改建益农信息社，旨在打通城乡数字鸿沟，以信息流带动技术流、资金流、人才流、物资流向农村聚集。结合当地实际，根据规模大小和功能齐缺，益农信息社分为标准型、简易型和专业型三大类。标准型益农信息社提供公益

①农业部软科学委员会办公室.农村市场经济[M].北京：中国农业出版社，2001：292.
②中国互联网络信息中心.第51次中国互联网络发展状况统计报告[R].北京，2023.

服务、便民生活服务、电子商务服务和培训体验服务，一般选址为村综合服务中心、大型农资超市、村科技服务站；简易型益农信息社提供便民、电子商务服务，从便民商店、小农资店发展而来；专业型益农信息社则依托新型农业经营主体，由其围绕生产经营活动为成员提供专业服务。[①] 以益农信息社为基础，充分利用益农信息社及农村电商、邮政、供销等村级站点的网点优势，以及县级农产品产业化运营主体的生产、加工、仓储能力，统筹建立县乡村三级农产品网络销售服务体系；同时，对没有进入优质特色农产品供应链的其他农户和产品，以低成本、简便易懂的方式有针对性地提供电商培训、加工包装、物流仓储、网店运营、商标注册、营销推广、小额信贷等全流程服务。

据实地调查发现，农村超市电商化尤其有利于那些缺少互联网应用技能的人群。有些乡村的中心超市会配备一块触摸屏，村民通过相关操作可以交水电费和充值话费；超市老板还会开设专线电话，提供农资市场行情、病虫害防治、农业科技等多项免费的专业咨询。这样降低了农资和消费成本。[②] 超市就是空间上的一个“节点”，是村级信息服务中心，并且是“一网多用”，具有综合功能。农民也可以以土地、房子、车辆等入股，共同建设这样的中心，而乡镇中小学、乡镇卫生院、农业技术推广站也可以利用起来发挥类似作用。

第二节　行为观念

习近平总书记指出：“现代化的本质是人的现代化，真正使农民变为市民并不断提高素质，需要长期努力，不可能一蹴而就。”[③]马克思和恩格斯认为，历史进步是社会发展和人的发展相统一的过程，“人的各种生产和再生产的物化形式（社会因素）之间的相互作用，共同决定历史发展，至于相互作用的各种因素的地位，是由具体的历史的境况所决定的”；在“后工业文明时代（信息文明时代、知识文明时代），人的智力（智能）正在成为最有决定性的因素，而由于环境危机、生态危机，地理环境、人口因素也逐步获得了与经济因素大致相当的地位”。[④] 它们之间的关系

①中央网络安全和信息化委员会办公室．益农信息社：铺就“数字农村”网[EB/OL]．http://www.cac.gov.cn/2018-07/17/c_1123135934.htm．

②曹东勃．在城望乡：田野中国五讲[M]．上海：上海人民出版社，2021：48－49．

③中共中央文献研究室．十八大以来重要文献选编：上[G]．北京：中央文献出版社，2014：594．

④程广云．马克思的三大批判：法哲学、政治经济学和形而上学[M]．北京：中国人民大学出版社，2018：133－134．

如图 3－1 所示[①]。

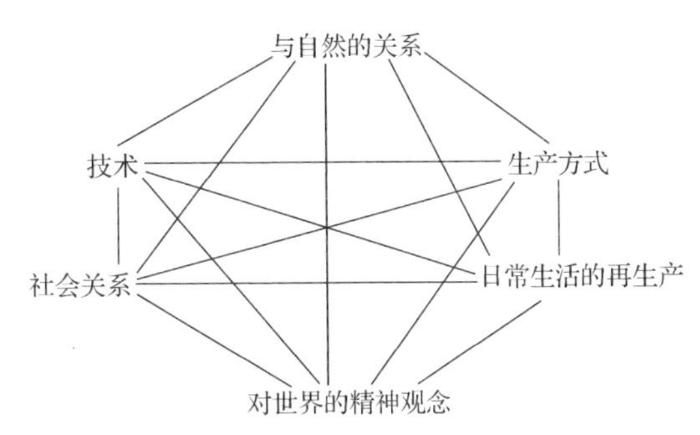

图 3－1　人的各种生产和再生产的物化形式间的关系

马克思、恩格斯对小农经济的存在与发展进行过深入的剖析和论述。马克思在分析 1848 年法国二月革命中的农民时指出，小块土地分割制形成了大量的小农，“小农人数众多，他们的生活条件相同，但是彼此间并没有发生多种多样的关系。他们的生产方式不是使他们互相交往，而是使他们互相隔离。这种隔离状态由于法国的交通不便和农民的贫困而更为加强了。他们进行生产的地盘，即小块土地，不容许在耕作时进行分工，应用科学，因而也就没有多种多样的发展，没有各种不同的才能，没有丰富的社会关系。每一个农户差不多都是自给自足的，都是直接生产自己的大部分消费品，因而他们取得生活资料多半是靠与自然交换，而不是靠与社会交往。”[②]基于小块土地的生产方式和交往方式，造成了小农生活世界、交往空间的狭小，我国大多数农民也曾受制于同样的物质条件和生产力的约束，形成了保守封闭的性格。

随着社会的发展和技术的进步，出现了大众媒体，但农民了解外部世界的渠道还是比较单一。之后农民陆续进城务工，因为缺少有效的沟通渠道和学习机会，其市民化过程也颇不容易。

互联网弥补了乡村信息来源不足的问题，高速变化的现代外部世界不再与乡村绝缘，互联网将真实世界和虚拟世界连接起来，带来一种新的语言、新的边界（无清晰边界）与空间概念，培养了超越时间和空间的信任。人类作为一个高度社会化的物种，会不断衍生新的关系，在连接中产生新的创造力和生产力，也产生新的网络文化和新的价值取向。

外部知识大量进入农村后，农村与外部世界功能性的关系也增多了，过去的个

①（美）哈维．跟大卫·哈维读《资本论》：第 1 卷[M]．刘英，译．上海：上海译文出版社，2014：214．
②中共中央马克思恩格斯列宁斯大林著作编译局．马克思恩格斯选集：第 1 卷[M]．北京：人民出版社，2012：762．

人关系(亲属关系和近邻关系)转变为与部分陌生人打交道。同时,外在职业上的非农化、内在心理和文化上具备现代意识,增强了个人意识、开放意识、创新意识。与外部增多的商业往来使农民进一步扩大了与外界的交流,开阔了视野,逐渐适应了现代工商社会的规范和理念,并在观念上从非市场化向市场化转变,改变了行为方式,开始认同合作、守法诚信、开放参与以及市场经济中的权责利、竞争、公平等基本原则。互联网的多样化、定制化会催生农民的自主意识、选择意识,主动学习、探索变革,发挥主观能动性。信息知情权还会增强农民对公共事务的社会参与度。"任何一个有创造力的个体都不愿意被过度束缚,他更愿意找到一个能够激发个人潜能的平台,并在这样的平台上为他人、企业、国家创造价值,同时实现自我价值。"①农民中富于企业家精神和创新精神的人会脱颖而出,他们既有创业创新意识,又能认识到风险存在,具备审慎决策的能力。农民实际上拥有了双重信息传递系统,一是通过现实人际关系,二是外界信息传递系统(互联网是系统之一,还包括大众媒体等,但目前大众媒体很大程度上已经互联网化,另外还有涉农组织、专业技术人员等)。在这种网状的信息结构中,个体会自主或不自主地融入相互依从的复杂秩序之中,"网络成为信息时代支配功能与过程的重要组织形式,网络建构了网络社会这一新社会形态,而网络化逻辑的扩散实质性地改变了生产、经验、权力与文化过程中的操作和结果"②。

互联网的作用在于扩大信息来源,不过目前看来,熟人关系、熟人社区还是农民重要的信息基础,这与城市里基于其他关系组织起来的关系不一样,尤其在村庄事务上,传统组织边界突破不大。比如在种植、售卖决策上,农民还是会观察邻居、当地成功者的实施效果。基于传统影响和现实考虑,农地流转更多的是在熟人之间,而非市场交易。③ 现实中的农民劳动力市场,社会网络即所谓的社会资本仍在发挥关键作用,雇佣者和受雇者都是从信任者那里了解对方更多的情况。社会网络是经济交易发生的基础,市场存在于社会网络之中,社会关系是社会网络的基础。"农业创新活动增加的动力与传统农业社会决策单位所洞察到的机会直接相关,即与消费非农商品还是取得工业资本所有权有关。如果提高农业生产率是用于取得非农业资产,那么,提高农业生产率的激励就会增强。一旦这些目标与相关的努力之间的关系明朗化,农业生产率的明显变化就能实现。"在这种联系中,农业

①黄奇帆,朱岩,邵平.数字经济:内涵与路径[M].北京:中信出版集团,2022:113-114.

②(美)卡斯特.网络社会的崛起[M].夏铸九,王志弘,等译.北京:社会科学文献出版社,2006:569.

③罗必良,等.农地流转的契约性质[M].北京:中国农业出版社,2019:56-102,218-220.

活动地点与非农业活动地点相互邻近非常重要，能促进农村工业及服务业的增长，“农业社会渐进的实质就是活化创新诱导机制，即对农业内外产生剩余机会很敏感的企业家群体开始发挥作用。”[①]农民的互联网应用既表现出依托意见领袖的中心扩散形态，也呈现企业、经纪人、创业农民等多主体参与推广的非中心扩散形态，也即呈现出“小世界网络”格局。中心扩散与非中心扩散结合，构成互联网环境下信息技术传播扩散的特色网络结构，形成本地化电子商务应用示范。农民转变为网商，要经历对电子商务应用成本与预期收益的权衡。虽然互联网为农民提供了自主学习和交流仿效的机会，使得学习成本大大降低，但他们还是要借助熟人和关系网评估前期电商从业者的经营水平和盈利状况，以及利用社会资本，现实的社交关系仍将影响现实行为。

更快的价值观念转变来自新一代农人，他们有的是农二代，是重塑乡村的新本土社会力量。法国著名社会学家孟德拉斯在《农民的终结》一书中描述过法国青年农业生产者返乡：“需要的是新一代的青年农业生产者对经济的前途和乡村职业的高尚重新确立信心。他们可以按照我们工业社会的经济规则行事……实际上，他们已决定充分运用工业社会的经济规则，并寻求改变这些规则，使这些规则对他们有利。”“在传统世界中得到塑造的农民可以悠然自得地在现代世界中活动。”[②]

农产品和量产的工业品不同，其销售和消费存在个性化、频次高、个人体验差异大等问题。不论何时，农产品的个人需求和体验始终存在，交易成本中的搜寻成本、信息成本等会较工业产品高。农产品属于“搜寻成本高、迭代速度快、不确定性比较高”的产品，“尤其需要（互联网）平台的作用”，也具有“在用户端、需求端有广大的个人用户，在供给端则有非常多中小企业商家和个体经营者”等特征。[③] 农产品的迭代速度已由技术主导，技术的特点在于不断地变化，技术影响下的农业现代化意味着农民“将经受技术革新和经济趋势带来的长期变动”[④]。这是孟德拉斯研究法国农村现代化时最初的担忧，而互联网销售热门农产品确实也存在明显的品类更换。但是一旦农民接受了这种变化，他们也会用“变化”的观念来决策种植品种，乃至重新定位适合的生存方式。孟德拉斯在书中描述了法国社会高速发展之

---

①（美）费景汉，（美）拉尼斯．增长和发展——演进的观点[M]．洪银兴，郑江淮，等译．北京：商务印书馆，2014：68－69．

②（法）孟德拉斯．农民的终结[M]．李培林，译．北京：中国社会科学出版社，1991：14－15．

③黄益平，北京大学平台经济创新与治理课题组．平台经济：创新、治理与繁荣[M]．北京：中信出版集团，2022：123．

④（法）孟德拉斯．农民的终结[M]．李培林，译．北京：中国社会科学出版社，1991：15－16．

后莫尔比昂省一个村庄的变化：当地的农民拒绝离开村庄，找到了在本地或去附近城市工作的谋生手段，从事多种兼业或副业，多数有工资性收入。20世纪中期，“生活在家乡”帮助他们抵御了城市威胁着他们失业的危险，并推动了当地协作组织的发展，有些人成为该地区足球队的领导人和一些协会的负责人，并担负起公民责任，开始参与国家政治事务。因此，孟德拉斯呼吁：“多种兼业作为走向城市化的阶段或小经营者生存的手段，是乡村社会获得新生的一种预兆或一种工具，应当得到它应有的地位。”他赞同在农村中学和各种常设培训班中教授农村劳动青年诸如滑雪教练、旅店管理等基础知识，帮助农民实现兼业。① 任何社会都有内在的多元性，农民长期以来都是以第一产业为生，在外界的冲击下，他们尝试发挥本土优势，发展与本地劳动力高度契合的产业，能够最大程度地因地制宜，并可及时做出调整。这与学界的研究结果一致：“信息化总体上促进了农户总收入和工资性收入增长，对农业收入有一定的抑制作用，但这一抑制作用在信息化发展过程中逐渐消失；信息化的总增收效应具有较大持续性。”②总收入增长、收入结构发生变化，这正好与目前农民就业创业在二三产业增加的现实情况稳合。

第三节　谋生能力

20世纪80年代的中国农村，主要是乡镇企业吸纳农村剩余劳动力，“离土不离乡、进厂不进城”的模式使农民获得亦工亦农的机会，且多以兼业方式增加收入，主要从事乡村工业，也有第三产业，如商业和运输业。1984—1988年是乡镇企业发展的黄金时期，也是农村劳动力转移的重要时期。进入20世纪90年代以后，乡镇企业就业吸纳能力开始减弱。③ 20世纪90年代中期开始的出口导向工业化，使得工业布局逐渐趋向于东部沿海地区，农村劳动力开始大面积地跨省流动，“离土又离乡”。农村劳动力多由中西部向东部转移，还有部分劳动力没有转移而是进入当地城市工商业。农户脱离农业生产和农村生活一般是一个渐进的过程，“农户首先从非农就业（兼业）中获得一定的非农收入，当非农收入超过农业收入时，农民逐渐离开土地外出务工，当农户逐渐适应城镇的生活环境时，就可能考虑举家外

---

①（法）孟德拉斯．农民的终结[M]．李培林，译．北京：中国社会科学出版社，1991：319－321.

②朱秋博，朱晨，彭超，等．信息化能促进农户增收、缩小收入差距吗？[J]．经济学：季刊，2022(1).

③肖林，权衡，等．中国经济学大纲——中国特色社会主义政治经济学分析：中册[M]．上海：格致出版社，2018：573.

出。"[①]农村劳动力向非农产业转移是现代化进程中的一个必然现象,也是必由之路,是经济发展的结果,也是经济发展的动力。"中国农村贫困的降低并非主要通过推动农业增长实现,而是享受到工业化的好处,主要是经济结构转变中的农村贫困人口有机会参与经济增长成果的分享,分享的最重要途径是移民进入城市或者在非农部门就业和生产。"[②]也就是说,劳动力由低生产率行业向高生产率行业转移。托达罗的人口流动理论认为,人口迁移决策主要取决于获得高收入的可能性与在相当长时间内成为失业者的风险之间的权衡。[③] 收支剩余与就业机会是影响农民向外流动的两大重要因素。

21世纪初,盖尔·约翰逊认为有两个真正有效增加农民收入的政策,一是提高农村居民的教育水平和质量,二是大幅增加非农就业机会。[④] 盖尔·约翰逊还指出,非农就业中包含大量的劳动力迁移,当时看来创造足够的非农就业机会并不现实。针对当时中国政府采取鼓励在小城市和城镇中发展新的非农工作机会以及江苏省旨在将农村劳动力居家转移到小城市的做法,约翰逊并不赞同,他认为解决农村劳动力迁移问题的替代性方案是"大多数乡村农民可以每天乘车往返于家庭与工作单位之间",乡村则要提供现代生活设施,"如自来水、室内厕所、可靠的廉价电力、高质量的电视讯号"。相较之下,盖尔·约翰逊认为有效增加农民收入最重要的一点是缩小农村教育水平与城市教育水平的差距。"在西部农村地区创造非农工作职位是这项工作中最令人头疼的部分";"需要政府采取积极的措施以提高当地的教育与基础建设的水平,并且为开办新企业提供多种形式的支持——培训工人和经理、为开办新工厂提供咨询、为产品营销提供帮助以及为企业提供适当的信贷资金——否则未来可能会收效甚微"。[⑤] 约翰逊担忧的两点,在现在看来已经得到很大的改善,而改善的原因正是和二十年来工业化、城镇化、信息化的快速进步有关,农民得到了现代就业机会,并有了许多自主创业、兼职的机会。

农民原本主要依靠长辈的言传身教习得生存经验和谋生技能。而农民现代化知识和能力的提升,是中国多年来基础教育普惠的成果,互联网则在学校教育之外

---

①国务院发展研究中心农村经济研究部课题组.稳定与完善农村基本经营制度研究[M].北京:中国发展出版社,2013:32.

②肖林,权衡,等.中国经济学大纲——中国特色社会主义政治经济学分析:下册[M].上海:格致出版社,2018:786.

③(美)托达罗,(美)史密斯.发展经济学[M].聂巧平,程晶蓉,译.北京:机械工业出版社,2020:236.

④(美)约翰逊.中国增加农民收入的政策[G]//吴敬琏.比较:第3辑.北京:中信出版社,2002.

⑤(美)约翰逊.在农村创造非农工作职位转移劳动力[G]//吴敬琏.比较:第8辑.北京:中信出版社,2003.

起到了积极作用。受过更多教育的人能更好地适应变化，将知识应用于新环境，把握机遇，拥有创新创业的激情。新型技术和组织方式需要有更多知识和技能的劳动力，如具有时间管理能力，懂得财务知识，注重沟通，有责任心，善于团队合作，具有批判性思维等。

对农民来说，互联网既是娱乐消遣沟通的渠道，也是劳动的工具。农民由过去被动接受信息开始向主动获取信息转变，连接能力、分析能力不断增强，认知能力得到提高，观念也发生转变。互联网整体提高了人力资本素质，既扶智又扶志，农民则通过互联网参与沟通、交流，获取惠农政策、涉农技术、农资信息、商品信息（购买和出售）、新闻资讯等信息，根据自身的情况寻求发展机会。有了互联网展示的便利，农民销售产品所需付出的市场信息搜寻成本、市场推广成本较前明显改善。如今展现乡村面貌的创作者和内容呈指数级增加。有文化、会技术、懂经营的人联合起来，出现了很多微商、农民主播，认养农业等新模式也层出不穷。以淘宝、拼多多、抖音、快手等为代表的电商及内容平台孵化、扶持、培育了大量的乡村“网红”，他们获得了广泛关注和报道，对数字乡村建设、农产品上行等促进较大，甚至带动了一方经济。快手《2020年快手三农生态报告》显示，2020年三农创作者电商成交单数超过5000万，快手三农电商用户比2019年增长330%。[①] 抖音平台探索发展“兴趣电商”，其中“蜀中桃子姐”通过制作反映农村生活、乡土气息浓郁的美食教学短视频，吸引超过2000万粉丝，带动家乡生产的特色农产品等实现销售上亿元，年纯收入上百万元。“在这个百年未有之大变局中，个体力量得以充分释放，充分激活组织中的每一个个体才能为人类创造更大的价值。”[②]农村经济增长模式转变、产业结构升级促进了劳动的分工和专业化，对劳动者素质和技能要求进一步提高。农民的非农化就业有了新的岗位和能力要求，仅电子商务就涉及网店客服、网店美工、网店推广、网店仓储、网店物流、网店数据等工种。职业要求导致分工不断细化，这就需要农民不断地学习，要有文化、懂技术、善经营，具备综合素养和跨界能力。农村发展的动力最终来自农民本身，信息和知识要素的流动速度加快，加大了农村变化和创新的可能，很多仅靠特色农产品走上综合乡村文旅之路的农村正是由这样的局部创新而发展壮大。

农业劳动者整体素质的提高对农业现代化至关重要。马克思主义政治经济学

---

①光明网．全国农村电商发展成就、现状特点、问题与对策建议[EB/OL]．https://m.gmw.cn/baijia/2021-12/11/35374259.html.

②黄奇帆，朱岩，邵平．数字经济：内涵与路径[M]．北京：中信出版集团，2022：113.

认为，劳动生产率的高低主要由以下因素决定：劳动者的平均熟练程度，科技水平及其在生产中的应用程度，生产过程的社会结合程度（分工协作、劳动组织、生产管理形式），劳动对象的状况（数量、质量、效能），以及自然条件（包括对自然资源和自然力的利用）。[①] 构成生产力的实体性要素主要有劳动者、生产资料（包含劳动对象和劳动资料）。劳动者具有劳动经验和劳动技能，现代生产中劳动者扩展为"整体劳动者"，包括直接操纵者、科技人员和经营管理者。生产资料是生产过程中的物要素。其中，劳动对象是劳动者直接加工或者改造的对象，劳动资料主要是劳动手段，是人们在劳动过程中用以改变或影响劳动对象的一切物质资料和物质条件。劳动资料中最重要的是生产工具，除此之外还包括除劳动对象以外一切的物质条件，它们是劳动过程得以正常进行的保证。也就是除了活劳动，还包括土地、资本、技术、信息以及自然资源和生态环境等。[②] 劳动资料集中体现了生产力的发展水平，互联网已经被视作是农民的"新生产工具"，而道路等也被视为保证劳动过程的劳动资料。

马克思曾指出："生产力中也包括科学。"[③]20 世纪 50 年代，经济学家索洛等人提出了新古典经济增长理论，将技术进步列为决定经济增长的一大要素。20 世纪 60 年代，经济学家舒尔茨提出了人力资本理论，他在长期的农业经济问题研究中发现，从 20 世纪初到 50 年代，促使美国农业生产率迅速提高和农业产量迅速增加的重要原因不再是土地、人口数量或资本投入的增加，而是人的能力和技术水平的提高。引进新生产要素，改造传统农业，不仅要引进优良品种、高效肥料和农业机械这些物的要素，还要培养能掌握应用这些新生产要素的农民，要把人力资本作为农业经济增长的主要源泉。人力资本的形成主要来源于教育。[④] 舒尔茨指出："在解释农业生产的增长量和增长率的差别时，土地的差别是最不重要的，物质资本的差别是相当重要的，而农民能力的差别是最重要的。"[⑤]20 世纪 80 年代，经济学家罗默、卢卡斯等人又提出了"新增长理论"，进一步将技术进步作为经济体系的内生变量，认为技术是人力资本积累的产物。其他研究也显示，20 世纪 80 年代后美国收入差距的扩大是由于技术进步偏向技能，高技术产业的迅猛发展对高技能人才

①《马克思主义政治经济学概论》编写组．马克思主义政治经济学概论[M]．2 版．北京：人民出版社，2021：46．

②程恩富，等．马克思主义政治经济学基础理论研究[M]．北京：北京师范大学出版社，2017：5－6．

③中共中央马克思恩格斯列宁斯大林著作编译局．马克思恩格斯文集：第 8 卷[M]．北京：人民出版社，2009：188．

④(美)舒尔茨．改造传统农业[M]．梁小民，译．北京：商务印书馆，2006：150－175．

⑤(美)舒尔茨．报酬递增的源泉[M]．姚志勇，刘群艺，译校．北京：北京大学出版社，2001：135－136．

产生了巨大的需求，而此类人才供给相对不足，导致其工资溢价明显。[①]

人力资本投资获益的顺序一般是被投资者首先受益，表现为技能提高、生存改善；然后是企业受益，表现为企业效益提高；最后是社会受益，表现为社会政治、经济进步。农村中有部分人群由于文化程度低而很难与互联网发生直接联系，但是会发生间接联系，例如进入互联网引导的相关产业劳动，或是作为互联网传播内容进入外界视野，如三农视频中的乡村人物。

现代化农业需要掌握新技能的人才，这不意味着传统技能和经验不重要。更确切地讲，农业具有在地化特征，这也符合马克思在《资本论》中所指出的，“劳动生产力是由多种情况决定的，其中包括：工人的平均熟练程度，科学的发展水平和它在工艺上应用的程度，生产过程的社会结合，生产资料的规模和效能，以及自然条件。”[②]在东部沿海地区产业转移过程中，许多返乡创业者将东部沿海地区的一部分产业转移到了中西部地区。这些产业有着典型的“两头在外”的特点，销路和原材料的供应都在东部沿海地区，但是利用了中西部地区的劳动力资源，数据标注就是这一类型的产业。

①(美)戈尔丁，(美)凯兹.教育和技术的竞赛[M].陈津竹，徐黎蕾，译.北京：商务印书馆，2015：136-137.
②中共中央马克思恩格斯列宁斯大林著作编译局.资本论：第1卷[M].北京：人民出版社，2004：53.

第四章　经济现代化

习近平总书记指出："要加快推进现代农业建设，在一些地区率先实现农业现代化，突出抓好加快建设现代农业产业体系、现代农业生产体系、现代农业经营体系三个重点，加快推进农业结构调整，加强农业基础设施和技术装备建设，加快培育新型农业经营主体。"①互联网对农业农村经济现代化影响最显著的地方，即为这三个重点体系。

第一节　现代农业产业体系

在信息技术引领下，农业产业结构由初级产品生产为主转向初级产品生产、加工业相结合，增强了农产品的市场适应性和竞争力，纵向一体化和横向一体化经营不断深化，同时产业链、价值链等现代产业组织方式引入农业，逐步建成一二三产业融合的现代农业产业体系。

一、链接一二三产业融合发展

实施乡村振兴战略，产业兴旺是关键因素之一，本地一二三产业的融合，让农民付出不高的机会成本就能得到持续性、稳定性的收入。第二产业可以提高农产品的市场价值，第三产业则创造可持续性发展的新的经济增长点，农民也在这个过程中发现自己的价值、开掘自身的发展可能，成为一个获得新发展机会的现代新农人。

根据"配第-克拉克法则"，随着经济的发展，劳动人口从农业转向制造业，再从制造业向商业和服务业转移。科林·克拉克在《经济进步的条件》一书中将人类社会的经济活动分为三次产业，第一次产业包括农业、畜牧业、渔业、林业和狩猎等；第二次产业包括采矿业、制造业、建筑业和公共工程、天然气和电力供应等部门；第三次产业包括所有不同的其他经济活动，主要是分销、运输、公共管理、家政服务和所有其他生产非物质产品的活动。② 也即一次是从农业向工业部门的转移，一次

---

①中共中央文献研究室.习近平关于社会主义经济建设论述摘编[G].北京：中央文献出版社，2017：187.
②(英)克拉克.经济进步的条件[M].张旭昆，夏晴，等译.北京：中国人民大学出版社，2020：139.

是从工业部门向服务部门的转移。

产业结构演变的动因之一是需求结构变动。[①] 经济结构转型背后的动力机制，首先是技术变革，其次是偏好的变化。国民经济的发展带来消费水平的提高，导致食物结构变化、农产品结构变化，高附加值的产品增多，农业产值提高，城乡双向贸易活跃。在满足粮食需求后，就要发展新型经济作物，如蔬菜、水果、花卉、食品加工品等，这类产品需求弹性比较高，粮食的需求弹性则较低。较高的需求弹性就需要销售端发力，互联网恰好长于制造需求，培养消费习惯。食品消费饱和以后对食品支出增长会慢于收入增长（恩格尔系数），对一般制造业商品的需求满足以后对这部分产品的支出增长会慢于收入增长（在制造业产品领域的广义恩格尔效应），接下来会有更多的支出转向那些满足更美好生活需要的服务和商品，也即不再是为了满足基本生存需要、基本生活用品需要，而更多是满足提升生活品质的需要，健康、教育、旅游、时尚、文娱等成为主要内容。最后是生产型服务业脱离工业部门。这是工业部门转型升级的一种表现形式，越来越多的研发、创新、管理、咨询、仓储库存、销售等服务环节从传统的工业部门中脱离出来，形成更专业化、效率更高的服务业。传统制造业的效率提升很大程度上也来自这种更加深化的分工和专业过程。[②]

融合三次产业，农村不仅要生产农产品，还要推动加工贸易的发展，包含生产、设计、包装、加工、储藏、运输、销售等环节。与城市二三产业不同的是，乡村二三产业是以农产品加工业和传统乡村手工业为主，以农业农村服务为中心的服务业为主。后端附加值和利润要留在乡村，让农民参与利益分配，同时还能增加农民就近兼业的机会。

农业本身具有多元的价值，但初级农产品的产业链比较短，价值单一。互联网影响的农产品主要有两类，一类是加工延伸带动型，另一类是直销为基础的供需互动型。专业部门曾预测：食材产业园或将成为一二三产业融合的高质量成果。第一二三产业融合发展是食材工业特有的优势[③]，但是专业化的商业化农业在中国传统小农经济下一直难以突破。农业生产本身有其特殊性，农作物生长不可间断，工序不可拆分，同时产出还受气候、收成时间等约束，具有季节性、地区性、分散性

①张培刚，张建华. 发展经济学[M]. 北京：北京大学出版社，2009：337.

②张斌. 经济结构转型与广义信贷[G]//吴敬琏. 比较：第103辑. 北京：中信出版集团，2019.

③中国物流与采购联合会食材供应链分会，国家农产品现代物流工程技术研究中心. 中国食材供应链发展报告(2022)[M]. 北京：中国市场出版社，2022：44－45.

和不稳定性,有着很多难以人为控制的因素。

从新中国成立以来农业农村所走过的历程不难知道这一现代转型的艰难。马克思主义政治经济学将社会再生产分为生产、分配、交换(流通)和消费四个环节,其中生产是基础和起点,流通是连接生产和消费的桥梁。生产决定流通,流通反作用于生产。中国传统的小农经济对生产环节极力重视,困难就在于"小生产"和"大市场"之间始终缺乏有力的中介。这个中介要满足两个要素:一是方便交易,二是建立信任。关于第一点,盖尔·约翰逊在其发表于1988年的《中国的经济改革》一文中指出,20世纪80年代中国的农村改革取得了令人瞩目的成功,但仍是"未竟之业",尤其存在"不完善的农产品运输系统、阻碍农产品从一个地区向另一个地区流动的垄断性壁垒、相对地理位置不利的农村地区扩大非农就业机会的失败、对农产品进行加工和储藏设施建设的长期忽视"①等等问题。以上短板近年来得到显著改善,涉及物流、全国统一大市场、农产品产业结构调整和基础设施建设(加工和储藏设施的建设),其中有不少得益于互联网的助力。中国传统小农经济下的流通,大宗产品如粮食或其他经济作物、手工业产品由专业机构或专人完成,而小宗农产品流通,或是上附近市场售卖,或是由个体经纪人(旧称货郎)完成。如果自己售卖,需身兼生产和销售,费时费力,由货郎收购,有时存在交易不公平的问题,小生产和大市场间的两个要素都未能满足。事实上,农村小宗农产品可以通过有效的管理和组织进行贸易,如采取长期的、重复性的合同帮助解决质量不稳定的问题,但这只适合耐储存的农产品,容易核实其产品质量,标准也比较稳定,信息不对称的问题并不严重。

专业化的商业化农业在今天有一个我们更为熟悉的词——农业产业化。农业产业化源于哈佛大学学者在20世纪50年代提出的农业综合企业(agribusiness)概念,即农业的生产、加工、运销等方面的有机结合或综合。之后美国学者提出了农业产业化(Agro-Industrialization)的概念,它包括三层含义:一是农业加工、流通和农业投入三个方面的增长;二是农业加工企业和农业之间制度及组织的变化,如垂直协作明显增加;三是农业部门产品、技术、市场结构的变化。在1995年12月11日《人民日报》发表的社论《论农业产业化》一文中,我国最早运用了该词。此后,农业产业化一词的内涵又不断丰富和充实。2014年中央农村工作会议提出要大力发展农业产业化,明确了"是把现代农业产业组织方式引入农业,以市场需求为导向,推进种养业、农业品加工业和农村服务业融合发展,本质特征是延伸农业产业

①(美)约翰逊.经济发展中的农业、农村、农民问题[M].林毅夫,赵耀辉,编译.北京:商务印书馆,2004:17.

链和价值链"①。在一定意义上，农业现代化和农业产业化基本可以划等号。

过去关于农业产业结构变化的设想是形成农业内部和非农之间两大类别："乡村产业结构的改变包括农业内部生产结构的变化，也包括非农产业的发展。农业内部生产结构包括大农业内部结构，即种植业、林业、牧业、渔业和农业服务业的比重，也包括种植业内部结构，即粮食作物和各种经济作物之间的比重。乡村的非农产业包括乡村工业、乡村金融和乡村贸易等。"②从农村这些年的实践看，这两个类别已经同时发展，呈现一二三产业融合的面貌。农业内部生产结构的变化我们在上一节已经讨论过，即根据各地的资源禀赋形成了农业的区域分工。而非农产业的出现既与农村剩余劳动力获得农村非农就业机会有关，也与农产品开启的农村新认知有关。农产品的产业融合从种植业开始，其不断延长和拓展的产业链目前主要有三种基本模式："一是基本链（加工链）的纵向延伸。二是服务链的横向扩展。农业生产性服务与农产品生产加工过程分离，农业科技服务、信息服务、植保施肥服务、农机服务等环节发展为独立的行业部门，成为专门的农业生产性服务业。三是功能链的融合与拓展。农业由提供食物这一基本功能向生态、文化、旅游等领域拓展，与文化创意、休闲旅游等行业融合，发展出创意农业、体验农业、休闲农业等新兴行业。"③在经济价值上，有数据显示："与农业相关的加工、流通、销售、餐饮、乡村旅游、休闲度假等产业的产值一般是农业直接生产价值的10倍左右。"④

这一过程中，互联网以技术应用切入农业，互联网平台作为信息传播载体起到了不小的作用，又不断裂变出新业态、新商业模式全面融入农业，乡村多元价值不断得到挖掘，农产品加工、乡村休闲旅游等农业产业迅速崛起，逐渐开启了一二三产业融合的历史进程。这一过程的发生是从农产品产业链前端的交易开始，再沿着产业链向后向深处延展，有助于提高农产品的深加工水平，打造农产品品牌。农产品电商从单一"卖产品"转向"卖服务、卖体验"，这样产业链就自然而然延伸至休闲农业、乡村旅游。例如我国的茶叶一直存在难以标准化、卖难买难的问题，常被喻为"水很深"的农产品，并且这种信息差连互联网也未能解决。不过，南方很多农

①国务院发展研究中心农村经济研究部．找准转变农业发展方式的支点[M]．北京：中国发展出版社，2016：122－124．

②张培刚，张建华．发展经济学[M]．北京：北京大学出版社，2009：370．

③国务院发展研究中心农村经济研究部．构建竞争力导向的农业政策体系[M]．北京：中国发展出版社，2017：66．

④国务院发展研究中心农村经济研究部．找准转变农业发展方式的支点[M]．北京：中国发展出版社，2016：102．

村出现了新的模式，由互联网宣传当地茶叶为开端，再以规模种植的茶叶林打造农业景观，在此基础上兴起了茶园旅游，为当地茶叶带来新的销路；茶叶则由当地农户种植、采摘，茶叶加工厂从茶农手中收购茶青，再在县域内完成茶叶加工、分级。这样就形成了倒过来的顺序：由第三产业带动第一、第二产业。

当然，一二三产业融合发展中第一产业仍然是基石，通过扩大生产规模，运用现代农业技术，适当集中土地、资本和人力等生产要素，可以提高生产率，增加农产品产量。第二产业是对初级农产品进行各类加工和综合利用，提高了产品的附加值，也解决了初级农产品容易出现的“谷贱伤农”问题。加工、储存的落后，造成“我国水果蔬菜等农副产品在采摘、运输、储存等环节上的损失率达 25%—30%”①。“欧美等发达国家地区的果蔬损失率仅为 5%左右，主要是得益于加工转化，其果蔬加工量占到了总产量的 40%左右；而中国果品加工量仅占总产量的 6%，蔬菜加工量也仅占总产量的 10%。”②第三产业则拓展和延伸了农业的多功能性，挖掘出农业农村的深层次价值，如生态文化、旅游休闲等功能；同时通过品牌塑造将一二三产业整合起来，形成完整丰富的产业层次。学界将农村三产融合界定为“以农业为基础，工业和服务业为支点，把新技术、新业态和新模式引入农业，借助产业链延伸、价值链扩展的方式来完善农业功能和优化产业结构，进而实现农村各产业有机融合、交叉渗透和协同发展的过程”③。

产业结构转换时，新旧产业更替和转换的顺序一般如下：第一，在生产要素的密集度上，存在着由劳动密集型向资金密集型，向技术密集型，再向知识技术密集型演变的顺序；第二，从采纳新技术革命成果的能力上看，存在着由传统产业向新兴产业，再向新兴与传统相结合产业转换的顺序；第三，从三次产业变动看，存在着由低附加值向高附加值，再向更高附加值演变的顺序。④ 就中国农村实际走过的历程看，生产要素的密集度的更替顺序有些不同，即在互联网的影响下，劳动密集型是第一阶段，第二阶段则是资金、技术、知识技术密集型并行，这也是后发国家必然存在的不同。第二阶段与第三产业的兴起关系密切，因为资金、技术和知识技术投入农业需要属于第三产业的行业辅助。从这个意义上看，第三产业的兴起是经

①张喜才．互联网时代农村流通全产业链整合发展[M]．北京：中国商业出版社，2017：19．

②中国物流与采购联合会食材供应链分会，国家农产品现代物流工程技术研究中心．中国食材供应链发展报告(2022)[M]．北京：中国市场出版社，2022：30．

③李杰，段龙龙．促进农村三次产业融合发展的用地保障论析[J]．政治经济学报，2019(3)．

④张培刚，张建华．发展经济学[M]．北京：北京大学出版社，2009：336．

济水平发展到一定程度后的结果，消费结构的变化带来贸易结构变化，产业结构也逐步优化。反之，第三产业的繁荣又对整个经济的发展有回馈作用："第三产业的发展与工业化的进程阶段密切相关，即工业化进行到一定阶段时，第三产业一定要相应地发展起来。不可能过早，也不可能过晚，因为物质生产的发展与第三产业的发展之间存在着一种需求创造供给，供给又创造需求的因果关系。一方面，需求表现为物质生产的发展增加了对第三产业的需求，如交通运输、商业、物资供销、仓储业、广告业、咨询业、金融业等；另一方面，随着国民收入的提高，产生不断扩大和不断高级化的生活需求，这就要求第三产业中的文化、教育、娱乐等精神方面也要提供相应需求。"①广大的农村市场也必然会在中国经济极大发展后产生多元化、多层次需求，而只有在工业能反哺农业后，第三产业甚至是第二产业才能逐渐扩大在农村经济结构中的比例。

与互联网结合的农村一二三产业融合做法不一。一类是农村电商，属于一三产业融合，农民个人或家庭农场通过电子商务直接扩大了农产品销售半径，提高了农产品售价，增加了收入。还有一类是龙头企业从事二三产业，给当地提供就业机会，农民或家庭农场则按龙头企业要求进行生产，得到出售初级农产品的收入，在龙头企业获得就业工资性收入，部分农民还能获得土地流转费、房产租赁收入（很多乡村食品加工企业就是典型例子）。如果产业融合是由合作社或村集体经济组织牵头，农民参股，则还能得到分红。还有一个典型的产业是乡村旅游业，它们或由村镇集体举办，或由村镇集体代表农民与外来投资者合办。

融合方式上，可以分为纵向融合和横向融合。纵向融合是围绕产品本身，向产业链的上下游伸展。农村第二产业多属于这种类型，例如果汁加工业、非农制造业等，由卖农产品向卖土特产品或相关工业制成品转变。横向融合则综合更多的产品和产业链，最终形成关联度较高的新业态或新模式，如农产品、乡村文化、生态环境等与旅游融合后的乡村旅游业，农产品电子商务也属于这一类型，推动农业从追求规模扩张和数量增长转向"高质量发展"。通过与工业、服务业的紧密结合，农业从较为封闭的状态融入社会化大生产中。

未来的农业农村一二三产业融合会更多地利用大数据、物联网、云计算、移动互联网等新一代信息技术，实现网络化、智能化、精细化、标准化、生态化，电子商务、农商直供、加工体验、中央厨房等农业农村新业态会不断成熟。

---

①张培刚，张建华. 发展经济学[M]. 北京：北京大学出版社，2009：349.

二、推动县域经济专业化道路

就整个经济发展的规律而言，已有研究指出："当经济增长时，农业提供的就业机会在国民经济中所占的比例就会下降，这是一个持续存在的长期问题。"[①]这是全世界工业化过程中必然的现象，中国也不例外，尽管中国的乡村有着数量庞大的人口。但是，随着我国工业化、城镇化水平提高，农业农村的重要性不减反增。尤其在世界百年未有之大变局面前，粮食自给的重要性不言而喻，农村对于中国社会经济稳定"压舱石"的作用再次凸显。这意味着必须要采取恰当的策略协调好农村产业结构调整和国家粮食安全保障之间的关系。

农业提供的就业机会下降，这里的农业更多的是指传统农业。事实证明，当工业化发展到一定程度足以反哺农业农村后，农业农村将出现新的经济增长点和就业机会，这也是今天的中国正在发生的现实。19 世纪中叶，英国哲学家和经济学家约翰·斯图亚特·穆勒描述过类似的事实：经济增长可以与农业发展并行不悖，共同阻止粮食实际价格的上升。同时，社会的进步对土地边际报酬递减具有抵消作用。他指出农业知识、技能的进步和科学发明可以增加土地的产出，或者降低单位产出消耗的劳动。如果非农领域的劳动生产率有显著提高，那么即使食物价格上涨了，真实消费水平仍然可以增加。因为当非农产品变得便宜以后，可以完全抵消食品价格上升对消费的抑制作用，甚至可能增加消费水平。[②] 可见，生产力发展能很好地保障粮食生产安全，也为推动农村产业结构调整提供可能。近年来各地农村的成功实践表明，新型城镇化与专业化相结合是一条符合国情的调整之路。

中国的大部分区域远离都市圈，不少乡镇是在当地农民出售农产品和购买日用品的过程中形成的自然集镇，并没有其他功能。农村人口向小城镇集中可以集聚人口，并能支撑起消费市场，更重要的是在此过程中能形成自己的产业，或是利用本地资源禀赋，或是"无中生有"。因此，新型城镇化"要对本地主导产业处于寿命中后期的城镇予以扶持，或帮助其培育接续产业，或帮助其跟上其他领先城市产业升级步伐，分享后者的红利"[③]就显得尤为重要。

在过去的行政体制下，物质资源、人才资源层层向上聚集，一般县城是聚集的末端，县城下面的小城镇缺乏内生经济动力。如果整个县域都缺少产业，将无法为

---

①(美)约翰逊．经济发展中的农业、农村、农民问题[M]．林毅夫，赵耀辉，编译．北京：商务印书馆，2004:16.

②(英)穆勒．政治经济学原理及其在社会哲学上的若干应用：下卷[M]．胡企林，朱泱，译．北京：商务印书馆，1991:256－291.

③国务院发展研究中心课题组．中国新型城镇化：道路、模式和政策[M]．北京：中国发展出版社，2014:36.

小城镇的兴起吸引足够的人群、物力和财力；同时小城镇也会因为域内土地以集体建设用地为主，不可流转开发，缺少建设资金来源。对于城乡差距较大的现状，“今后的劳动力转移，是通过增加农村的就业机会还是向城镇移民，这在很大程度上要取决于国家的政策”①。就近年发展的结果看，这两个选择不再是非此即彼的关系，而是齐头并进，尤其在城镇就业方面，互联网起到了引擎作用。“通讯和交通的发展改变了乡村社会的规模……构造经济生活、社会生活和政治生活的不再是地界和辖区，而是通讯和影响网络，作为这些网络中心的城镇和小城市被并入乡村系统。”②新型城镇化向信息化、知识化方向发展，现代信息技术与县域经济社会发展对接，实现科技驱动，增强了县域经济竞争力。

2015 年 12 月，《国务院办公厅关于推进农村一二三产业融合发展的指导意见》提出“着力推进新型城镇化”，要“将农村产业融合发展与新型城镇化建设有机结合，引导农村二三产业向县城、重点乡镇及产业园区等集中。加强规划引导和市场开发，培育农产品加工、商贸物流等专业特色小城镇。强化产业支撑，实施差别化落户政策，努力实现城镇基本公共服务常住人口全覆盖，稳定吸纳农业转移人口。”③这一意见集中体现了一二三产业融合与新型城镇化的关系。

在创造就业方面，新型城镇化就业岗位的一个来源是大城市，都市圈范围内的县、城郊相对容易承接都市外溢的需求和功能，在行政力量和市场力量的推动下较易成为都市产业链的一部分或者产业转移的新地点。城市企业将产业链中资源密集型、劳动密集型部分向农村延伸，农村发展城市企业的配套产业，形成都市圈产业分工协作网络，农民实现就地、就近就业。城郊乡村还有其地理优势，能起到疏解和完善城市功能的作用，并且随着城市的扩大，城郊农民也能逐渐融入城市变成居民；同时还能发展出度假、休闲功能，为城市人才入乡创造条件，提供创意产业、文化产业的就业机会。目前，休闲农业和乡村旅游业存在同质性强、投资回收期长等问题，尚需要统筹规划，推进错位发展。

由于我国的区域差异，不少乡村实际远离大都市，也需要一个合适的节点来凝聚一定地理尺度内的力量，县城就是这样一个合适的节点。就行政地位而言，县是我国的行政区划之一，其职能机构能够满足多数民生事务需求，可以根据国家的宏

①(美)约翰逊.经济发展中的农业、农村、农民问题[M].林毅夫，赵耀辉，编译.北京：商务印书馆，2004：119.

②(法)孟德拉斯.农民的终结[M].李培林，译.北京：中国社会科学出版社，1991：300.

③中国政府网.国务院办公厅关于推进农村一二三产业融合发展的指导意见[EB/OL].https://www.gov.cn/zhengce/content/2016-01/04/content_10549.htm?url_type=39.

观导向细化本地政策，所拥有的一定的财政自主权也便于开展符合当地需求的建设，更好地服务当地。县城是指县治所在的城镇，也是县域内的公共服务中心和文化商贸中心。我国的县城数量大、类型多，发展路径各不相同，需要因地制宜地整合县域内乡村的特有资源，推动发展差异化特色农业，进一步形成县域产业集聚，在规模效应下，发挥其对整个县域的辐射作用和带动作用。产业聚集也带来人口集中效应，使深入分工、设施服务共享、降低城镇化的成本、提高资源的使用效率成为现实。针对近年来的变化，2022 年 5 月，中共中央办公厅、国务院办公厅印发了《关于推进以县城为重要载体的城镇化建设的意见》，要求“以县域为基本单元推进城乡融合发展，发挥县城连接城市、服务乡村作用，增强对乡村的辐射带动能力，促进县城基础设施和公共服务向乡村延伸覆盖，强化县城与邻近城市发展的衔接配合”；并提出“科学把握功能定位，分类引导县城发展方向”，即加快发展大城市周边县城、积极培育专业功能县城、合理发展农产品主产区县城、有序发展重点生态功能区县城、引导人口流失县城转型发展。①

就空间而言，我国的面积和人口情况也决定了不可能把经济职能都布局在大城市。“县域是畅通城乡经济循环的关键纽带，经济活动的区位涉及企业和家庭在哪里进行生产和消费决策，以及这些决策之间的相互影响。”②以电子商务为例，物流不发达的地区必须要有适当的集中度，以县域为统筹分布产销节点，再形成跨地区产销，才能提高流通效率和效益，同时惠及更多的人群。县城也可以实现职住分离，还能避免大城市通勤的拥堵问题。

因此，在农民市民化这一历史进程中，县域有其不可替代的作用。要“把县域作为城乡融合发展的重要切入点和大部分农民工的最终归宿，推进以县城为重要载体的城镇化建设，强化县城综合服务能力、对乡村的辐射作用、对农民工的吸附效应。”③根据预计，“到 2030 年，我国还将新增 1 亿多农村转移人口，应通过加快产业布局调整，大力发展中小城市和县域经济，使新增农业转移人口的大多数（60%以上）在省内转移就业，在本地实现市民化。”④推进新型城镇化，不管是以产业聚集吸引人的聚集，还是以创新能力促进产业升级，发展服务业拓展就业空间，都要

①中国政府网. 中共中央办公厅 国务院办公厅印发《关于推进以县城为重要载体的城镇化建设的意见》[EB/OL]. https://www.gov.cn/zhengce/2022-05/06/content_5688895.htm.
②（日）藤田昌久，（美）克鲁格曼，（英）维纳尔布斯. 空间经济学——城市、区域与国际贸易[M]. 梁琦，主译. 北京：中国人民大学出版社，2011：序言.
③国务院发展研究中心农村经济研究部. 迈向 2035 年的中国乡村[M]. 北京：中国发展出版社，2022：32.
④金三林. 扎根城市之路：农业转移人口就近市民化的路径与政策研究[M]. 北京：中国发展出版社，2015：85.

提供足够的就业岗位，这样进城的人才能安居乐业。就县域的历史变化看，县域疆界比省和市更为稳定，长久以来形成的风俗、文化、语言、饮食习惯等，也使县域之内的人口聚集有其深厚的人文基础，因此农民进城居住就业适应起来会比在差异较大的外乡容易。人口在县域城镇的聚集也有助于劳动力市场的完善。有研究者发现："因为劳动者的工资差距随着集聚效应在不同城市规模之间会不断缩小，工资的差距也是对劳动力市场化的体现，劳动者的聚集有助于我国尚处于发展阶段的劳动力进一步完善。更为重要的是可以协调大城市与中小城市的发展矛盾，使劳动力就地城镇化"。[①] 也就是说，农村人口城镇化后收入水平会得到提高，能够获得与劳动力市场水平匹配的合理报酬。目前县域农村人口城镇化可以分为产业集聚带动型（属于内生动力）和住房教育养老带动型（属于外向依赖）两类，前者是可持续发展的，后者则依赖外出务工经济收入，有不确定性。以县域为单元的农村商业发展，农村电商是其重要的组成部分，推动着农村消费的提质扩容。2020 年，在华东、华中、东北、西北一些地区均出现了县域网络零售额正增长、县域网络零售量却是负增长的情况，说明在这些地区县域网络零售的客单价实现较高增长，可见这些地区的县域居民网络消费水平不断提升，消费市场潜力巨大。[②] 2021 年，商务部等部门联合印发《关于加强县域商业体系建设 促进农村消费的意见》，支持各地加快补齐农村商业设施短板，扩大农村电子商务覆盖面。"2022 上半年，商务部推动建设改造县级物流配送中心 69 个、村级便民商店 6.5 万个。"[③]农村电商继续下沉农村，以直播电商、乡村短视频、网红带货等方式围绕农村产品上行不断打造消费新业态新场景，如社区团购、订单农业等。县域内的超市、便利店、餐饮店等商业实体也积极开拓线上业务，推动县域商业数字化转型提速。

农产品部分相关产业的空间聚集地点放在县城也较为合适。从交通角度看，交通不便对现代农业发展构成严重制约，商品运输条件和要素流动条件的变化会影响产业的区位选择、需求的地理分布，最终将影响贸易模式。尤其部分特色农产品季节性强，保质期短，需要保障快捷运输和全程冷链保鲜，如果交通基础设施不足，将导致较高的物流成本。国家相关部门为此给出了一些指导意见，例如："支持贫困地区结合精准扶贫、精准脱贫，大力开展产业扶贫，引进有品牌、有实力、有市

①李恒. 产业空间分布、地区间工资差异与我国新型城镇化研究[M]. 北京：社会科学文献出版社，2018：58.

②农业农村部信息中心，中国国际电子商务中心. 2021 全国县域数字农业农村电子商务发展报告[R]. 北京，2021.

③中国国际电子商务中心. 中国农村电子商务发展报告(2021—2022)[R]. 北京，2022.

场的农业产业化龙头企业，重点发展绿色农产品加工，以县为单元建设加工基地，以村（乡）为单元建设原料基地”[1]；农产品加工业、流通业和农村服务业下沉，在产业布局上，要将“农产品初加工放在乡镇，深加工放在县城”[2]。通过乡村工业既分散又集聚的做法推动产业链、价值链相结合，充分发挥县城的辐射带动作用，可以使涉农产业链的农业就业增收机会尽量留在县域、乡村，让收益和发展成果更多惠及乡村、农民。

城镇化与互联网结合还有利于推动农业生产的分工和专业化。专业化有助于经济增长，而实现专业化的一个重要前提是以低成本的方式交换人员和想法。很多产业的生产、销售、管理和研发部门已呈现分离趋势，其中管理部门和研发部门向中心区域集中，生产部门根据生产成本分布，销售部门则根据市场布局。农业生产的特点决定了其在空间分布上较为受限，但也出现了一定的集中和分散趋势。互联网为便捷地交换想法提供了极大的便利，当然有一些想法需要面对面交流。地理上的集中则改善了经济增长的扩散效应和信息外溢效应，不同的人群掌握着不同的信息，而人与人之间的交流程度会随着经济活动的密度和人口规模的扩大而提高。

专业化与分工相辅相成。马克思指出：“分工是迄今为止历史的主要力量之一。”[3]“一个民族的生产力发展的水平，最明显地表现于该民族分工的发展程度。任何新的生产力，只要它不是迄今已知的生产力单纯的量的扩大（如开垦土地），都会引起分工的进一步发展。”[4]在社会和经济的发展过程中，几乎每一次重要的技术创新都会导致新的社会分工。互联网促进了农业农村的分工深化和生产力提高，也丰富了社会分工协作组织形式。农业产业链的上下游包括生产、加工、储存、运输、销售、农资、设备、金融、科研等，可以将它们分为基本链（加工链）、服务链和功能链。[5] 农民参与分工还可以提高核心竞争力，并且“劳动分工和专业化打破了

①中国政府网. 国务院办公厅印发《关于进一步促进农产品加工业发展的意见》[EB/OL]. https://www.gov.cn/xinwen/2016-12/28/content_5153904.htm.

②国务院发展研究中心农村经济研究部. 迈向2035年的中国乡村[M]. 北京：中国发展出版社，2022：22.

③中共中央马克思恩格斯列宁斯大林著作编译局. 马克思恩格斯文集：第1卷[M]. 北京：人民出版社，2009：551.

④中共中央马克思恩格斯列宁斯大林著作编译局. 马克思恩格斯文集：第1卷[M]. 北京：人民出版社，2009：520.

⑤国务院发展研究中心农村经济研究部. 构建竞争力导向的农业政策体系[M]. 北京：中国发展出版社，2017：65.

‘农民的个人主义’，为新的进步创造了条件”[①]。和工厂分工比，农村的劳动力分工还可以吸纳更多的人参与其中。

【案例】

江苏省沭阳县新河镇、山东省宁津县张大庄镇已呈现“年轻人开网店、中年人跑市场、老年人做服务”的分工，“老中青”三代人都能找到实现自我价值的就业途径。[②]

虽然互联网扩大了农产品经营的空间，但我们不能忽视农产品的本土化经营。因为农业作为实体经济，不可能脱离物理空间。在线交易中，买卖双方在不同的时间和空间完成交易中自己需要参与的部分，而连接的“场所”是互联网，交易的时空弹性打破了传统区域壁垒，建立起统一的大市场，但是“包邮区”的存在说明时空还有其作用，和线下的发达产业也有着密切关系。

产品专业化会引起差异化竞争，一是体现在产品物理性能上，典型的如设计、结构、功能等方面的差异；二是心理差异，是企业利用广告宣传和其他促销手段所造成的消费者主观认识上的差异（尤其是广告）；三是服务差异，是指企业在售前售后提供的服务内容及服务质量方面的差异；四是空间差异，即由位置和距离造成的差异，如由于距离不一造成销售价格差异，又如购买的方便程度、耗时等方面的差异。差异化分为横向差异化和纵向差异化。横向差异化是指同类产品中，一部分消费者喜欢具有某种特征的产品，而另一部分消费者喜欢拥有其他特征的产品；纵向差异化也就是所有消费者都偏好具有某种特征的产品。[③] 差异化的产品可以获得超额利润，因此非价格竞争较为激烈。农产品的独特性和稀缺性就是差异化优势，农产品乃至乡村文化都有明显的地域特色，而本土特色是农产品打造品牌的重要元素。地理条件和历史沉淀使各地乡村都拥有具有一定知名度的土特产，过去受限于信息和交通条件，很多土特产没有被更多的人群了解，因而没有发挥应有的效益。近年来，特色农产品宣传力度远胜以往，地理标志认证更是助力农产品增加辨识度。“在均质化程度高、可贸易性强的农产品之外，还有大量具有地域特色的农产品……与粮食生产功能区、重要农产品生产保护区相比，特色农产品优势区更

①（法）孟德拉斯．农民的终结[M]．李培林，译．北京：中国社会科学出版社，1991：273．

②清华大学中国农村研究院．电商专业村的实践：经验与启示——以江苏省和山东省为例[J]．“三农”决策要参，2017(38)．

③吴汉洪．产业组织理论[M]．2版．北京：中国人民大学出版社，2018：145－147，34．

应受到重视和扶持。"[①]当然,此处强调特色产品并不是不重视粮食生产,而是改变过去仅在有限领域(比如出口创汇)关注特色产品的做法,粮食生产在我国农业生产中依然是排第一位的。

除了上述原因,特色农产品的地位提升也和互联网的传播特征有关。有数据指出,"在直连全国超过1600万农户的基础上,电商进农村对中国上千个特色产业带发挥了巨大的推动作用"[②]。有过互联网平台注册经验的网民都熟悉这样一个步骤——给自己的账号加标签。账号最初使用时属于"冷启动",必须将账号归属到某一类,才便于平台推荐相关信息,以及便于网民在平台上展现某种个性,而标签化行为有助于增加识别度。如果将这一特征移至农产品的互联网销售上,因为缺乏实物展示,在同类产品中如何被购买者关注是首先要解决的问题。以苹果为例,可以以品种为标签,如红富士、国光、青香蕉、黄元帅等,但是依据这些命名往往只能了解一个大类的特征,作为在我国种植分布非常广泛的一种水果,苹果的品质往往取决于产地气候水土,所以再加上地名会进一步增加识别度。比如红富士在华北、西北、华东均有种植,之前有国民影响度的山东烟台苹果,红富士即为主要品种,但目前知名度更高的是陕西红富士,进一步细分有陕西洛川红富士、陕西礼泉红富士等。知名度很高的阿克苏冰糖心苹果,其品种也是红富士,但它的命名法是"地名+产品核心卖点",这是由于阿克苏苹果生长地的不同,最终形成了独一无二的"糖心"。这是一次非常成功的命名。随着这类命名的增多,也为电商平台推广设置好了系列关键词。以核桃为例,如果在电商平台输入"核桃"进行搜索,则结果主要集中在陕西、云南、甘肃、四川等省;其他水果如柚子、李子、百香果等都有类似情况。经过线上线下无数次的互动,农产品生产呈现一定的集中趋势也就是情理中事,而县域特色的产业聚集也会随之产生。

互联网往往还能对农产品实现精细化生产和销售给予技术支持。比如江苏省沭阳县的花木业早在20世纪80年代就已经起步,但是"花木类农产品生产季节性强,传统交易中间环节多,市场买卖主体信息难对称,农民收益稳定性低"。电商平台的出现使传统产业实现了精细化转型:"电商线上平台能够及时反馈市场需求,引导产品向符合市场需求的类型转变,表现为当地以花木产品为主导,逐步衍生出盆景、饰品、器具等配套产品。新河镇还出现不同产品类型的专业分化,形成村级

①国务院发展研究中心农村经济研究部.农业开放:挑战与应对[M].北京:中国发展出版社,2020:35.
②陈青松,彭亮,吴莹.现代农业产业园:政策要点及实操案例详解[M].北京:中国市场出版社,2021:86.

比较优势，如堰头村的月季、解桥村的干花、周圈村的盆景等，呈现‘一村一品’的格局。”①

三、促进农产品供给侧改革——以生鲜为例

下面以生鲜为例，考察互联网与农业供给侧改革的关系。互联网、大数据等技术手段将供给方和需求方紧密连接起来，便于供给方了解和洞察需求方的具体需求，全面提升了供给侧的能力。信息成为决策要素，农业由“生产导向”向“消费导向”转变。

传统电商最初只是搭建一个平台，倾向于销售品牌产品，缺乏统一标准、客单价低、利润率低、需求量不大的特色农产品难以被电商重视，在电商最初发展的十多年，农产品尤其是生鲜产品并不是其发展重点。

进入新时代，人民日益增长的美好生活需要在消费领域的表现更为个性化、多样化，人们对高质量产品和服务的需求越来越迫切，这就需要启动供给侧结构性改革，从生产端发力，推进供给体系的结构调整和优化，减少无效和低端供给，扩大有效和中高端供给，增强供给结构对需求变化的适应性和灵活性，满足广大人民日益增长、不断升级的美好生活需要。在农产品供给方面，近年来最明显的表现是生鲜产品需求日益增长。黄宗智在《中国的隐性农业革命》一书中指出：伴随国民收入上升而来的食物转型消费，从粮食为主的模式转向粮-肉、鱼-菜、果兼重模式，因此形成了对农业生产的不同需求，推动更高劳动投入和成比例及超比例价值农产品的需求。② 而且，现阶段我国“食物消费结构的转型升级过程远未完成，食物需求的峰值也远未到来”③。

近年来，一些劳动密集型农产品部分出现逆差，如动物产品中的畜产品、园艺产品中的水果。其变化趋势如下：“以品质提高对冲成本和价格上涨、维持和扩大出口竞争优势的空间有限，特别是园艺作物机械化水平的提高不足以对冲单位时间工资水平的上涨；随着信息化程度的提高、电子商务等新模式的普及、中等收入人群的扩大，国内消费者对国外优质农产品的需求将不断扩大。”④随着城乡居民收入水平的提高，消费结构不断升级，人们的食物结构发生了变化（详见附录4）。

---

①清华大学中国农村研究院. 电商专业村的实践：经验与启示——以江苏省和山东省为例[J]. “三农”决策要参，2017(38).

②(美)黄宗智. 中国的隐性农业革命[M]. 北京：法律出版社，2010：75.

③国务院发展研究中心农村经济研究部. 农业开放：挑战与应对[M]. 北京：中国发展出版社，2020：29.

④国务院发展研究中心农村经济研究部. 农业开放：挑战与应对[M]. 北京：中国发展出版社，2020：27.

食品消费转型正赋予农业历史性契机。城乡居民的收入提高带来了消费偏好、消费习惯、消费意识的改变，对安全、绿色、健康等高品质、功能性和个性化食品的需求增长强劲，消费升级加速。农产品需求发生了很多新的变化，特别明显的是生鲜农产品借助互联网上行。

“线上平台已成为食材零售发展速度最快的分销渠道，许多食材品牌逐渐实现了零售由线下到线上线下融合的转型。”①消费者对农产品的需求已经从求量为主转向求质为主，因此需要改变农产品的生产、流通模式。而针对农产品的品种、质量和安全，建立覆盖生产、仓储、加工、分销、零售、消费全流程及品牌认证、质量监控和责任追溯的体系，这显著增加了农产品产销业者的运营成本。传统小农经营规模小、组织程度低、投入能力弱，不可能实现这样的系统转换。嗅觉灵敏的企业觉察到了“互联网＋”下改善信息化不足所蕴藏的商机。2017 年的数据显示：“我国仅 9.2％的农村批发市场采用电子商务交易技术，73.2％的农村批发市场仍采用传统的对手交易方式，只有 2％的拥有电子结算设备。”②整体上，国内农产品的流通渠道仍处于以批发市场和中间商为主的线下运作模式，线下渠道为生鲜农产品带来的品牌影响相对有限，而线上流量能给生鲜品牌化、标准化提供生长空间。电子商务对于生鲜农产品流通效率提升、交易成本优化、供应链品控管理优化等多个环节有着巨大的价值。生鲜农产品不同于其他商品，线下鉴别产品具有不可替代的优势，而生鲜电商正在寻求电商模式背后的包括供应链管理、标准化认证、交易金融以及生鲜品牌建设等一系列延伸价值，引导了农产品的发展方向。电子商务将生产、流通、消费等环节连接起来，通过分析信息、提供咨询，为农户和企业提供了前瞻性的市场信息。

与生鲜相关的冷藏保鲜设施、质量检测设施、信息收集发布设施，以及商品进销存管理、线上交易平台、交易结算市场运营管理等，也均需要加强信息化。解决了上述问题，就意味着商机到来，但是生鲜与互联网的磨合还是经历了很长一段时间。2005 年生鲜电商开始起步，但生鲜储存运输困难、2C 不成熟等瓶颈一直无法突破。最先的突破是从快递企业——顺丰开始，2012 年 5 月，顺丰优选正式上线试水生鲜电商，产品主要是生鲜以及进口食品，定位中高端消费群体。经过几年的平稳发展，2017 年，顺丰计划大规划开设线下店，但最终由于缺少 2C 的客户基础，

---

①中国物流与采购联合会食材供应链分会，国家农产品现代物流工程技术研究中心. 中国食材供应链发展报告(2022)[R]. 北京：中国市场出版社，2022：76.

②张喜才. 互联网时代农村流通全产业链整合发展[M]. 北京：中国商业出版社，2017：19.

于2019年跨界失败。这表明，解决生鲜的线上销售只有高质量的物流还不行，还必须有稳定的买卖平台。2016年兴起的新零售概念也与生鲜有关。新零售是以互联网为依托，通过运用大数据、人工智能等先进技术手段，对商品的生产、流通与销售过程进行升级改造，线上服务、线下体验，并与现代物流深度融合。2016年，由阿里巴巴开出的第一家门店——“盒马鲜生”超市可以作为新零售的样本，而其与传统商超的主要区别是售卖大量的具有互联网特征的生鲜货品。盒马的蔬菜果品大多有明确的产地，很多是互联网激烈的销售竞争下脱颖而出的名品（如前面所述），一般会标明产品的尺寸规格或核心卖点，同时也保留了电商平台的评论区。除了盒马之外，生鲜上行中B2B，B2C，C2C等模式均有受众，又如基于社交的团购群、拼多多的拼购模式，有些货源来自城郊家庭农场或种植大户，更多的生鲜上行则来自原产地。还有一类是本地化O2O模式，电商渗透到社区末端，与便利店、自提点等合作，这需要在一定距离范围内建立前置仓。根据中国电子商务研究中心发布的报告显示，2016年是国内生鲜电商迅猛发展的一年，整体交易额约913亿元，同比2015年的542亿元增长了近70%，预计2017年整体市场规模可以达到1500亿元。[①] 但在2019年，生鲜电商热出现退潮，不少企业倒闭。2020年，由于疫情影响，线上买菜又为生鲜电商带来了新的发展机遇。

以上是生鲜上行到城市后的激烈竞争回顾。在生鲜农产品流通链优化的过程中，不仅是生产者和生产企业，其他参与者也都获得了商机。其中，平台企业深入产地、协助优化生产模式、把握流通链条和增值环节（加工包装分选等），这些都将成为建设物流生鲜品牌的助力方式，加快生鲜品牌的形成；而物流企业凭借对供应链质量和交付过程的掌控，也能从中寻得机会。

那么在农村，生鲜的供给是什么情况呢？根据国务院2020年食物消费标准，全国生鲜总需求量约为4.2亿吨，而2018年我国生鲜农产品年产量就已超过11.1亿吨，这意味着市场进入到结构化的供给过剩时期，开始转变为以消费者为中心的买方市场，供应链环节要围绕需求来调整。作为供给方，农民自然会从价格的跌涨中发现变化。早在1998年对全国农村住户调查数据的实证研究就发现，市场信号会诱导农户减少粮、棉、油、糖等资源密集型农产品的生产，转而增加蔬菜、水果、水产品等劳动密集型产品的生产，并不断提高产品的产量和品质。[②] 一般的调整模

①中国电子商务研究中心.2016年度中国网络零售市场数据监测报告[R].北京，2016.

②王萍萍，贝虹.农民收入与农业生产结构调整[J].统计研究，2001(7).

式是进行种植业内部的结构调整，即生产更多的高价值产品，或调整为种植同类产品的不同品种。当然，也可以通过生产结构调整实现，一般是调整为种植不同的种类。① 我国改革开放以来最突出的生产结构调整是从粮棉油生产转向更多的园艺、水畜产品生产。从农作物播种面积构成看，粮棉油作物播种面积从1980年的88.9%下降至2019年的79.7%，而园艺（蔬菜与果园）种植面积从3.4%上升至20.0%，茶园种植面积扩大了近3倍；从产值结构看，同期种植业产值从75.6%下降至53.3%，畜牧业产值从18.4%上升至26.7%，渔业产值从1.7%上升至10.1%。②

这种转变是经济规律的作用结果，但调整时还必须考虑市场供需关系以及转产中的技术障碍，尤其对缺乏宏观层面信息的农户和基层政府，微观层面的合理决策可能会导致农户"一窝蜂"的种植现象。此时就需要掌握一定的市场动态信息适时进行调整，互联网上的相关数据可以作为参考，比如阿里巴巴公司通过分析海量消费者需求数据，帮助珍宝岛大米实现当季脱壳，让消费者吃到3个月内甚至当月新米。③ 将来农业大数据建成后，互联网能起到更好的监测调整作用。

生鲜的新增值还可以通过鲜食与加工并举来实现。如以水果蔬菜的清洗、整理、分级、包装为主的初加工，再通过保鲜技术和建设产地仓，可以减少损耗。在品种选择上，鲜食品种选择优化熟期结构，延长上市期；加工类型则选择适宜加工为果汁、果酒、罐头等的品种。据国家相关部门统计数据，2017年，我国农产品加工业总产值与农业总产值比为2.3∶1，低于发达国家的3.4∶1。同时，精深加工及综合利用不足，一般性、资源型的传统产品多，特色、高技术、高附加值的产品少；加工原料生产滞后，农产品产地普遍缺少储藏保鲜等加工设施。④ 适宜加工的农产品也有一定的品种要求，并且除了用好原有品种资源外，还要培育新的品种，以多元化的产品占领市场，在前期园艺管理上还要考虑适宜现代农业后期自动化和智能化操作。⑤ 在这些方面，中国农业还有很大的提升空间。

---

①改种其他水果的原因也有多种。以百香果为例，百香果在我国成规模种植已有40年左右的历史，但成为"网红果"却在近几年，这与奶茶的兴起有关，也与网红带货有关。其种植区域分布于南方多个省份，其中江西南部本以脐橙种植为主，2014年脐橙遭遇黄龙病后，当地不少农民改种百香果，找到了新的致富之路，并通过直播等模式增加了销售渠道。

②相关数据来源：国家统计局。

③阿里研究院．首届"中国农民丰收节"电商数据报告[R]．杭州，2018．

④叶兴庆，金三林，韩杨，等．走城乡融合发展之路[M]．北京：中国发展出版社，2019：207．

⑤这一做法被称为"原材料深度"，和"研发深度"一样也是通过深度创造价值//（德）西蒙，（德）杨一安．隐形冠军[M]．张帆，吴君，刘惠宇，等译．北京：机械工业出版社，2022：129－130．

原有的生鲜产销体系也发生了变化，专业批发、订单农业通过电商平台得以实现，和合作社的合作变多，在地市场的销售则变少，尤其是一些稀、特产品，减少了流通层级，降低了层层加价的成本。

当然，生鲜与互联网的结合并不是没有争议。由于生鲜上市周期短，虽然反季节蔬菜水果和冷链仓储的出现降低了生产的季节性约束，但由于中国消费者的观念，整体来看，生鲜农产品还是保持了季节性强、需求价格弹性小的特点。而互联网的宣传和造势必然造成价格上涨，使得生鲜农产品的需求价格弹性有了一些不确定因素，会影响农民的收入和种植决策。影响需求价格弹性的一个因素是已知替代品的可及性和相似性，替代品越多，则需求价格弹性越大。必需的农产品的需求价格弹性很小（比如粮食），所以消费者在其消费上不会花很多时间去考虑；同时，消费者预算中用于某种产品的比例越小，那么对该产品的价格敏感度就越低。电商平台上售卖的生鲜大多是非必需的农产品，所以需求价格弹性比较大，如果定价高一点，销售量很快就减少。营销成本则带来溢价问题，造成消费者预算比例提高，价格敏感度随之提高。生鲜溢价的形成与电商平台销售也有关，要争取消费者在成千上万的产品中关注自家的产品，需要平台采集价格数据为商家定价提供决策参考，这部分服务费对小商家而言并不便宜。消费者发现和找到替代品所需的时间有长有短，这也会影响需求价格弹性。消费者的价格敏感心理，通过“车厘子自由”“水果自由”等网络热词可以窥见一二。

生鲜产品的种植地也和目前我国农业内部生产布局的区域分工有关："未来15年，我国农业增长的区域分化程度将进一步扩大，逐步形成四种类型的农业区。一是萎缩性地区，受农业生产空间被生态空间、城市空间挤占影响，如上海、北京、天津等；二是停滞型地区，这些地区农业发展水平已经较高，继续提升的空间逐步收窄，如江苏、浙江、福建、山东等地；三是低增长型地区，这些地区的农业比较优势集中在低成长型行业和进口增长压力较大的行业如粮食、棉花、油料、糖料等，这些土地密集型大宗农产品主产区在现有基础上难以实现持续、较快增长，以黑龙江、吉林、内蒙古、湖南、湖北、河南、安徽、江西等地为代表；四是高成长型地区，其中有些地区由于工业化城镇化程度滞后于全国平均水平，其农业仍处于较快增长阶段，有些地区则由于农业比较优势集中在特色果蔬、花卉茶叶、禽畜养殖等具有较高成长性的行业，其高效特色农业发展潜力将被长期释放，云南、贵州、甘肃等地是这类地区的代表。需要注意的是广东，尽管其工业化城镇化程度较高，但由于农业比较优势集中在具有较高成长性的行业，其农业增长速度不仅明显高于工业化城镇化程度相似的江苏、浙江、山东，而且最近两年也明显高于全国平均水平。”①以上区域分工是根据各地资源禀赋，宜粮则粮、宜经则经、宜牧则牧、宜渔则渔、宜林则林，而形成的同市场需求相适应、同资源环境承载力相匹配的现代农业生产结构和区域布局。其中，第四类高成长型地区中有很多与互联网带动出现的高附加值农产品有关，也与工商资本下乡承包山地、林地较为成功有关。②

生鲜电商是典型的以网络化链接大市场，以智能化升级改造传统产业、提升本地产品附加值，既是在农业分工体系和价值链中谋求更高端地位的供给侧结构性改革之路，也是在国家农业整体布局下因地制宜发展的新经济增长点。

第二节　现代农业生产体系

一、加速生产模式数字化转型

影响农村的原本主要是消费互联网，近年来数字农业也开始逐渐进入农村，信息技术与农艺、农机融合促进了现代农业生产体系发展。目前，我国“农业产业数字化进程加快，数字育种探索起步，智能农机装备研发应用取得重要进展，智慧大田农场建设多点突破，畜禽养殖数字化与规模化、标准化同步推进，数字技术支撑的多种渔业养殖模式相继投入生产，2021 年农业生产信息化率为 25.4%”，其中具体包含“种业数字化探索起步、种植业数字化多点突破、畜牧业数字化成效凸显、渔业数字化稳步推进、农垦数字化领先发展、智能农机装备研发应用不断突破、农业农村管理数字化转型局面初步形成”七大方面。③

数字农业结合地理信息系统、全球卫星定位系统、遥感技术、自动化技术、计算机技术、通信和网络技术等数字化技术，通过利用 5G、人工智能、大数据、区块链、物联网等新一代信息技术，将最大限度地整合利用农业资源，降低农业成本和能耗，提高农业生产过程中的控制水平，减少农业生产风险。

【案例】

龚槚钦以极飞科技打造的“超级棉田”为例，说明了数字技术如何赋能农业，全程协助农人科学管理农田。龚槚钦指出，占地 3000 亩的棉田约有 280 个标准

①国务院发展研究中心农村经济研究部. 迈向 2035 年的中国乡村[M]. 北京：中国发展出版社，2022：8－9.

②曹东勃. 在城望乡：田野中国五讲[M]. 上海：上海人民出版社，2021：148.

③农业农村部信息中心. 中国数字乡村发展报告(2022 年)[R]. 北京，2022.

足球场那么大，两个农人绕3000亩棉田巡视一圈大约需要一天的时间。若没有数字技术，农人想从3000亩棉田中获取有效信息是十分困难的，并且这种困难几乎贯穿了农作物的整个生长周期。

在播种棉籽期，如果数字科技未进入新疆，新疆棉田的大部分种植户都要在播种前，拿着专门的温度测量仪器，于早、中、晚等不同时间段，连续5天到农田里测量土壤的温度。龚櫕钦介绍，农户这样做是因为只有土壤的温度连续5天高于12摄氏度，棉籽的发芽率才能得到保证，而如果农人在测温时出现偏差，致使数据低于12摄氏度，农人则需要重新测温。

有了数字科技后，农户获取土壤温度的途径变得无比容易。“农人可通过土壤里放置的传感器，准确获得土壤的温度、湿度、气压、风向等各方面的数据，并可由此判断棉籽播种的最佳时机。不仅如此，AI也会提醒农人什么时候去播种。”龚櫕钦说。

在棉花成长期，如果棉田发生了病虫害，农人则可以依托数字技术，遥控遥感无人机及时防治病虫害。龚櫕钦表示，一台遥感无人机就可以帮助农人实时监测棉田，农人可利用遥感无人机实现无人巡逻、获取数据等目的，并可以通过遥感无人机回收的数据、拍摄的照片等信息，及时获知棉花得了哪些病虫害，病虫害会不会有大规模爆发的可能，农作物是否成熟、适宜收割等，这些信息可以帮助农民科学决策。

在传统的农业作业体系里，农户若要用药，需要到农资店等店铺购买，给药则需要人力到田间劳作，而判断农田是否需要施药也多靠农户眼观。如今借助遥感无人机，人力成本和依靠经验决策可能出现的风险均被有效降低了。

不仅如此，通过数据平台，农田附近的无人机飞手、拖拉机机手等也可以快速获取农户所经营农田正在遭受哪些病虫害、遭受病虫害的程度等各方面的信息。根据无人机飞手、拖拉机机手等人员的位置，数据平台还可以及时为农户匹配有关作业人员，由他们为农户提供精准的个性化服务。龚櫕钦称：“这种精准的派单模式，使农户享受到了十足的社会化服务，这是数字技术为农业生产社会化服务的一个非常重要的环节。”

除了帮助农人决策、为农人派单，数字技术也可以推动决策的落地执行，有效降低决策执行环节可能出现的一系列问题。以“超级棉田”幼苗的培育为例，新疆常年多风，如果棉花种植户想在没有防风林的区域内种植棉花，往往需要在播种棉籽前先播种一批小麦，这批小麦并非为收获而种，而是为了充当沙障，以此降低风力，有效提高棉花幼苗的存活率。

龚樌钦介绍，在没有运用数字科技前，农人种植完小麦再耕种棉花时，往往会面临一个棘手的问题，即如何将棉籽精准播种在麦苗中间，使棉籽发芽后能依靠麦苗生存。

以往，农户利用拖拉机等传统农业用具播种时，不免会出现棉籽种歪、麦苗被压坏等情况。而将数字技术引入农业后，农民可以利用北斗导航技术操控无人拖拉机，将棉籽与麦苗的距离控制在几厘米甚至几毫米之内，有效降低了棉花前期的受灾率。

及至农作物的成熟收获期，数字技术则可以提前预估农作物的产量，为农户预定运粮车、仓库等提供参考依据。除此之外，当这些农作物被销售出去后，农作物生产过程中的相关数据也可以同步给下游的收购者。

在龚樌钦看来，将生产数据同步给下游收购者，进一步提升了消费者对生产者的信任度，而这种信任度也为农产品卖出更高价格提供了可能。①

在数字农业中应用广泛的物联网，是指通过射频识别（RFID）技术和各类传感设备将所有物品与互联网连接起来，实现智能化识别和管理的网络。物联网技术是信息化发展的新阶段，主要是由无线通信网络、互联网、云计算、应用软件、智能控制等技术构成。农业是物联网技术应用需求最迫切、难度最大、集成性特征最明显的领域。农业物联网技术在农业生产、经营、管理和服务中的具体应用，就是运用各类传感器与射频识别、视觉采集终端等感知设备，广泛采集大田种植、设施园艺、畜禽养殖、水产养殖、农产品物流等领域的现场信息；按照约定的协议，通过建立数据传输和格式转换方式，及充分利用无线传感器网络、通信网络和互联网等多种现代信息传输通道，实现农业信息多尺度的可靠传输；最后将获取的海量农业信息进行融合、处理，并通过智能化操作终端实现农业的自动化生产、最优化控制、智

①新周刊．数字科技，让“新农人”享受前所未有的便捷[EB/OL]．https://www.neweekly.com.cn/article/shp0204972250．（有改写）该文最后提到：将数字技术与农业结合的“数字农业”这一概念于1997年被提出，如果视这一时间为数字农业的起点，其已发展了25年．在这25年内，数字技术与农业的结合越来越密切，数字技术在农业上的应用也越来越广泛．但不可否认的是，数字农业在推广中仍不可避免地要面对某些问题．比如数字农业对移动互联网的依赖程度过高，在未接入网络的区域推广数字农业的难度较大；中国农村的农人年龄偏大，很难在短期内熟练掌握数字化农业用具的使用方法；数字化农业用具的价格普遍偏高，普通农民无法负担等．

能化管理、系统化物流、电子化交易，进而实现农业集约、高产、优质、高效、生态和安全的目标。以互联网为基础的云计算技术则大幅度提高了农业生产信息数据的综合分析能力。①

物联网在农产品仓储、物流环节发挥的作用已经有目共睹。国务院"十四五"规划指出，流通体系在国民经济中发挥着基础性作用。近几年，在商务部、中国物品编码中心等相关部门的大力推动下，流通领域标准化建设要求以标准托盘、标准周转箱为切入点，带动相关设施设备标准化改造。流通领域信息化建设借助基于全球统一标识系统(GS1)的商品条码体系，推动托盘条码与商品条码、箱码、物流单元代码关联衔接，实现商品和集装单元的源头信息绑定；同时要求规范信息数据和接口，推动大数据、云计算、区块链、人工智能等技术应用。例如，GS1 编码技术与 RFID 自动识别技术相结合，对蔬菜流通链条上的托盘和周转箱进行 GS1 编码，并自主设计 RFID 电子标签，将"GS1＋RFID"技术逐步运用到蔬菜流通供应链中，该技术应用大大提高了蔬菜入库验收、在库分拣、出库复核、周转器具管理等工作的时效性与准确性，实现供应链信息采集的实时化和数字化，提升了蔬菜流通供应链管理水平。利用这项技术建成的公共型智慧冷链物流信息服务平台，改变了行业缺乏公用型、社会化服务的冷链物流信息综合平台的历史，促进农产品产销信息交流共享畅通、供需匹配、价格平稳。②

除了生产作业外，物联网还有助于农村地区公路、电网等基础设施实现智能化转型，提高灾害应急等能力。

目前，区块链也已被应用于农业溯源。区块链是一种由多方共同维护，使用密码学保证传输和访问安全，能够实现数据一致存储、难以篡改、防止抵赖的记账技术，也称为分布式账本技术。典型的区块链以块-链结构存储数据。作为一种在不可信的竞争环境中低成本建立信任的新型计算范式和协作模式，区块链凭借其独有的信任建立机制，正在改变诸多行业的应用场景和运行规则，是未来发展数字经济、构建新型信任体系不可或缺的技术之一。③ 传统农业供应链涉及农户、农业合作社、加工商、分销商、零售商等多类型产业主体，因为主体多、流程长，造成产业链不同环节间信息不对称，物流、资金流、信息流的传输存在不顺畅、不透明等问题。

①李道亮. 无人农场——未来农业的新模式[M]. 北京：机械工业出版社，2020：13，44－45.

②中国物流与采购联合会冷链物流专业委员会，国家农产品现代物流工程技术研究中心，深圳市易流科技股份有限公司. 中国冷链物流发展报告(2021)[M]. 北京：中国财富出版社有限公司，2021：194－195.

③中国信息通信研究院. 区块链白皮书(2019)[R]. 北京，2019.

区块链用于农产品产供销流程质量安全溯源体系，基于多方同步存储、不可篡改的特性，链接各产业主体，实现同步记录供应链数据、信息实时共享，解决了产业链不同环节间信息不对称等问题；通过将种植、加工、质检、存储、运输以及销售过程中的核心信息上链存储，实现从生产到消费全环节的有效监管和及时追溯。一旦出现安全质量问题，监管机构可基于区块链系统追溯到相关责任主体，简化了农业供应链管理流程，提升了整体透明度。

质量追溯有助于增强消费者对农产品的信任度。目前较常见的是二维码追溯体系，一物一码。比如食材，扫描其二维码，可以知道食材生产地、使用药剂、适合人群以及检测报告等信息。[①] 国家相关部门还建立了质量安全追溯体系，采集记录产品生产、流通、消费等环节信息，强化全过程质量安全管理与风险控制等有效措施。建立农产品质量安全追溯体系需要在生产加工和流通销售各环节广泛应用移动互联网、物联网、二维码、无线射频识别等现代信息技术，让消费者全面、直观地了解农产品从种植到销售的全过程。图 4－1 为农业农村部农产品质量安全中心承办的国家农产品质量安全追溯平台首页界面，访问地址为 http://www.qsst.moa.gov.cn/.

图 4－1 国家农产品质量安全追溯管理信息平台

① 中国物流与采购联合会食材供应链分会，国家农产品现代物流工程技术研究中心. 中国食材供应链发展报告(2022)[M]. 北京：中国市场出版社，2022：59.

传统农业金融一直是农业发展的瓶颈，土地、生物资产都不能作为贷款抵押物，“三农”领域的线上数据远远少于城市，信用评价和信用体系建设也较城市更困难。“在资本要素中，信用是金融的基础，数据要素的融入会改变社会信用的评价方式，并进而改变资本市场的运行方式。”①农村金融的获客成本和风控成本都太高，使农村金融一直以来发展缓慢。区块链可用于提升农业金融资产流动性，降低农业供应链上下游企业融资成本。“区块链＋农村金融”是围绕核心企业，以节点可控的方式建立涵盖农业供应链贸易融资参与主体的联盟链，将各节点贸易数据上链，有融资需求的企业将合同、债权等证明上链登记，并在联盟链中流转这些资产权益证明实现融资。农业经营主体申请贷款时不再依赖银行、征信公司等中介机构提供信用证明，贷款机构通过调取区块链的相应信息数据即可。在农业保险业务中，区块链还可简化农业保险流程，降低骗保事件频率。②

数字农业整体可以归为农业基础装备信息化、农业技术操作全面自动化、农业经营管理信息网络化等。图 4－2 所示为联想“Le 农”智慧农业生态体系③。

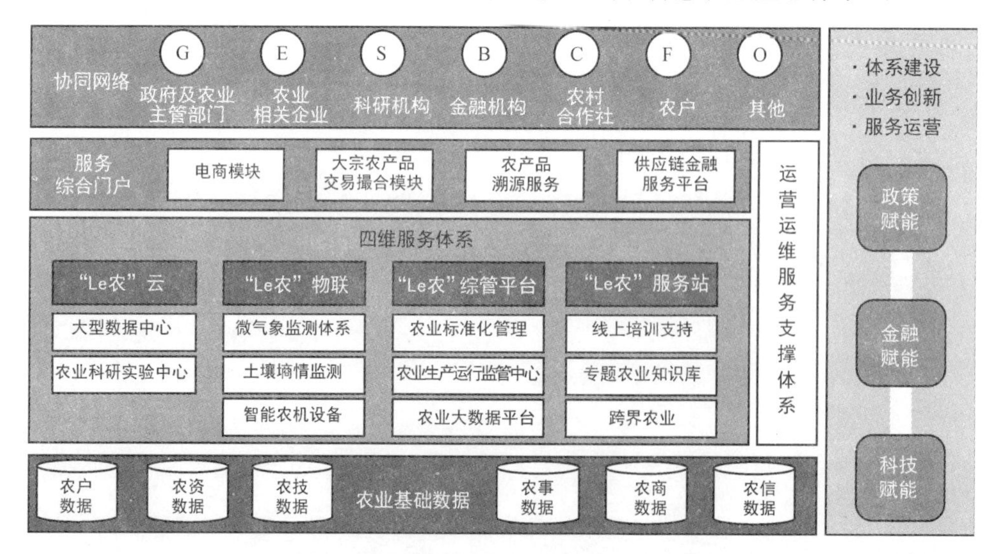

图 4－2　联想“Le 农”智慧农业生态体系

①黄奇帆，朱岩，邵平. 数字经济：内涵与路径[M]. 北京：中信出版集团，2022：165.

②中国信息通信研究院. 中国信通院王强等：区块链在“三农”领域的应用价值探讨[EB/OL]. https://mp.weixin.qq.com/s/Fx-IgFvyEmxKNtM7woeeAg.

③中国社会科学院信息化研究中心. 乡村振兴战略背景下中国乡村数字素养调查分析报告[R]. 北京，2021.

数字农业也要兼顾“投入-产出”平衡，实现效益的同步提升。“数字农业主要用于规模化农业生产，而分散的农户生产难以实现数字化，因而在实际农业生产过程中，家户分散经营仍然是最主要的模式，一旦强行将村民组织起来，就会产生劳动率降低、产出效率不足的问题，加上设施农业本身前期投入较高，往往难以维系。”[①]因此，在具体案例中，数字农业多以大棚经济作物、畜禽养殖等作为商业化建设的先导领域和实践重点。

二、创造标准化品牌化新机遇

农产品价格无法像工业品这么透明，因而口碑变得极其重要，尤其是特色农产品，因地域、气候、品种等禀赋难以替代，更要通过品牌化、标准化增大复购可能。品牌是产品质量和安全的象征，农产品需要借助信息化传播手段，扩大品牌的认知度。完全竞争市场中，产品完全相同，消费者根据自己的意愿购买产品，企业没有讨价还价的余地。因此，农产品想要脱颖而出，必须标准化、品牌化，发展特色产业。2014 年 4 月 28 日，习近平总书记在新疆考察时说：“一招鲜，吃遍天，一村一业，一乡一品，农民就会受益于此。”[②]

电商平台售卖的农产品种类复杂、品控不易和信息产生不对称是加速农产品标准化、品牌化的首要原因。交易双方对信息的占有量通常不同，人们对自身相关信息的占有量多于他人，这样在交易过程中拥有较少信息的一方会处于劣势。消费者在购买产品时无法对产品的质量进行判断，为降低风险，只愿意根据平均质量支付价格购买，这样水平高的产品反而会退出市场。这就是 2001 年诺贝尔经济学奖获得者之一乔治·阿克洛夫在《柠檬市场：质量不确定性与市场机制》(1970)一文所提出的逆向选择问题。逆向选择指在交易之前，具有私人信息一方最大化个人利益而导致的市场低效现象。在阿克洛夫研究的基础上，1973 年，迈克尔·斯彭斯以劳动力市场为例，提出逆向选择问题的信号传递理论，其后又不断拓展理论的应用性研究，发现质量保证与承诺、创造品牌、中间商或经纪人的信誉、广告可作为商品市场中的信号传递手段。1976 年，约瑟夫·斯蒂格利茨等又提出了对处于信息劣势的委托方可以通过某些有成本的行为对产品质量进行甄别的方法。[③] 例

---

①刘少杰，周骥腾. 数字乡村建设中“乡村不动”问题的成因与化解[J]. 学习与探索，2022(1).

②中国政府网. 把新疆建设得越来越美好——习近平新疆考察纪实[EB/OL]. https://www.gov.cn/xinwen/2014-05/03/content_2670702.htm.

③(美)阿克洛夫，(美)斯彭斯，(美)斯蒂格利茨. 阿克洛夫、斯彭斯和斯蒂格利茨论文精选[M]. 北京：商务印书馆，2010.

如在电子商务中，买方无法接触到实物，只能参考商家提供的信息，但文字、图片、直播均存在使用技术作假的现象。虽然互联网有信用评价系统，但难免存在刷单、控评等问题，而且农产品的好坏很大程度上取决于个人体验，所以需要权威认证加持。

其次是因为消费者对食品安全、营养、口感等要求日益提高，推动着标准化生产、标准化管理制度与流程成为农产品行业发展趋势。线上产品、服务等均数据化，以 SKU(最小存货单位)为例，将商品的名称、价格、图片、参数、最小包装等汇聚为商品主题数据，并关联相应的原材料、耗材，在此基础上使农产品逐渐趋向标准化，实行精准营销。原来的农产品宣传多依附轶事、历史，现在则是靠重量、尺寸、甜度、酸度等级定义农产品内在质量和特色。

再次是因为农产品的供应链是具有高度分散化、复杂化特征的链式结构。在"从农田到餐桌"的整个流程中，以食品供应链为例，涉及原料供应商、生产商、加工商、分销商、物流商、零售商、政府、社会组织和消费者等众多利益相关者，这些分散、不稳定的利益相关者形成了相对复杂的供应链结构，需要以品牌统合。电商直采数字农业基地快速发展也是基于品牌化需求。盒马、京东、拼多多等部分电商企业在多地建设农业直采基地，通过数字化助力农产品品种研发、生产过程优化以及农产品标准制定，拉动和引导农业产业链资源配置优化，实现产业协同创新。①

品牌化也可以较好地解决农产品消费者信息不对称的问题。按照农产品的性质，农产品品牌的塑造大体有两种类型，第一是原生农产品的品牌塑造，第二是深加工农产品的品牌塑造。原生农产品的品牌塑造又有若干办法，其中传统的办法是依靠权威机构和组织。2021 年，农业农村部印发《农业生产"三品一标"提升行动实施方案》，所谓"三品一标"，是指有机农产品、绿色农产品、无公害农产品和农产品地理标志。方案提出的目的是提高农业质量效益和竞争力，适应消费结构不断升级。在经济快速发展、城乡居民收入大幅增加、消费结构加快升级形势下，农产品消费需求呈现个性化、多样化特点。"实施农业生产'三品一标'提升行动，可以加快选育推广高产优质多抗新品种，提高农产品品质，创建农业品牌，全产业链拓展增值空间，提升农业质量效益和竞争力"；"可以优化农业生产结构和产品结构，提升农产品绿色化、优质化、特色化、品牌化水平"。② "三品一标"之外还有一些认证体系，如 HACCP(食品安全管理体系)认证、GMP(药品生产质量管理规范)

---

①中国国际电子商务中心. 中国农村电子商务发展报告(2021—2022)[R]. 北京，2022.

②中国政府网. 农业农村部办公厅关于印发《农业生产"三品一标"提升行动实施方案》的通知[EB/OL]. https://www.gov.cn/zhengce/zhengceku/2021-03/18/content_5593709.htm.

认证、GAP(良好农业规范)认证、PEOP(生态原产地保护产品)认证都为供需双方提供了基本的买卖标准,农产品具有了工业品化的通用标准。

有的品牌塑造则是借助专业个人,类似于“专业买手”。声誉机制可以抵消逆向选择负效应,目前通行的办法是对卖家信用、卖家好评率、商品好评数进行评级。近年来发展起来的直播带货也是为了增强消费者的信任度,农民自己带货直播和专业直播、县长直播等相比更为持续和有效。比如一些三农视频制作者,成为有影响力的播主后能帮助本村更好地推销产品。欧美和日本等发达国家是将农业合作组织(包括农协)作为实施鲜果供应链管理和农业一体化经营的重要组织载体,农业合作组织是渗透到农产品供应链从生产和销售等多环节的主要节点成员。泰国国内的鲜果流通主要是经纪人起核心作用,经纪人负责向农户提供资金、种子、标准化生产规范与技术以及相应的产前、产中和产后服务,这些经纪人在水果实施标准化生产、提高产品信誉和质量以及品牌经营等方面做出了非常大的贡献。① 由于中国的消费者对互联网的依赖很大,这些外国的经验较难复刻。

互联网的声誉机制可以提升产品透明度,降低信息不对称度。农产品的特殊性在于评价偏个人体验,而小商家的评价量往往又不足,导致声誉机制常常失真。农产品直播带货对促进农产品销售和农民增收发挥了重要作用,而且线上销售还有利于品牌塑造。但农产品通过直播售卖,由主播说出卖点这一模式的收费较高,有些主播带货时还会对农产品压级压价。较适宜的办法是培育区域公用品牌,减少广告费用。无论是对合格产品的认定,还是对认证后违规行为的处罚,政府介入的认证机构在社会中都具有较强的公信力。同时,可以借鉴发达国家的补贴政策,建立农产品认证补贴制度,将农产品认证作为一般性农业生产服务内容纳入公共财政支持范畴,加大公共财政的扶持力度。对生产者申请农产品认证、加贴标志给予直接补贴,可以鼓励和引导生产者积极申报农产品认证和使用农产品认证标志,以满足市场需求。

【案例】

区域公用品牌迅速崛起,不用出门,就能靠农村电商将自家果园的果子销往全国各地。自 2012 年广西武鸣引进沃柑种植后,种植面积已从 800 亩发展到如今的 46 万亩,成为全国沃柑种植面积最大的县区。通过社区电商平台对接全国市场,减少了生鲜的运输损耗,提升了流通效率。沃柑产业的迅速发展,也带来了

①刘瑞涵.北京产鲜果供应链整合模式研究[M].北京:中国农业出版社,2009:49-50.

大量就业岗位。沃柑产业作为劳动密集型产业，每年吸收的劳动力的务工薪酬达9亿多元。不仅让当地村民实现家门口就业，还为周边县区提供了不少就业岗位，辐射带动周边县区农民共同致富奔康。①

互联网线上销售方式还有一些特殊性。首先，线上销售的产品更新迭代很快，尤其农产品，买家基本是一次性消费，复购率很低，即使想复购的话，一般也很难找到上次的卖家；其次，品控也不一定能如人意。因此，线上销售的农产品尤其是生鲜，需要权威背书，如名人带货、县长带货或者是大型互联网平台选品，保证参与生产环节管理，并对农产品标准提出要求。

通过网络销售和宣传提高企业知名度、培育产品品牌也是可行的办法。各地的农作物品牌一方面可以利用本地的优秀历史积淀塑造，另一方面也利用人力进行后天的塑造。不过，原本由历史自然形成的农产品品牌的申报主体，随着农村新业态的发展和融合，申报范围逐渐扩大，在互联网信息超载的情况下，对于品牌的建设，还是需要权威机构为农产品提供背书。但是，互联网的头部效应在促使农产品加快品牌化进程时会带来过度集中问题，如电商销售的核桃集中在陕西、甘肃、云南，柚子集中在广西、福建等，给部分未能及时品牌化的同类产品带来很大压力。

电商专业村本身也可以成为品牌的一部分，通过产业升级，在分工分业、品牌意识、产品拓展、渠道创新和服务体系等方面进行品牌塑造。

【案例】

沙集镇简易拼装家具对生产工艺要求不高，在网络销售初期能够以成本优势快速占领市场。但由于农民相互复制模仿甚至抄袭，产品呈现较高的同质化现象。川姜镇南通家纺城也面临同质产品市场逐渐饱和、网商竞争压力加大等问题。如果过多的竞争者在产品创新出现时就能快速低成本模仿，将减少同类产品的市场竞争优势。知识产权是品牌形成和创新的重要保障，沙集镇网商已经开始重视自身产品的研发设计，家具新产品占比从不到5%上升到超过20%。简易家具和拼装组件类产品消费市场对环保工艺、优质木材等方面的需求日益提高，以多元化、个性化为代表的私人定制快速增长。沙集镇、张大庄镇的家具生产企业逐步引入高标准环保型的新型设备，网销家具向都市简约风格的高档木

①全国电子商务公共服务网.广西农村电商创新路助农致富奔康[EB/OL]. https://dzswgf.mofcom.gov.cn/news/43/2021/8/1629958736881.html.(有改写)

质型家具转变。同时,专利、保密和创新的相对速度和实效性是形成激励机制的重要条件。2012年,南通家纺城经国家知识产权局批准成立快速维权中心,对家纺产品的样式、款型、材料等进行知识产权保护,为专利申请开通绿色通道,平均3—7天可完成对外观图案和花样的专利授权。网商产品创新和产权保护意识的不断强化,成为行业市场竞争力持续提高的关键。①

农产品的品牌化也会带来一些新的问题,尤其是销售中的情绪价值利用。"目前,多数地区农产品的营销还停留在传统的食材营销模式中,缺少事件营销和故事营销,导致品牌热度难以快速提升,整体品牌形象也不够高端。"②事件营销、故事营销在不完全竞争市场中会带来更大的竞争力,这是因为农产品的质量、口味可以通过文字、图片、视频甚至直播等多种形式进行说明,农产品本身蕴含的故事、情绪价值也可以通过互联网以近乎零的边际成本传播。产品差异化、品牌加广告效应,可以使产品以较高的价格销售。互联网的情绪价值营销同样也影响到农产品销售,故事化、用温情连接生产者和买家,二者之间不仅仅是买卖关系,更是形成一个情感纽带,增强了用户黏性。但这种方式会过度制造消费需求,也有低俗化倾向,并会传播虚假信息,如一些直播中出现鸡蛋长在树上、花生高挂在枝头上,严重误导了不熟悉农产品生产实际情况的网民。

另外,将标准化环节上溯到种植阶段,在设施农业标准化的要求下,对种苗的选择、种植技术均提出了更高的要求,这些显然会导致销售成本增加。目前不少农产品都在尝试标准化、数字化生产或加工,对部分劳动力也会形成冲击,如农产品的分拣、清洗、包装等,这些环节原本可以使因各种原因留在当地的农民(如统计口径中超过劳动年龄的半劳力以及缺乏专业技能、易地搬迁或需要照顾家庭的劳动者)获得就业机会。

【案例】

农产品分级分类,能够显著提升生产经营主体对接市场不同主体需求的能力,从而进一步实现农产品的优质优价。在阿里昆明产地仓,由果农采摘的冰糖

①清华大学中国农村研究院.电商专业村的实践:经验与启示——以江苏省和山东省为例[J]."三农"决策要参,2017(38).

②中国物流与采购联合会食材供应链分会,国家农产品现代物流工程技术研究中心.中国食材供应链发展报告(2022)[R].北京:中国市场出版社,2022:72.

橙刚一到货，就会被测量外观、口感、糖度。经初步抽检，合格的果子入库。数字化中控室可随时了解农产品数据和入库情况，光电分选机可以测出每一颗水果的酸甜度、果面光洁度，是否有霉斑、橘皮和划痕，水果果径更是可以精确到毫米，重量精确到0.5克。通过数字化智能分选，云南的沃柑、百香果、糯玉米、冰糖橙、雪莲果等18种特色农产品有了分级标准，部分水果可以细分为20个等级，满足不同渠道和不同客户的需求。[①]

农产品的标准化、品牌化是一个复杂的社会过程，传统农业与工业和商业实现对接，涉及一系列资源的整合，既需要数字平台企业、农业生产主体、农产品加工主体、商贸服务主体相互配合，更需要基层政府积极发挥协调职能。这一过程需要农户积极参与，但也要充分考虑他们的能力和收益。

三、平衡中心化与去中心化

英国经济学家马歇尔在《经济学原理》一书中提出外部经济和内部经济的概念，将外部经济和空间集聚联系在一起，其益处大致包括：技能外溢，新思想产生、接纳、结合速度快，有特定技能的劳动力可供性强，产生原材料、能源、运输等辅助行业。[②] 经济活动在区域内的聚集能使经营者获得节约成本（如劳务成本等）的机会，市场主体节约交易费用，实现协同效应，自主形成产业链整合。

产业聚集的空间集聚优势可以从三个不同角度加以分析。首先从纯经济学角度，主要着力于外部规模经济和外部范围经济，不同企业分享公共基础设施并伴随垂直一体化与水平一体化利润，大大降低了生产成本，形成产业集群价格竞争的基础；其次从社会学角度，主要从降低交易费用角度，研究建立在共同产业文化背景下及人与人之间信任基础上的经济网络关系；最后从技术经济学角度，研究集群如何促进知识和技术的创新和扩散，实现产业和产品创新等。产业集群的竞争优势来源于生产成本、基于质量基础的产品差异化、区域营销以及市场竞争优势等方面。[③] 跨越边界的组织能促进人才、设施、技术、信息的沟通与合作。产业集聚将在生产上有着密切关系的产业分布在某个拥有特定优势的区域，在这个区域中，每个企业都会因产业关联度高而改善自身发展的外部环境并从中受益，便于“干中学”。

---

①阿里研究院.2021阿里农产品电商报告[R].杭州，2021.

②（英）马歇尔.经济学原理：上卷[M].朱志泰，译.北京：商务印书馆，1964：284－286.

③张培刚，张建华.发展经济学[M].北京：北京大学出版社，2009：418.

聚集带来了规模经济和范围经济。规模经济是指由于经济活动范围增大而获得内部的节约，如提高分工程度、降低管理成本、减少分摊的广告费和非生产性支出的份额。[①] 规模经济又分为内部规模经济和外部规模经济，内部规模经济是通过企业自身的增长获得的，比如技术经济、管理经济、市场交易经济、财务经济、分散风险经济；外部规模经济是从整个行业的增长中获得的。[②] 相应的，企业的规模经济也可分为内部经济和外部经济两大类，前者指企业自身的规模经济；后者指企业之间的相互作用产生的市场上的规模经济，包括纵向集群和横向集群。纵向集群指的是以少数龙头企业为核心带动许多零部件供应商的集聚，横向集群指的是产品相似的企业集聚；纵向集群的优势是可以节约运输成本，横向集群的形成主要是为了获得信息优势。[③] 内部经济（如固定投资）可使企业成本随产量增加而下降，冷库、分拣设施的建设就属于这一情形。电商给农村带来的大多是后一种情形，即发展一县一品，形成产生劳动分工和专业化的优势。范围经济是“同时生产多种产品时的总成本低于分别生产各个产品的成本之和，因为特定范围里的多产品企业比单一产品企业效率更高。”要强调的是，“大多数现代企业都提供多品种、多系列甚至多品牌的产品，因此规模经济和范围经济之间的界限常常不明显”[④]。

互联网具有既中心化又去中心化的特征。因为网络效应，线上明显趋于中心化，向着大平台集中；线下则可以不那么集中，但是为了控制信息成本和物流成本及方便基础设施建设，必须有一定程度的集中，目前县域范围内的产业园有助于解决这一问题。

2016 年 12 月，国务院办公厅发布《关于进一步促进农产品加工业发展的意见》，指出“推进加工园区建设”。要加强农产品加工园区基础设施和公共服务平台建设，完善功能、突出特色、优化分工，吸引农产品加工企业向园区集聚；以园区为主要依托，创建集标准化原料基地、集约化加工、便利化服务网络于一体的产业集群和融合发展先导区，加快建设农产品加工特色小镇，实现产城融合发展。[⑤] 农产品加工业是较宜在县域园区内开展的第二产业，可带动上下游产业链一并发展。

---

①高洪深. 区域经济学[M]. 5 版. 北京：中国人民大学出版社，2019：121.

②吴汉洪. 产业组织理论[M]. 2 版. 北京：中国人民大学出版社，2018：13.

③姚洋. 发展经济学[M]. 2 版. 北京：北京大学出版社，2018：93.

④黄益平，北京大学平台经济创新与治理课题组. 平台经济：创新、治理与繁荣[M]. 北京：中信出版集团，2022：262.

⑤中国政府网. 国务院办公厅关于进一步促进农产品加工业发展的意见[EB/OL]. https://www.gov.cn/zhengce/content/2016-12/28/content_5153844.htm.

作为农业产业化的重要推动力量，很多涉农电商也开始在园区聚集。园区将涉农电商和提供服务的商家和机构聚集到一起，引导乡村产业集聚、集群、集约发展，既降低了信息成本，又促进了农业产业集群化的形成。同时，通过吸引人口与要素聚集，园区兼做农产品加工集散中心、物流中心、配送中心、仓储中心、展销中心和价格形成中心，具有采购、储存、加工、调运、信息处理、检验检测等综合功能。如果将产业分散在村庄的话，由于基础设施和其他公共服务不足，会增加各类成本。园区把产业链主体留在县域，鼓励乡村地区依托特色优势资源打造优势特色产业，尤其是完善产后减损、加工、仓储等产业链，也进一步促进了城乡融合、产业融合发展，拓展了就业渠道，提高了农民经营性收入和工资性收入，实现县域内产业全面发展。园区也方便国家适度加强对乡村企业、涉农企业发展的用地、用电、财税、融资等政策的倾斜支持。

【案例】

电子商务企业集群注册是东莞继工商登记制度改革中发出全国首张电子营业执照后，又一项全国首创的改革措施，实现了电商企业办照零门槛和一站式服务。

电子商务企业集群注册，是以企业作为集群注册托管公司（下称“托管公司”），允许多家电子商务企业（下称“集群企业”，含个体户）将地址登记为该托管公司的住所，以托管公司出具的托管证明代替住所证明办理工商登记，营业执照住所一栏加注“集群注册地址”字样，组成企业集群，并通过电子营业执照应用平台的相关功能，实现网上登记注册和登记注册信息公示的新型注册登记模式。

托管公司为集群企业提供住所代理和送达法律文书、代理记账、代理申报工商登记年报、代理报税、互联网金融支持、第三方信用担保等商务代理服务，建设集群注册托管信息网站，公示自己及集群企业名单及其登记注册信息、电子营业执照标识，并配合政府部门进行监督管理。

电子商务企业集群注册突破了企业必须依托固定经营场所登记的障碍，电商企业无需办公或经营场所即可开展经营活动。这有利于进一步降低电商企业的登记注册和日常经营成本，打造电子商务企业的登记注册绿洲，形成集聚效应。同时，实现了全程电子化办理营业执照，未来还将逐步实现营业执照、国地税税务登记证、组织机构代码证等“四证”统一办理，具有传统登记模式无法比拟的优势。[①]

① 中国政府网．东莞全国首创电商企业集群注册[EB/OL]. https://www.gov.cn/govweb/xinwen/2014-04/02/content_2651737.htm.

电商企业集群注册模式降低了市场准入门槛，很多起步阶段缺少独立经营场所的小微电商企业可以在各类创业园、产业园、创客空间、孵化园的管理运营单位等区域内注册。要推进“企业开办全程网上办理”[①]，通过提高行政审批的规范程度来提高社会投资意愿，同时也要加强“互联网＋监管”，提高监管精准度、规范化程度、执法透明度。

产业聚集有利于提升当地特色农业的产业化水平，很多农产品在网络空间树立起县域品牌形象，这也是目前农业农村产业聚集的一大特点，即以县为单位，形成差异化发展。在各地农产品特色凝练过程中，产业聚集还会带来外来人口的聚集。近年来一些具有园艺技能的农民外出务工时不一定流向发达地区，而是到其他地方承包土地，种植高附加值作物。以内蒙古北部的蜜瓜种植为例，来自河南周口的农民在此承包土地种植蜜瓜，其收益比在老家种植粮食更高。这类流动的职业农民被称为“农民农”，具有较高的专业化和组织化程度、较高的商品化率和利润动机、较大的经营规模和市场参与强度。[②] 前文提到，河南属于土地密集型大宗农产品主产区，是典型的农业低增长型地区，因此有一技之长的农民会寻找能发挥自己长处的产业。经过多年的发展，内蒙古多地的蜜瓜已经成为农产品地理标志产品，而参与品牌塑造的却有不少外来者，这正是产业聚集的力量。

乡村农产品加工业聚集的优势在于劳动力、人员工资较为稳定，但也要注意农民和农业的特点，比如采摘季、农忙季农民有提高工价的现象。国外也曾有过类似情况，比较美国和英国早期工业经济与农事节律可以发现，乡村制造业的工资水平在农忙季节会因农民从事收割和储运而提高。因此，这些工厂会刻意不使用昂贵的机器，以避免机器闲置带来的损失。[③] 这与我国在农村扶贫工作中建设“乡村车间”有某种相似之处。乡村车间一般由当地基层政府出资建设，原材料出自本地，规模一般比较小，主要以技术要求不高的手工业为主，如服装、纺织、农业种植等，每月工资以计件报酬的方式发放，方便村民灵活出工，照顾家庭。乡村车间为易地搬迁的人群提供了就业机会，也能照顾到留守、残疾、年老、体弱等弱势群体，既能改善他们的收入，又能帮助他们融入社会，获得自立的尊严。

---

①中国政府网．国务院办公厅关于深化商事制度改革进一步为企业松绑减负激发企业活力的通知[EB/OL]．https://www.gov.cn/zhengce/content/2020-09/10/content_5542282.htm.

②曹东勃．在城望乡：田野中国五讲[M]．上海：上海人民出版社，2021：139－140.

③肯尼斯·索科洛夫(Kenneth Sokoloff)和大卫·多勒(David Dollar)的研究结果//(美)王国斌，(美)罗森塔尔．大分流之外：中国和欧洲经济变迁的政治[M]．周琳，译．南京：江苏人民出版社，2018：129.

第三节　现代农业经营体系

农业经营体系的现代化主要表现为农业部门市场化程度提高、新型农业经营主体优化生产要素组合、农业社会化服务体系结合信息技术提高服务质量和服务范围。

一、减少小农户接入大市场的壁垒

所谓市场成长不足，首先是市场空间结构上呈现破碎状态，交易范围狭小；其次是市场主体发育不正常，个人和企业对价格信号反应迟钝，资源流动不畅；再次是市场体系不健全。完整的市场体系一般包括产品市场和要素市场两大类市场，要素市场又可以进一步细分为劳动力市场、资本市场和土地市场。① 所谓市场增长，是指市场作为制度、组织的发育程度，具体表现为市场范围的扩大、市场主体的进化和市场体系的完善。"实践使个人和企业更深入地理解了市场的逻辑，增强了利用市场、改造市场的能力，一系列制度和规则得以创新并固定下来，市场交易日趋正规化。同时，越来越多的不同种资源进入市场，资产形式越来越多样化，各种资源市场互相配合、互相作用，形成完整的市场网络。"②现代市场体系是指市场在资源配置中起决定性作用并建立在法制基础上的统一开放、竞争有序的市场体系，即实现市场准入畅通、市场开放有序、市场秩序规范、企业自主经营公平竞争、消费者自由选择自主消费、商品和要素自由流动平等交换的市场体系。现代市场体系一般具备以下特征：一是范围的统一性，市场边界与一国（地区）或多国（地区）的边界高度一致，内部无壁垒，市场无分割；二是市场的开放性，市场体系内部相互开放、紧密联系，市场准入以及商品和要素流动没有限制和封锁，与全球市场顺畅连通；三是规则的一致性，具有明确和统一的市场运行规则、监管制度和法规标准体系；四是竞争的公平性，各类市场主体能自主决策、自主经营、自负盈亏，具有平等获得生产要素和资源的权利和机会，并平等地参与市场竞争。③

互联网技术为建设现代市场体系提供了全新的技术手段和实现路径，尤其是平台经济带来三个变化，即由线下的实体场所转移到线上空间、由本地局部市场到

---

①张培刚，张建华.发展经济学[M].北京：北京大学出版社，2009：133.

②张培刚，张建华.发展经济学[M].北京：北京大学出版社，2009：131.

③王微，王青，等.加快建设现代市场体系[M].北京：中国发展出版社，2019：1－2.

几乎不受限的各地、由集中交易时段转变为灵活分散的全天候。这三个变化极大地弥补了农村商业模式的短板。互联网平台使农村的经济活动不再仅依赖有形市场，经营主体可以自由进入电子商务行业，自主经营、自负盈亏，市场准入简化；扩大了社会分工和协作范围，农业由自然封闭、与社会化大生产无关的经济状态过渡到专业化、商品化和区域化（区域化目前看来也表现为农产品区域品牌的创造和集中），在农业生产前后各环节专业化的基础上实现农工商综合经营，形成产供销紧密相连的生产体系。电子商务使商品流通空间和范围得到极大扩展（但是对农产品还存在时间和空间的限制，这是与工业品不一样的地方）。市场分割限制要素有效配置，统一则带来更有效率的自由流动，电商极大促进了各种商品在全国范围内的自由流通和充分竞争，促进了统一市场的形成，改善了市场分割、地方保护等原有弊病。电子商务“形成了全国统一市场建设的倒逼机制”，“打破了传统流通体系中人为设置的诸如设立店铺、开设公司、纳税形式等障碍，冲击着原有的区域分割、封锁的束缚，只要具备信息基础设施和物流支撑，就可以在网络商务平台上完成交易结算，享受网络平台提供的全方位服务”；“更重要的是，新的商业模式也对已有的市场规则、监管手段提出挑战，需要根据技术进步和市场内生发展要求，加快制定更加完善、一致的市场规则”。①

中国农村原来是“小生产、小流通”，本地产销，且局限于线下实体场所。在费景汉-拉尼斯的模型中，农业现代化的一个证据是，在转型式增长过程中自给自足的生产消失，农村部门彻底市场化和货币化。② 小农户“在获取市场信息和市场关系，特别是将农产品运输到与加工商、消费者或收购商等对象进行交易的场所时，经常面临着难以承担的高额成本，所以他们只有在市场交易场所就在附近而使他们能轻易接触到市场渠道时，才能进行商品化的农业生产。”他们只能依靠地理位置上靠近城市或外部力量（主要是当地政府）在非近郊农村建立起市场交易所，才能得到更多的交易机会。③ 美国人类学家施坚雅认为中国传统农民主要接触的是基层市场，并因基层市场而建立社会关系，形成基层市场共同体。一般一个基层市场中心有六个围绕自己的村庄，每一个村庄隶属于三个基层市场。基层市场之上

①任兴洲，王微，王青，等. 建设全国统一市场：路径与政策[M]. 北京：中国发展出版社，2015：15.

②（美）费景汉，（美）拉尼斯. 增长和发展——演进的观点[M]. 洪银兴，郑江淮，等译. 北京：商务印书馆，2014：176.

③张谦. 中国农业转型中地方模式的比较研究[G]//（美）黄宗智. 中国乡村研究：第10辑. 福州：福建教育出版社，2013.

还有中间市场（一般在县城）和中心市场。[①] 农业的生产力水平决定了分散的组织模式，加上流通机制不畅及外部性、交易成本、信息不对称等因素，必须借助层层代理商、分销商。虽然中间商可以对农产品的质量进行有效担保，但也意味着农民进入市场需要承担较高的交易成本。新中国成立初期的城乡贸易，政府曾花大气力组织交易大会、骡马大会等，但受限于当时的经济条件，真正能参与的还是少部分农民。“在规模人口迁移和移动电话出现之前，标准市场区就是普通村民的整个世界，每个村民实际上只会在标准市场区内发生面对面的接触。”[②]马克思指出：“城市已经表明了人口、生产工具、资本、享受和需求的集中这个事实；而在乡村则是完全相反的情况：隔绝和分散。”[③]传统农业的经营主体在空间上颇为分散，并且远离市场，因此受到现代化力量的冷落，要支持和鼓励农民参与市场，获得现代要素的投入。

在信息闭塞和孤立的情况下，农民售卖农产品时很容易被中间商操控价格。20 世纪 80 年代中期，农产品由自给自足的消费品变成商品，但包产到户后的农民仍无法解决因自身经营规模狭小不能够对价格信号做出生产灵敏调整的问题，只有少数专业性强、规模较大的农户才有承受价格波动的实力。因此要形成一个专业化的农业市场，要“有足够数量的密集型生产商”，以实现与中间商的有效合作。中间商可以起到促进农民专业化的作用，如果没有他们，农民“宁愿继续种植主要作物，或者是哪些主要用于个人消费或在村庄范围出售的一系列产品”，导致形成欠发达陷阱（Underdevelopment Trap）。[④]

互联网的价值透明机制使农民对于农产品的议价权得到改善，一定程度上解决了经营活动中的定价问题；而普通消费者的日常行为能被便利、低成本、突破时空限制地转化为可利用的数据，获取消费者信息成本降低，决策性资源增加。互联网作为开放的交易平台，供求双方大量聚集，主体规模多样，既有大型企业，也有小微企业，甚至是个人，简化了以往的信息层级，互联网整体行情决定定价，这在一定程度上降低了交易费用（但增加了使用互联网的费用）。

互联网平台具有零边际成本、正网络效应和马太效应。互联网技术的共享性、

---

①（美）施坚雅. 中国农村的市场和社会结构[M]. 史建云，徐秀丽，译. 北京：中国社会科学出版社，1998：7－10，21.

②（美）诺顿. 中国经济：适应与增长[M]. 2 版. 安佳，译. 上海：上海人民出版社，2020：256.

③中共中央马克思恩格斯列宁斯大林著作编译局. 马克思恩格斯文集：第 1 卷[M]. 北京：人民出版社，2009：556.

④（美）托达罗，（美）史密斯. 发展经济学[M]. 聂巧平，程晶蓉，译. 北京：机械工业出版社，2020：111－112.

外溢性、扩散性等特征会导致边际成本不断下降并趋于零，而低成本减轻了资本稀缺的压力，有利于农户上网经营；同时，平台增加一个商家的边际成本也很低，从而可以实现低成本扩张。“平台型组织依托互联网，具备高效率和高组织效能，扁平化组织结构不仅有助于激活员工活力，同时由于用户的协同参与，开创了平台与用户协同嵌入式开放创新的方式。作为新经济下重要的企业组织形式，平台型组织为共享经济、多主体参与、跨区域大规模协作等模式的发展奠定了基础。”①网络平台的信息撮合机制使交易任何一方数量的增多都会有利于其他利益相关方。入驻平台的商家增加会带来消费者数量的增加，需求市场扩大后，供给市场又随之扩大，双方不断进行正向激励，充分体现出网络外部性的优越性与激励作用，其中交叉外部性表现的经济效应更为显著，随着平台经济的规模收益递增，零边际成本的优势将会不断发挥和体现。正网络效应体现为卖家越多，商品越丰富，消费者选择范围变大，则平台吸引力也变大。产品的搜索效果会影响产品曝光率，只有好的搜索效果才会更吸引愿意为之付出代价的卖家，这一马太效应可以帮助有鲜明特色的农产品脱颖而出。

市场深层构造的两大支点——独立的财产权利和契约基础上的商业法规，能够支撑起古典的市场，但市场的纵深发展又对“以均衡价格实现资源配置的帕累托最优”设置了时空限制。价格形成及供需双方的反应调节过程所需花费的时间即成为一种交易成本，在市场空间范围越大、经济过程越复杂的情况下，该交易成本费用越高，会产生“市场失灵”现象。为了避免这种市场失灵，发育出各种市场组织，如企业、股份公司、现代银行、证券交易所、批零市场、期货交易所、信息服务网络等。② 以日本的水果产业为例，水果在农产品中属于商品化程度较高的品类，但经营方式仍以家庭为单位的个体经营为主，生产单位也比较分散，同时消费量较小，因而表现出如下特点：一是由于生产单位分散容易受商人资本支配，果农采取了联合出售的方式；二是由于产地、气候等自然条件和经营条件不同，各地之间的质量也存在差异，规格难以统一，所以常采用批发市场实物交易的方式，以当场竞争的手段确定价格；三是生产、消费两方面的分散性使流通过程划分为集中、转运和分散三个阶段；四是不同地区品种上的差异容易产生各地间价格上的不同，形成产地之间的价格竞争。③

①戚聿东，肖旭. 数字经济概论[M]. 北京：中国人民大学出版社，2022：123.

②周其仁. 产权与中国变革[M]. 北京：北京大学出版社，2017：85－87.

③王振锁. 日本农业现代化的途径[M]. 天津：天津社会科学院出版社，1991：93.

农民选择市场运作的第一件事是做决策，而决策过程中的认知，一是对过往经验的演绎思考，二是从其他经历中获取的灵感，三是来自他人。互联网帮助了决策的形成，还能在执行中帮助回馈，形成较之前更快的迭代，并从单个行动的农民开始影响到一群人，再被提炼成某种可以推广的模式。对于缺乏信息和难以承担试错成本的农民，互联网是帮助他们接入大市场的有力工具。

互联网的长尾效应也有助于所有非流行市场累加起来形成一个比流行市场还大的市场，而个性化、客户力量聚集和小利润的大市场有利于特色农产品的销售。最新的团购模式就是通过终端多样化、个性化的消费需求倒逼供应链上游流通模式转型升级，利用互联网集中买家分散的需求，直接连接农产品原产地与买家，从而方便农村中小型经营主体销售产品。C2B模式更具革命性，它将厂商对商品的主导权和先发权交给了消费者。传统经济学概念认为，对产品的需求越高，其价格就越高，但消费者因需要形成了社群，通过社群集体议价或开发社群需求，越多的消费者购买同一个商品，购买效率越高，则价格越低。该模式强调用汇聚需求取代传统"汇聚供应商"的购物中心形态，大大节省中间环节、时间成本和费用[①]，因此被视为近乎完美的交易形式。而且，不同的平台间还会形成差异化竞争，如淘宝、京东和拼多多面向不同的用户，美团则强调同城概念(其多数业务不在乡村，但购物可以)。

市场扩大到一定程度就会形成一个生态机制，市场竞争的参与者不再盲目地随机选择市场，而是会根据市场信息来优化决策。"真正的竞争只发生在有智力含量的选项之中。""正是因为整合了智力和进化两种力量，市场才成为目前功能最强大的数据处理机制。大自然获得了一台组合式创作加速器……而当市场叠加了互联网之后，这个加速器又进一步升级。"[②]市场供给体系呈现多样化、多层次，市场模式也根据需求不断创新，销售规模和范围呈几何级数增长。

农产品线上销售也会带来新的挑战，比如定价问题。平台研究的主流经济学理论认为，"双边市场"(Two-Sided Markets)与"平台"是一对密不可分的概念。双(多)边市场是指互相提供网络收益的独立用户群体的经济网络或平台。平台从各方收取费用，一组参与者加入平台的收益取决于加入该平台的另一组参与者的数量。因此，平台对一方的定价需要考虑对另一方的外部影响。[③] "与简单分为买卖

---

①蔡昌，李为人. 中国数字经济税收发展报告(2022)[M]. 北京：社会科学文献出版社，2022：115.

②桑本谦. 法律简史：人类制度文明的深层逻辑[M]. 北京：生活·读书·新知三联书店，2022：22.

③黄益平，北京大学平台经济创新与治理课题组. 平台经济：创新、治理与繁荣[M]. 北京：中信出版集团，2022：13.

双方的单边市场不同，平台经济是以双边市场为载体，双边市场以平台为核心，通过实现两种或多种类型顾客之间的互动或交易获取利润。一般认为，双边市场的核心特征是具有交叉网络外部性。在双边市场中，两组参与者需要通过中间平台进行交易，并且一边用户使用平台进行交易所获得的收益或效用会随着另一边用户数量的增加而增大。"（Rysman，2004；Armstrong，2006）"需求端的规模经济使得平台市场必然会造成垄断或寡头的格局，很好地解释了现实中平台具有高度集中的市场结构这一基本事实。"也有经济学家认为不必要过度担忧巨型平台的兴起，认为至少有三种力量阻碍了完全垄断市场结构的形成。第一是平台之间的差异化。尽管平台的主要功能是提供交易场所，但是平台会提供不同的服务，从而会产生平台差异化，使得不同消费者选择不同的平台。平台的差异化还有可能来源于网络效应，比如，在平台用户的一边存在某种形式的拥挤，随着用户基数的增大，拥挤可能会使消费者转而选择用户基数更小的另一个平台。第二是消费者的多栖性。如果用户可以选择同时在不同的平台进行交易，比如商家可以同时在京东和淘宝开店，消费者可以同时在京东和淘宝购物，则网络效应的效果将会被减弱，从而多个平台可以同时存在。第三是平台之间的兼容性。如果平台之间可以互相兼容，则消费者没有理由只选择某一个特定的平台。与供给侧的规模经济不同，需求侧的规模经济承载了更多的异质性和差异化的可能性。考虑到数字市场的低进入成本，即使某个市场暂时出现了一家独大的垄断局面，竞争者也非常有可能从某个利基市场切入，通过提供某个差异化的产品形成对在位者的巨大竞争威胁。① 面对上述差异，很多农民个人经营主体也都在摸索经营对策，目前布局矩阵账号是较常见且较有效的做法。

对农户来说，农产品的定价是由市场竞争和社会心理因素决定的。价值是决定价格的基本因素，但现实生活中，价格和价值常常会出现偏离现象。市场竞争程度会影响农产品的价格形成，农产品的市场竞争分为卖主之间的竞争、买主之间的竞争、买主和卖主之间的竞争。消费者的价值观念则是对农产品价格产生影响的重要社会心理因素。

电商平台存在较为普遍的"价格歧视"（Price Discrimination）现象，会以不同价格向不同顾客出售同一种物品。价格歧视分一级价格歧视、二级价格歧视、三级价格歧视。一级价格歧视又称完全价格歧视，即个人化定价。这在传统市场很难实

①李三希，黄卓. 数字经济与高质量发展：机制与证据[J]. 经济学：季刊，2022(5).

现，但由于电商掌握用户详细信息、产品可以定制而不需要添加额外成本、用户单独付账等原因，对电商的这一做法提供了很大方便。二级价格歧视属于版本划分，通常依据时间和空间划分。三级价格歧视属于群体定价。① 电子商务中，三级价格歧视实施的原因，一是价格敏感；二是时间敏感；三是锁定，也就是一开始利用价格歧视将客户锁定为自己产品的使用者，培养客户忠诚度。② 通常情况下，价格歧视是应用在垄断市场的，因为竞争市场很难对同一种产品实现差异化定价，否则市场上会有其他的供给者挤占销售份额。对于垄断企业，其本身是市场的价格制定者而不是接受者，可以通过一定的策略实现将成本相同的商品尽量以不同的价格卖给不同的消费者，增大企业利润。通过信息和价格的个性化对产品进行差别化，创造近似替代品极少的产品，可以把价格建立在为消费者提供的价值上，而不被竞争对手的定价决定。③ 平台经济在某些方面具备垄断特质，能借助后台对消费者信息的掌握实行价格歧视，大数据杀熟即属于显性的价格歧视；平台还可以采取隐性的价格歧视，比如给消费者提供不同程度的优惠券，或者推荐不同价位的产品和服务。产品差异化基础上的差别定价，有时候产品的核心功能几乎是同质的，如同款商品通过不同的设计细节甚至是不同的颜色区分定价，辅以高颜值等理念的宣传。又如是否及时配送、能否顺利退货等差异因素都加大了价格离散现象。尤其是信息资源的分段时间配置被充分利用，即平台定价时，对价格更敏感的用户会采取免费或补贴行为，这在传统竞争中可以被视为价格歧视。定价因素还包括：时间差，如时间敏感性消费者和尝鲜者往往付出高价；时间段，如休息时间进行打折活动；复杂让利，如复杂的优惠券使用规则，拼单，事后比价，各平台的币、豆、花的累计等。这些方法将时间稀缺性不强的用户的碎片化时间充分加以蚕食利用。

当前研究结果中，只有部分研究结果支持电子商务市场与传统市场相比价格水平和价格离散度更低的假设。相当数量的研究结果表明网络产品的价格水平并没有显著低于传统市场，在一些研究中网络产品或服务的价格离散度甚至高于传统市场。④ 研究认为，电子商务极低的菜单成本和定制成本使在线企业能够利用界面向不同偏好的消费者推送不同的信息，进一步分割消费者，从而使在线企业的

①谢康，陶长琪. 信息经济学前沿与进展(2009)[M]. 北京：电子工业出版社，2010：23.

②石榴红，王万山. 网络价格[M]. 西安：西安交通大学出版社，2011：242 - 243.

③(美)夏皮罗，(美)范里安. 信息规则：网络经济的策略指导[M]. 孟昭莉，牛露晴，译注. 北京：中国人民大学出版社，2017：43.

④石榴红，王万山. 网络价格[M]. 西安：西安交通大学出版社，2011：49.

强大价格歧视能力得以实现。销售商和供应商出于各种考虑所造成的消费者了解产品质量的信息劣势,加剧了消费者的逆向选择行为,导致同样质量的产品存在着价格差异;互联网在降低消费者搜索成本的同时,也降低了企业的搜索成本,企业也可以获得比价信息,而且更为专业。① 线上销售商品价格弹性增加,价格灵敏度会比线下高,且调整敏捷,因此当价格稍有变化时就有可能引起销售量的较大变化。价格频繁调整的原因有五点:一是网络产品供应商竞争中必须以此吸引对价格敏感的消费者;二是已经榜上有名的卖家可能会频繁更改价格以争取一个更靠前的排名;三是计算机控制下,更改价格简单易行;四是网络上开展价格实验非常方便;五是网络环境下,企业可以比传统环境下提供数额更小的总额折扣。② "只要消费者存在品牌敏感性或者不是所有的消费者关注到所有的零售商,关注程度不同的零售商间的价格就存在差异。"③

农产品生产过程的不可控性、农产品的标准化程度低、农业物流的复杂性和特殊性、涉农供应链组织基础的脆弱性,均造成农产品价格的不稳定。互联网规模经济的要求则是追求尽量多的订单以降低成本。互联网又带来创新导向,包括技术性、商业模式创新,都使产品和服务的更新迭代加快,加上互联网多元化消费需求,忠诚度难以培养,所以平台经常采取补贴、价格战等手段,且规则多变,如果小农户自己上网销售,产品定价是一个难题。

电子商务对农产品销售还带来一个变化,即将简单的买卖关系进一步延伸为存续时间更长的服务关系。标准化工业品的价格信息和质量信息在互联网上逐渐透明化,价格增值更多体现在产品的售后服务方面,如保修、保险等,因此产品本身的质量和服务的口碑营销也需要认真维护,而农产品在这方面缺少优势。小农户生产规模、经营能力和技术能力限制,使得他们进入电商销售还需代办人④,目前

---

①谢康,陶长琪.信息经济学前沿与进展(2009)[M].北京:电子工业出版社,2010:25.

②石榴红,王万山.网络价格[M].西安:西安交通大学出版社,2011:193-194.

③赵冬梅.电子商务市场价格离散度的收敛分析[J].经济学:季刊,2008(2).

④马九杰,杨晨,赵永华.农产品电商供应链"最初一公里"为何仍然需要代办制?——基于供应链治理框架与过程追踪法的分析[J].中国农村经济,2023(6).还有一个典型例子:某县曾积极开展农村电商的培训工作,动员了许多农民开设苹果、樱桃等鲜果类农产品的网络店铺,在发展初期收效还不错,但很快就遇到了数字管理方面的瓶颈.一方面虽然当季水果销售状况尚可,但农民自己手里的水果卖完之后,就认为本年的工作已经结束了,但是电商平台对网店的数据管理是不间断的,疏于运维的店铺很快就被降权,顾客也大量流失,第二年还要从头做起;另一方面农忙时农户完全没有时间处理售后、推广等工作,雇专人来做又不划算.于是很快农户就不再经营网络店铺了//刘少杰,周骥腾.数字乡村建设中"乡村不动"问题的成因与化解[J].学习与探索,2022(1).

有一些返乡青年博主就在帮助农民进行销售，如重庆涪陵的博主“燕麦行游”。虽然电商模式整体上大大减少了中间环节，但“产销直接联动”[1]还是一个理想化的构想。

二、联结新型农业经营主体开展合作

农业产业链是现代农业的核心产业组织形态，该产业链整合农产品加工业发展、一二三产业融合、休闲农业发展等，因此需要有力的新型经营主体来统合。以中国的食材供应链为例，“在全国范围及各区域内高度分散，小农户较多，占从业人员的 90%，且小农户经营耕地面积占总耕地面积的 70%”，存在分散经营，产时、产地复杂多样，难以规模化经营等弊端。[2] 2013 年中央一号文件提出发展新型农业经营主体稳步提高农民组织化程度，具体包括专业大户、家庭农场、农民合作社、农业产业化龙头企业四大主体（见表 4－1）。

表 4－1　新型农业经营主体简介[3]

主体名称	定义	特征	合作模式
专业大户	种植、养殖规模上大于传统农户，且具有较强经营管理能力的专业化农户	所生产的农产品较为单一，参与市场流通比较被动，生产效率和普通农户相比有所提高	—
家庭农场	以家庭成员为主要劳动力，从事农业规模化、集约化、商品化生产经营，并以农业收入为家庭主要收入来源的新型农业经营主体	和专业大户比，虽然都是以家庭为单位，但家庭农场产业链比较长，集约化、专业化、规模化程度较高，生产技术和装备较为先进，并非单纯从事初级的农产品生产，而是集专业化农产品上行、加工、流通、销售于一体，可以涵盖到三次产业	—

①张培刚，张建华. 发展经济学[M]. 北京：北京大学出版社，2009：350.

②中国物流与采购联合会食材供应链分会，国家农产品现代物流工程技术研究中心. 中国食材供应链发展报告(2022)[M]. 北京：中国市场出版社，2022：115.

③陈青松，彭亮，吴莹. 现代农业产业园：政策要点及实操案例详解[M]. 北京：中国市场出版社，2021：80－82.（有改写）

续表 4－1

主体名称	定义	特征	合作模式
农民合作社	在农村家庭承包经营基础上，同类农产品的生产经营者或者同类农业生产经营服务的提供者、利用者自愿联合、民主管理的互助性经济组织；农户之间通过土地、劳动力、资金、技术或者其他生产资料，采取一定合作方式形成的经营联合体	规模更大，专业化水平更高，以农民自愿为前提，并且分工明确，从生产、加工到销售都有专门的团队	农民合作社一般由专业大户牵头发起，带动一定区域内的普通农户入社发展；政府、基层组织发起设立的合作社也常常动员大户作为发起人之一。 "龙头企业＋合作社＋农户"模式下，专业大户带领农户加入合作社，合作社对外与企业签订合同，农户则按照企业的标准完成初级农产品的生产。这种模式既能保障企业原材料供应，降低企业分散采购成本，提高企业效益，同时也能降低农户的生产经营风险，提高农户收入水平。农民合作社在其中起桥梁作用，实现三方共赢
农业产业化龙头企业	以农产品生产、加工或流通为主业，通过合同、合作、股份合作等利益联结方式直接与农户紧密联系，使农产品生产、加工、销售有机结合、相互促进，在规模和经营指标上达到规定标准并经全国农业产业化联席会议认定的农业企业	农业产业化龙头企业所经营的内容可以涵盖整个产业链条，涉及种植、加工、仓储、物流运输、销售甚至科研，其组织化程度和专业化水平都比较高，效率远高于前三者	主要合作模式有"企业＋基地＋农户"和"企业＋专业合作社＋基地＋农户"；在实现自身发展的同时，也能带动农户的发展，甚至带动一个区域的特色农产品的发展

另外，还有以下一些较为常见的组合模式："企业＋农户"（非农资本直接兴办的订单农业）、"企业＋合作社"（合作社入股企业）、"合作社＋企业"（合作社成立企业）、"合作社＋农户"（农民成立专业合作社）、"村集体＋企业＋农户"①、"多种资本控股的公司＋农户"、"科协＋农户"（农业技术、公共品牌培育、宣传等）、"政府＋农户"（政府采购）等等。一些龙头企业通过自营基地、自建网站、自主配送等方式全链经营，实现农业经营订单化、个性化和差异化，并带动小农户，统筹组织开展生

①这一模式也就是"返租倒包"，即以产业为依托，将村民土地统一进行流转，再由村集体统一规划返包给村民，这样农民既可以得到土地租金，而且农民变成产业工人又可以因为参与产业环节获得酬劳．这一模式解决了散户联合模式下的产品标准不统一、缺乏销售渠道等问题．同时，农忙时用工来源也较为稳定，并且便于根据劳动力情况进行分工．

产、加工、仓储、物流、品牌、认证等环节，提高优质特色农产品的市场竞争力。日本农业现代化过程中，为了保障农民利益，曾强调提高农民组织化水平及保障农产品价格稳定机制①，以此化解小农户缺少品牌、产业链短、规模小、仓储条件不足、缺少现代组织、只能依靠经纪人居中沟通、议价能力和谈判力弱等困难，农产品价格自然较为稳定。

不少农产品强县通过和头部企业合作，以数字技术打通“研、产、供、销”全链条，不断探索农业现代化的数字化新路径。例如，阿里巴巴集团进一步加大农业产地端投入，设立数十个产地仓与1200余个菜鸟乡村共同配送中心，持续建设1000个数字农业基地，与消费端近场电商等新业态结合，更高效连接农民与消费者。截至2022年4月，菜鸟乡村共配中心自动化改造已服务全国25个省的150余个区县，而智能产地仓也将深度服务30个以上的县域。②

新型农业经营主体之中，以家庭劳动力为主的专业大户和家庭农场把乡村能人留在了家乡，既有利于保持家庭关系的完整，也有利于村庄社会整合社会关联，“这对转型中的村庄社会是一个巨大的稳定性力量”③。而外部的工商资本与农民的关系主要是雇佣与合作。外部市场主体与社会主体进入乡村，有利于多元主体通过利益协同参与农业农村发展，对土地、水、电等资源共同开发利用并利益共享，提高农村人力资源素质和收入。农村发展存在缺少资金的问题，而返乡下乡群体在农村创业多从事与农业相关的产业，这些产业与工业企业、城镇服务业相比缺乏有效抵押物，从银行获得的资金支持严重不足，多数只能靠自有资金。④ 具有资金、技术、管理、市场等优势的工商资本下乡后，能在很大程度上解决这一难题。

大致上，新型农业经营主体会向市场化、资本化和专业化程度较高的方向演进，互联网则加快了这一演进速度。即便是一些看起来和资本关系不大的环节也需要大笔投资，如分拣水果目前是半人工半机械化，全部机械化则需要大笔投入。“在国外，分拣环节属于生产环节。但是在海南，由于农户种植规模小，机器设备昂贵，分拣环节需要有实力的农产品经销商处理。”⑤因此，新型农业经营主体的出现

①叶兴庆，金三林，韩杨，等. 走城乡融合发展之路[M]. 北京：中国发展出版社，2019：261.

②农业农村部管理干部学院，阿里研究院. “数商兴农”：从阿里平台看农产品电商高质量发展[R]. 北京，2022.

③焦长权. 从“过密化”到“资本化”：“新农业”与“新农民”[G]//(美)黄宗智. 中国乡村研究：第14辑. 福州：福建教育出版社，2018.

④何芊杉，李秀阁，张倩，等. 新生代农民工返乡创业过程中贷款难问题的研究[J]. 财经界，2012(2).

⑤新浪网. 海南省农企制定标准分拣农产品 水果分级售卖“嫁得好”卖得俏[EB/OL]. https://news.sina.com.cn/c/2018-07-07/doc-ihexfcvk9440654.shtml.

会引起农村生产关系发生变化。农业中的生产关系，其实质也是人们在生产、分配、交换、消费等环节中所发生的经济权力（如生产资料所有权、决策权、指导权）、经济责任、经济利益等方面的关系问题，通过不同的经济组织形式、经营方式和管理体制，生产力要素以不同方式结合起来，反映人们在社会生产中相互经济关系和所处的地位。生产资料所有制是整个生产关系的重要基础，但是不能把生产关系仅仅理解为生产资料归谁所有，还应该关注生产资料的占有、支配、管理和使用的真实情况。参与生产的方式决定着参与分配的形式，如投资者分配所得为利润利息，雇佣劳动者为工资，土地投入者为地租。“生产要素的组合及其在宏观上的经济资源配置，不仅是一种技术关系（或人与物之间的关系），而且还取决于一定的社会关系（或人与人之间的关系）；而一定的社会关系又取决于或直接表现为一定的制度安排。”[①]在新的历史条件下，农民进入社会化大生产，往往从事某个或某些分工环节以实现自己的劳动价值。农业生产的主要物质手段是土地，土地是农业生产中必不可缺的生产资料和劳动对象。虽然农户以土地和劳动力作为投资要素参与社会化大生产，但也必须建立全面的社会保障和再分配制度帮助和保护农民群体，一定要明确农民是农业农村发展的主体，也是成果的主要受益者，进一步改革和完善农村基本经营制度；需要坚持集体所有制，发展和壮大集体经济，推动农村土地所有权、承包权和经营权的三权分置改革，稳定和完善土地承包关系，建立和健全承包地经营权流转制度，保障农民权益。

在强调生产集中的同时要防止出现结构性失业、发展不平衡等问题，防止发展的成果向少数人、少数地区加快集中。经营主体应完善同农户和所处地区的利益联结机制，增强对农户就业增收的带动力，提升农户参与发展的能力，惠及所在地区和农民。地方政府则应在尊重市场和产业发展规律的前提下，适度帮助农民有效公平地参与市场竞争、获取就业机会，增加他们获取收入的渠道。合理的分配对生产有激励作用，对生产要素的流动和配置也有引导作用。2016 年 12 月，国务院办公厅发布的《关于进一步促进农产品加工业发展的意见》就强调：鼓励企业打造全产业链，引导农产品加工企业向前端延伸带动农户建设原料基地，向后端延伸建设物流营销和服务网络；鼓励农产品加工企业与上下游各类市场主体组建产业联盟，与农民建立稳定的订单和契约关系，以“保底收益、按股分红”为主要形式，构建让农民分享加工流通增值收益的利益联结机制。要规范资本不当逐利行为，但也

①张培刚，张建华．发展经济学[M]．北京：北京大学出版社，2009：57.

要发挥资本的生产要素功能。习近平总书记指出，要“正确认识和把握资本的特性和行为规律”；“我们要探索如何在社会主义市场经济条件下发挥资本的积极作用，同时有效控制资本的消极作用”；“遏制资本无序扩张，不是不要资本，而是要资本有序发展”；“相关法律法规不健全的要抓紧完善，已有法律法规的要严格执法监管”；“要支持和引导资本规范健康发展”。①

马克思深刻指出：“资本一旦合并了形成财富的两个原始要素——劳动力和土地，它便获得了一种扩张的能力，这种能力使资本能把它积累的要素扩展到超出似乎是由它本身的大小所确定的范围，即超出由体现资本存在的、已经生产的生产资料的价值和数量所确定的范围。”②马克思同时指出，资本集中使扩大经营规模成为可能，而规模的扩大，“对于更广泛地组织许多人的总体劳动，对于更广泛地发展这种劳动的物质动力，也就是说，对于使分散的、按习惯进行的生产过程不断地变成社会结合的、用科学处理的生产过程来说，到处都成为起点。”③法国学者皮凯蒂通过对18世纪工业革命后近300年世界各国增长与财富分配数据的分析，发现市场本身无法解决收入分配问题，由于资本收益率高于经济增长率，必然导致资本在国民收入份额的比例不断提高，带来财富分配的不平等。④

资本下乡是更多地投在提高要素数量上，还是投在提高要素质量上，对提高生产力的作用也不一样。外延式扩大再生产，是单纯依靠扩大生产要素来扩大生产规模；内涵式扩大再生产，是指提高生产要素的使用效率。目前看来，这两种模式兼而有之，基于农业农村的现有基础也各有存在的必要性，但从长远看，后者更能提高增长水平。美国学者王国斌和费维恺在20世纪90年代引入“斯密型增长”概念。王国斌从经济增长的动力出发，将“斯密型增长”界定为由市场交易、劳动分工和专业化驱动的经济增长（与投资驱动、技术革新驱动和组织革新驱动相对应）。费维恺则将经济增长分为三种类型：“粗放型增长”是一种随人口增加而按相同比例配置要素所带来的报酬不变的增长；“斯密型增长”是由市场和分工导致的总量增长，它在一定阶段内可能会带来人均产量的增加，但仍然有着固定的生产可能性边界，边际报酬也将长期趋于递减；只有技术和组织革新带来的“库兹涅茨型增

---

①习近平．正确认识和把握我国发展重大理论和实践问题[J]．求是，2022(10)．

②中共中央马克思恩格斯列宁斯大林著作编译局．资本论：第1卷[M]．北京：人民出版社，2004：697．

③中共中央马克思恩格斯列宁斯大林著作编译局．资本论：第1卷[M]．北京：人民出版社，2004：724．

④（法）皮凯蒂．21世纪资本论[M]．巴曙松，等译．北京：中信出版社，2014：360－370．

长”，才意味着生产可能性边界的不断向外拓展和人均报酬的持续递增。[①] 要实现“库兹涅茨型增长”中的组织革新，需要新型农业经营主体和农民有效合作。比如农村电子商务的发展也并不仅仅是电商下沉就能解决的，在这个过程中涉及一系列资源整合和产品变革，同样也需要了解当地实际情况，如当地生产和社会状况、地域文化特征等。任何领域都有很多知识是隐性的，无法通过互联网实现传播，而更多地依靠个体本身难以被简化总结。农业农村更是有很多取决于地域的知识，包括特色农产品的品种、种植经验，也包括一些约定俗成的本地惯例。目前农村的不少合作并不稳定，既有履约的问题，也有合作方地位不对称、信息不对称的问题，尤其电商平台连接的用户地理空间距离远，造成很多交易售后处理复杂，需要建立相应的保障体系。

新的工商规则需要乡村社会开放接纳资本。对农民而言，组织起来并最大限度保存主体性的方式还是组成合作社。合作社通过与电子商务平台、农业龙头企业、县域网商、农村电商服务商等建立多种形式的利益联结机制，融入农村电商生态，正引领着小农户与现代农业有机衔接、融入国内消费大市场。[②]

1964 年，法国社会学家孟德拉斯在总结法国半个世纪以来的农业现代化成就时发现，农业合作事业取得了最辉煌的成功，“没有任何其他生产领域能够出现如此丰富多样的合作组织”。[③] 根据孟德拉斯的观察和总结，在法国农业现代化的过程中，生产者组织起来是真正行之有效的办法。生产者组成联合会，“与作为买主的工业主或合作社商讨真正的共同协议的条款”，因为在经济市场上，“‘农业’生产者在讨价还价中处于很弱的地位……必须使他们在生产组织中具有牢固和可靠的决策权力，让他们负责一些重要的工作，通过采取一些措施使他们有能力直接地或通过中间人制定决策”。只要农民获得参与决策的权力，转型和调整最终还是会让农民获得更高层次的自由。“农业劳动者将不再像他们在自给自足的多种生产时代那样，是自己的主人，他们将部分地失去一个独立的小生产者在大众市场上具有的那种个人自由的面貌。但是，通过真正地和共同地参与那些实际上直接决定着他们的命运的总的决策，他们将会重新获得失去的独立。”[④]

---

①转引自：关永强，张东刚．“斯密型增长”——基于近代中国乡村工业的再评析[J]．历史研究，2017(2)．

②农业农村部信息中心，中国国际电子商务中心．2021 全国县域数字农业农村电子商务发展报告[R]．北京，2021．

③(法)孟德拉斯．农民的终结[M]．李培林，译．北京：中国社会科学出版社，1991：15．

④(法)孟德拉斯．农民的终结[M]．李培林，译．北京：中国社会科学出版社，1991：275－280．

三、构建多层次农业社会化服务体系

在现代经济中，企业和消费者是分离的，但对发展中国家的农户而言，他们既要决定消费，也要决定生产。如果所有产品和要素市场都是完备的，即农户可以完全自由地买卖和借贷，则农户的生产和消费决策也是可以分离的。而现实中很多市场是不完备的，由于时间和空间的限制，农户可能无法随心所欲地配置自己的劳动时间；由于担心别人不用心对待自己的土地，农户也不会随意地租出自己的土地；由于银行的担保要求，农户不可能借到满足需要的资金。[①] 农户的这些担忧是家户经营和社会化大生产之间的矛盾，后者需要分工、专业、高效、准确，要解决这些问题，只有构建农业社会化服务体系。

党的十九大报告提出“实现小农户和现代农业发展有机衔接”。以大农场模式推进农业现代化会导致小农户破产，这样我国的农业社会化服务体系就成为我国农业现代化的特点之一。“我国的农业规模经营并不是一个农民雇佣他人或者机器进行土地大规模经营，而是众多农民为自己的共同利益自己进行大规模经营，并且在不同的环节采取不同的农业规模。”[②]

党的二十大报告提出“建设现代化产业体系”，推动现代服务业同现代农业深度融合。农业社会化服务通过现代科学技术、物质装备、产业体系、经营形式改造和提升农业，有助于推广应用先进技术装备，改善资源要素投入结构和质量，推进农业标准化生产、规模化经营，提高农民组织化程度；有助于转变农业发展方式，促进农业转型升级。

《乡村振兴战略规划（2018—2022年）》指出，要“强化农业生产性服务业对现代农业产业链的引领支撑作用，构建全程覆盖、区域集成、配套完备的新型农业社会化服务体系”。对农村一些需要集体力量才能完成的任务，积极寻求第三方服务，充分发挥各类市场主体的积极性、创造性，形成发展合力；健全农业专业化社会化服务体系，通过服务市场化、产业化、规模化、网络化，引领带动小农户参与农业现代化；推广应用先进技术装备，优化资源要素投入的结构。在服务规模层面，鼓励农户或农场把部分对专用设备、专业技术依赖程度较高的作业环节委托给社会化服务组织，提高规模效益；鼓励农机专业户、农民合作社、农业龙头企业、农资生产和经销商等从事农业生产性服务，提供托管、半托管服务。[③] 复杂的种植技术、

---

①姚洋．发展经济学[M]．2版．北京：北京大学出版社，2018：113．

②王海娟，贺雪峰．小农经济现代化的社会主义道路[G]//（美）黄宗智．中国乡村研究：第14辑．福州：福建教育出版社，2018．

③国务院发展研究中心农村经济研究部．农业开放：挑战与应对[M]．北京：中国发展出版社，2020：34．

商品化倾向、专业的经济核算，使得农业劳动者这一职业变得日益繁杂和多样化，因此需要专业人员提供服务。

对现代农业注入外力，拉长农业的产业链，实现对传统农业的改造和提升主要体现在以下三个方面：一是化肥、农药的使用；二是用机械代替了人力、畜力；三是在互联网因素驱动下拉长了产业链条，建立起农业、农产品加工业、农业服务业这样一个一二三产联通的上中下游一体、产供销加互促的产业体系。

2021年11月，农业农村部召开全国农产品初加工机械化工作推进会。会议强调，要立足乡村产业发展、农民增收致富实际需要，分区域、分产业、分品种、分环节加快补齐农产品初加工机械短板弱项，推动初加工机械化向更广领域、更高质量发展，力争2025年全国农产品初加工机械化率有一个明显提升，为全面推进乡村振兴、加快农业农村现代化提供有力装备支撑；会议指出，减损提质保障农产品有效供给、增值富农提升农产品价值链产业链、省工节本保障优势特色产业可持续发展，对农产品初加工机械化提出了迫切需求；会议要求，各地农业农村部门要将农产品初加工机械化工作摆上重要位置，延伸出加工机械化服务链，加快推进农机社会化服务向农产品初加工全环节、全产业拓展，提高装备利用效率效益。[①] 农机服务企业加入农业产业化联合体后，根据龙头企业要求和农户委托，按事前规定且低于市场的价格面向农户提供规模化农机服务，从而获得稳定且规模化的农机服务市场需求。

【案例】

北京金色大田文化传媒有限公司旗下的农机360网（www.nongji360.com）把现代农业发展过程中所需要的各类要素资源，包括耕地、生产资料、资金、信息、科技、劳动者等，在一个平台上整合利用；通过聚合企业、渠道、用户以及农业生产要素资源，以深入农村的农机实体经销店为落地网点，采取线上线下相结合的O2O服务模式，为农事生产提供全过程一站式服务。[②]

农业生产中常见的施肥环节，也因使用互联网实现农户化肥减量，促进农户采用绿色施肥技术，提高了农户化肥减量生态效益和经济效益认知。[③] 我国农业化

①中国政府网.农业农村部部署加快推进农产品初加工机械化工作[EB/OL].http://www.gov.cn/xinwen/2021-11/18/content_5651576.htm.

②农机360网.关于大田农社[EB/OL].https://fuwu.nongji360.com.(有改写)

③毛慧，刘树文，彭澎，等.数字推广与农户化肥减量——来自陕西省苹果主产区的实证分析[J].中国农村经济，2023(2).

肥农药用量大，利用率低，农民也缺乏应有的化肥农药常识。研究显示，当前农资产品的销售仍以线下销售为主体，但线上直播的辅助地位近年来愈发明显，对线上销售以及更科学高效的普及应用农资产品起到了巨大的促进作用。目前农资直播的内容以农资产品的应用技术分享为主，对主播专业素养有较高要求，需有正规农业相关高等教育背景及农资产业的从业经历。直播和短视频内容以向农户传递更有价值、更为细分的农业科普知识为主，起到了加强宣传营销的作用，确保产品的有效曝光和推广。主播通过介绍农资产品、分享农业知识，将线上的纯交易场景拓展得更宽更广，打破了时间与空间的限制。这一行为既使农业中的资本回报收益得以上升，其正面示范效应也激发了农民学习和模仿的积极性。

【案例】

"小周说农资"是快手平台的一个注册账号。2020年前，"小周说农资"以线下传统农资销售为主业，通过田间地头的农资店进行售卖。新冠疫情暴发后，面对业务员无法正常到岗等公司经营困境，创始人周昌南开始尝试用线上短视频和直播等方式带货。在经过一个人兼顾文案、拍摄、剪辑、粉丝互动等一系列活动尝试后，他决定招募更多小伙伴，建立标准化运营团队，制作包括农业科普视频、农资产品分享的矩阵化科普内容。目前，"小周说农资"仅保留零星老客户复购线下业务，大量的老客户和更多的新客户已经成功导流至线上，年销售额达3000万元；矩阵账号有十几个，员工皆为农学专业的学士或硕士，目的是向农户传递更有价值、更为细分的农业科普知识。过去"小周说农资"团队以农资产品批发为主，如今已成功转型为"大零售商"。

部分互联网涉农企业还从专营农资向综合农业服务平台发展。

【案例】

从单一农资电商平台做成国内最大的农服平台的丰农控股，据统计，目前中国有200多万农户都使用其服务。2014年公司成立时，产业互联网、土地流转、新经营主体种植大户、新农人等涌现，但当时的传统农业市场仍是原始渠道，流通低效、信息不对称。在农资方面，全国2万个厂家对应十几万经销商、200多万零售商，服务终端为四五百万种植大户和众多小农户，流通渠道臃肿导致农户购买价格高，厂家、渠道商利润都不高。那时农民上网还不普及，公司便下乡教农民上网，在平台买农资；后来发展村里会上网的年轻人、零售店卖家组织农户团购，并帮助代购，从中获取一定的佣金；再后来把目光重点放在农资复购率高、有足够支付能力的种植大户身上。相比此前各级渠道的层层加价，公司农资平均价格便宜15%到20%，吸引了不少农户现款购买。2016年春节过后，移动上网开始在农村普及。公司及时转型做移动商城、小程序、APP等，阵地全部转向移动互联网。公司注意到不同规模经营主体存在着明显差异：一些拥有不到30亩土地的农民，有多年种植经验，痛点是如何买到实惠的农资产品；50亩至200亩之间的农场，除农资产品外，更缺农业技术、管理经验和销售渠道；200亩以上农场，一般是产业资本进场，缺乏的则是管理人员、产业工人和资金。于是陆续孵化了做农业培训教育的"天天学农"、做农产品销售的"丰诚上品"、农业AI图像识别平"台农"、做农业投资的"甲子启航"，并开办了两所研究院。2018年，又涉足生产托管业务，对经济作物进行技术托管，对大田作物开展全程托管服务，并开始布局数字农业。如今的丰农控股线上线下均有庞大的服务团队，在全国各地都设有门店。在未来规划中，公司将继续扩大社会化服务范围，种植户能通过平台购买到收割、播种、打药等各类服务。[①]

目前提供农业社会化服务的主体分为各类专业公司、农民合作社、供销合作社、农村集体经济组织、服务专业户等，它们各具优势、各有所长，要推动其各尽其能、共同发展。例如，专业服务公司、服务型农民合作社作为社会化服务的骨干力量，推进其专业化、规模化，不断增强服务能力，拓展服务半径；农村集体经济组织作为组织小农户接受社会化服务的重要力量，充分发挥其居间服务的优势；服务专业户作为重要补充力量，发挥其贴近小农户、服务小农户的优势，弥补其他服务主体的不足。

农业的专业化促进了商品化和社会化协作，尤其是生产性服务劳动已经独立化和部门化，如运输、维修、物流、仓储、通信、咨询等，属于为第一、第二产业服务的第三产业，这些服务劳动在目前的社会总劳动中所占的比例日益上升。农村电子商务发展带动了仓储物流、软件和服务外包（电商代运营，如网上店铺装修、商品拍摄、运营策划、品牌推广与管理咨询等）、融资理财、人才培训、法律咨询等各类专业服务商进入农村，且发展迅猛，逐步完善了农村电子商务生态体系。其中，仓储物

①张文静．4个年轻人改造农业，前两年天天后悔[EB/OL]. http://www.iceo.com.cn/article/0ceda9fc-021e-435f-8e0c-ff6d5d580b2f.（有改写）

流业是非常醒目的一个领域。

距离和区域曾是制约一切商品销售的瓶颈，科技与交通的不发达使得资源只能在当地流通。历史证明，道路系统在工业社会十分重要，而在早期的欧洲，贸易的根本挑战就来自交通的落后。借助风力的水路运输要比借助马力的陆路运输走得更快更远，所以商人财富的聚集点一般在水边。[①] 生鲜农产品流通，不同的国家和地区有不同的模式，日本主要以多级批发市场长链条模式为主，美国则以发展大型配送中心的短链条模式为主。我国流通模式的情况更为复杂多样，既出现多级批发市场流通体系，也出现农超对接等直供模式。相比发达的流通体系，我国生鲜农产品流通市场还需加强流通主体的组织能力和完善基础设施的布局。

流通环节的加速对农产品销售是重大突破。过去"重生产轻流通"是因为农产品物流不同于工业品，具有量大、相对独立性（指专业要求）、分散性、生产性、非均衡性（区域性、季节性、集中性）、风险性等特点。[②] 现在农业生产的商品化必然对流通提出更高的要求，电商的速度和质量要求及生鲜需求的猛增，对农产品仓储物流更是提出很多新要求。不过，物流管理及温控物流成本优化、质量控制、品牌建设等重要影响因素，田间采后预冷—冷库—冷藏车运输，农产品生产上的区域性和消费上的分散性，配送网点分布不均，均决定了运配网络的复杂性。而专线运输作为主要运配手段，完备的技术监控体系，库存自动读取、仓储智能化等挑战，都非个体生产者所能解决。因此，农业经营者必须与专业仓储物流建立密切关系。目前的物流分类就有第一方（供货方）、第二方（购货方）、第三方（专业提供物流服务）、第四方（提供物流规划、信息系统服务等）之分。[③]

电商参与的主要是农产品"产后"的合作，团购则介入"产前"环节，使仓储出现了新变化——从生产和销售企业中分离出来，成为物流业的一部分。仓储功能原本分布在各级批发市场，现在则前移到产地，极大地缩短了农产品的流通环节。农村地区的物流园区和区域分拨中心多设在县城周边，结合电商和物流两大功能，是实现集约化的重要节点，并在园区内实现信息有效沟通。这就是马克思说的"储备越是社会地集中，这些费用相对地就越少"。[④] 马克思曾揭示利润平均化会在下面两个条件下进行得更快：一是资本有更大的活动性，也就是说，更容易从一个部门

---

①朱天飚.比较政治经济学[M].北京：北京大学出版社，2006：22.

②周志红.农产品供应链与物流管理[M].北京：科学出版社，2019：3－4.

③周志红.农产品供应链与物流管理[M].北京：科学出版社，2019：7－8.

④中共中央马克思恩格斯列宁斯大林著作编译局.资本论：第2卷[M].北京：人民出版社，2004：162.

和一个地点转移到另一个部门和另一个地点；二是劳动力能够更迅速地从一个部门转移到另一个部门，从一个生产地点转移到另一个生产地点。[①] 2021年，商务部提出开展“数商兴农”行动，强调引导电商企业加强物流配送、农产品分拣加工等农村电商基础设施建设。产地仓是重要的农村电商基础设施，通过建设产地仓，企业可以统一备货、集中发货，能大幅降低物流成本，提高物流效率。除了分拣包装、检验检疫、仓储物流等基本功能，部分产地仓还提供电商培训孵化、品质溯源、仓内直播、一件代发等增值服务。产地仓预冷设施能极大地降低农产品损耗，提高农产品收益，数字化分选线则能迅速地让农产品变成农商品，助力品牌打造。产地仓建设将为地方产业转型升级奠定基础。[②] 物流改善、运输成本下降能刺激贸易，并对贸易模式、企业选址产生影响。互联网与物流基础设施、数字技术适配本地资源禀赋后，将进一步畅通农产品流通体系，实现与乡村制造业、服务业等更好的融合。

近年来，我国物流的发展形成了仓、运、配、加工、包装等各环节协同保障机制。随着基础设施建设的不断完善，我国的智慧物流业获得高速发展，通过物流云高效地整合、管理和调度资源，可为各个参与方按需提供信息系统及算法应用服务。

如果说物流参与创造了时间价值，那么仓储就创造了时间和空间两个价值。当农民不能充分掌握市场行情时，农产品集中上市所带来的价格波动就可以通过冷藏、深加工等办法加以调节，进一步拓展了价值链。

美国经济学家舒尔茨提出，合约、分成制、合作社、公司、公共社会安全计划等是影响生产要素的所有者之间配置风险的制度。[③] 农户家庭经营加上完备的社会化服务，更符合我国的国情农情。农业社会化服务已成为实现小农户和现代农业有机衔接的基本途径和主要机制，成为发展农业生产力、转变农业发展方式、加快推进农业现代化的重大战略举措。不过，农民的主体性依然不可忽视，他们最了解本土资源条件、文化特性、思维结构和行动方式，因此，虽然有外部专业人员介入，但为了及时处理问题，也为了与专业人员有效对话，“农业劳动者应当成为他自己的技术员”[④]，做到自主与合作并重。

---

①中共中央马克思恩格斯列宁斯大林著作编译局. 资本论：第3卷[M]. 北京：人民出版社，2004：218.

②中国国际电子商务中心. 中国农村电子商务发展报告(2021—2022)[R]. 北京，2022.

③张培刚，张建华. 发展经济学[M]. 北京：北京大学出版社，2009：101.

④(法)孟德拉斯. 农民的终结[M]. 李培林，译. 北京：中国社会科学出版社，1991：93.

第五章　治理现代化

互联网技术推动了农业农村的生产力发展，引起生产关系变化，治理体系作为上层建筑的重要组成部分，自然也要顺应时代变化。通常，"与迫于竞争压力的技术-经济领域相比较，社会-制度框架具有更大的惰性"[①]。2013 年，党的十八届三中全会通过的《中共中央关于全面深化改革若干重大问题的决定》明确提出："全面深化改革的总目标是完善和发展中国特色社会主义制度，推进国家治理体系和治理能力现代化。"该项决定中首次提出"国家治理体系""治理能力"的概念，也首次把"国家治理体系和治理能力现代化"作为新时代中国特色社会主义事业的重要目标之一。2016 年 4 月 19 日，习近平总书记在网络安全和信息化工作座谈会上指出："我们提出推进国家治理体系和治理能力现代化，信息是国家治理的重要依据，要发挥其在这个进程中的重要作用。要以信息化推进国家治理体系和治理能力现代化，统筹发展电子政务，构建一体化在线服务平台，分级分类推进新型智慧城市建设，打通信息壁垒，构建全国信息资源共享体系，更好用信息化手段感知社会态势、畅通沟通渠道、辅助科学决策。"[②]

我国的数字政府经历了三个发展阶段，即电子政务 1.0 阶段(1999—2007)、网络政务 2.0 阶段(2007—2014)、数字政务 3.0 阶段(2014 年至今)，主要特征分别为政府信息数字化呈现、政府服务数字化供给、政府组织数字化转型。[③] 狭义的数字治理主要是对内提升政府的管理效能，对外提升政府的透明度和公共服务水平。广义的数字治理不仅是技术和公共管理的结合，而且是要以"发展的、动态的视角去审视政府、社会、企业之间的关系，体现的是服务型政府以及善治政府的要求，是一种共商、共治、共享的治理模式"[④]。2023 年 2 月，《数字中国建设整体布局规划》提出：在发展高效协同的数字政务方面，要加快制度规则创新，完善与数字政务建

①(英)佩蕾丝. 技术革命与金融资本[M]. 田方萌，胡叶青，刘然，等译. 北京：中国人民大学出版社，2007：10.
②中共中央党史和文献研究院. 习近平关于网络强国论述摘编[G]. 北京：中央文献出版社，2021：131 - 132.
③国务院发展研究中心创新发展研究部. 数字化转型：发展与政策[M]. 北京：中国发展出版社，2019：88 - 89.
④黄奇帆，朱岩，邵平. 数字经济：内涵与路径[M]. 北京：中信出版集团，2022：251.

设相适应的规章制度；强化数字化能力建设，促进信息系统网络互联互通、数据按需共享、业务高效协同；提升数字化服务水平，加快推进“一件事一次办”，推进线上线下融合，加强和规范政务移动互联网应用程序管理。[①] 这与党的十八大以来党中央、国务院持续深化“放管服”的改革方向一致，简政放权、放管结合、优化服务三管齐下，加快推进向服务型政府的角色转变。

第一节　推进多元协同治理

与“管理”不同的是，“治理”的主体包括政府、社会组织乃至个人，运作模式是多元合作。有研究指出：政府主导构建包容性数字治理生态，促进各主体间平等协作；科技社群、科技企业为数字治理生态提供必要的数据、算法和算力支撑；专业机构、社会组织和人民群众广泛参与，是保持数字治理生态创新活力的根源；媒体和自媒体则是数字治理的知识传播和社会监督力量。这些均是数字治理生态不可或缺的参与主体（见表 5－1）。

表 5－1　数字治理生态的结构（行动者-资源视角）[②]

治理主体	治理资源	数字政府子系统	数字经济子系统	数字社会子系统	生态角色
政府	预算、编制、政策、政务数据	决策者、供给者	规划者、监管者	服务者、组织动员者	主导与引领
科技企业	经济与社会数据、算力、算法	开发与运营、技术支撑	创新者、运营者（厂商）	供给者、社会责任	创新与科技支撑
科技社群	算法、智能化解决方案	算法开发、志愿力量	创新者、人力资本	志愿力量	创新与科技支撑
社会组织和专业机构	专业技能、组织化和志愿精神	智库支撑、动员力量	行业协会、规范标准	志愿力量、服务者	专业主义、链接资源
公众	用户生成数据、合法性资源、社会反馈	使用者、参与者、反馈者	消费者、消费生产者	参与者、使用者	数字参与、政策遵从、社会反馈
媒体和自媒体	公共信息、舆论	监督力量	推广者、监督者	舆论采集和引导	公共空间、监督作用

①中国政府网．中共中央　国务院印发《数字中国建设整体布局规划》[EB/OL]．https://www.gov.cn/xinwen/2023-02/27/content_5743484.htm.

②孟天广．数字治理生态：数字政府的理论迭代与模型演化[J]．政治学研究，2022(5).

互联网连接多方，打破了原有行业和管理边界，解决了技术变化带来的社会结构性变化问题。各主体协同发展是一个系统过程，“在数字治理框架下，互联网与物联网将人、物、服务联系起来，形成政社协同的反馈闭环，政府、社会、企业和个人都可以通过数字技术参与到治理中，发挥各自的比较优势，实现社会治理的‘群体智慧’。”①目前的涉农社会组织大致可以分为两类，一类是经济类组织，需要充分发挥其在农村土地等资源盘活、工商资本下乡所创造的机会中的作用；另一类是包括村民议事会等自治组织和社会服务类组织，应发挥其在对应领域议事服务的功能。二者合作，最终形成一个有利于各种组织发挥自身优势、实现多元协同治理的组织生态与格局。乡村治理的总体原则是政党引领、政府负责、社会协同、公众参与、法治保障和村民自治。吸纳社会力量参与乡村社会治理，已成为近年来党和国家的鲜明政策指向。政府要充分发挥好主导作用，加强统筹协调，完善顶层规划，当好“有为政府”，防止越位、越权现象；社会组织要为政府分忧解难，贡献民间智慧，防止有名无实、服务不力、利义不分的问题。

数字时代推进乡村治理能力现代化是一项涉及体系优化、组织建构、能力改善、绩效评价的系统性工程。② 现代政治组织的标志之一是直接统治，这导致了政府服务模式的改变。非直接统治型国家是国家精英通过与地方权贵联盟进行统治；直接统治型国家则是制度和机构取代了权贵，并把国家、经济和社会联系在一起，由借助地方协调者的间接统治转向直接统治。在这一转变过程中，国家扩大了对公共物品的定义。③ 现代社会的复杂性也体现在农村基层组织管辖的事务类型越来越多样化、个性化、精细化，民众对优化公共服务提出了更高的要求。以电子商务为例，涉及基础设施（网络和交通）、教育培训、孵化支持、营销推广、品牌建设、标准制定、质量监督，对地方各级政府的公共服务和治理提出了新的要求。政府要给予政策支持和公共财政支持，保持良好的营商环境，推动专业市场与电子商务融合，培训人才，引导舆论支持。因此，政府必须从管理型政府向服务型政府转变。

【案例】

江苏省洪泽县为推进县内农产品电子商务的应用与普及，由县委、县政府发

①黄奇帆，朱岩，邵平. 数字经济：内涵与路径[M]. 北京：中信出版集团，2022：252－253.

②江维国，胡敏，李立清. 数字化技术促进乡村治理体系现代化建设研究[J]. 电子政务，2021(7).

③(美)瓦尔德纳. 国家构建与后发展[M]. 刘娟凤，包刚升，译. 长春：吉林出版集团有限责任公司，2011：2，23.

起，洪泽湖农业科技城负责组建，成立了洪泽县农副产品电子商务合作社。合作社依托洪泽湖水产批发大市场，借助淘宝网络分销平台，提出“六个统一、三个零”的运作模式，即通过“统一供货、统一仓储、统一定价、统一包装、统一物流、统一售后服务”，帮助社员实现“零投入、零门槛、零风险”开网店创业，使网店经营者从“单兵作战”转变为“抱团作战”。合作社按照“先做洪泽湖大闸蟹，再抓农副产品，进而覆盖所有产品”的“三步走”发展思路组织推进，做大做强洪泽县农副产品网络销售特色平台。截至2016年，合作社共吸纳供货商近800家，指导近1000户农户开设网店。

“放宽市场准入，完善公共服务”，一是简政放权。洪泽县发展和改革委员会对有关农村电子商务审批项目提供优质服务，简化审批程序，降低电子商务准入门槛，全面清理农村电子商务领域现有的前置审批事项。二是统一管理。由政府出资垫付，为企业提供产品质量和商户信誉担保；实行“六个统一”，方便分销商和优秀供货商的统一管理和结算，使程序更简化，节省了时间与销售成本。三是专业服务。对分销商实行“三个零”，即零风险、零投入、零经验。只要带上身份证，由企业专业人员帮助其从注册、开店到店面装修、产品陈列等实行一站式服务，分销商只需负责卖货和客户沟通，其他如产品配送、售后服务等工作全部由企业负责。四是组织培训。举办全县电子商务培训活动，县四套班子领导、各镇街道部门、村居社区、部分企业负责人以及社会各界参加培训。同时，县商务部门与农业干部学校联合开办电子商务普及型培训。[①]

公共服务具有正外部性，如果没有国家和政府提供这类服务，容易演变为纯粹市场行为，加大农民的负担。“公共服务的提供具有一系列与其他产品和服务不相同的技术和经济特征，面临着高度的市场不完善性。因此，公共服务提供的制度基础的要害在于根据各种服务的技术、经济特征和行业、地区的实际情况，有效地把国家干预和市场机制的作用结合起来，要求获得最佳效果。”[②]通过政府干预，可以降低市场的不完善性，或者完成市场机制无法解决的问题。图5-1为中国农村远程教育网首页部分页面的截图。

①清华大学中国农村研究院．江苏洪泽农村电子商务发展现状与问题[J]．“三农”决策要参，2016(6)．

②张春霖．公共服务提供的制度基础：一个分析框架[G]//吴敬琏．比较：第17辑．北京：中信出版社，2005．

图 5-1 中国农村远程教育网首页截图

政府的公共服务提供还体现在提供与互联网经营相关的配套业务方面。

【案例】

结合农村电商的发展需求和重点，各级政府积极完善互联网基础设施，推进研发、物流、运营等配套服务。如川姜镇引进摄影、美工、推广、代运营等配套服务，并设立集中物流仓储区，建设淘宝大学（培训机构）、公共法律服务中心、纠纷调处中心等专业服务机构，配合本地电子商务的发展。部分地区如沙集镇、张大庄镇等成立了电子商务协会和村镇电商服务中心，这类服务机构体现了市场机制与公共服务方案的结合，在规范市场秩序、实现行业自律等方面发挥了重要作用。配套服务的完善促进优势资源集聚，电商园区成为资源互补和行业协作的载体，产业创新能力大幅提升。如川姜镇在传统家纺城基础上成立电商产业园和微供市场，开发出产品设计、版权和专利保护、家纺指数发布等功能，出现电商交易服务、业务外包服务和信息技术服务等新业态。①

农村地区尤其是偏远农村地区的农产品销售，要发挥当地供销、农垦、邮政等

①清华大学中国农村研究院．电商专业村的实践：经验与启示——以江苏省和山东省为例[J]．“三农”决策要参，2017(38)

国有企业、集体所有制企业的系统优势，着力完善服务机制。对地方品牌建设展开文旅宣传，如果通过当地政府官员直播等方式进行质量背书，也可以归为政府公共服务的一部分。中国人民大学中国扶贫研究院发布的《中国深度贫困地区农产品电商报告(2020)》显示，截至2020年4月24日，拼多多与山东、浙江、湖北等地合作组织了50多场市县长直播助农活动，超过百位市县长亲自带货。两个月内，市县长直播间已累计吸引近2300万站内消费者参与消费，带动平台同区域农产品产生7300余万份订单，为相关店铺吸引719万新粉丝关注。①

除了自身职能转变，政府还应促进社会分工与合作，加大向社会购买公共服务的力度，并引入专业机构参与其中。很多大型互联网平台企业除了经济功能外，还具有公共性、普惠性等其他功能。政企合作条件下，互联网平台企业既是地方政府重点培育的数字经济创新主体，也为地方数字政府应用提供治理资源支撑。② 它们既是市场主体，还负有监管之责。“互联网公司和它们所打造的交互平台上的每一个个体的行为方式以及同他人的关系，都将被互联网所蕴含的科技效应叠加放大，因新技术所改变的社会交互方式和知识生产方式，将成为塑造新型社会规则和政治运行方式的重要变量，因新技术所驱动的社会探索活动，可能制造出更多复杂的社会领地和新型的政治空间。”③

平台企业的治理分为平台用户治理和平台公共治理。前者关注平台处理平台与用户以及用户之间的关系，后者则涉及平台在社会治理中的作用，包括政府治理。④ 平台用户治理，是因为平台企业的技术优势，掌握着用户的接入权，包括交易的具体细节，故平台比政府更了解自己的用户，监管办法会更有效。平台公共治理，是因为电子政务、在线服务等政府公共行为、行政职能很多都要借助互联网技术与相关企业展开合作。传统经济模式中，企业、市场与政府分别发挥经营、交易与调控的功能，但平台企业打破了三者之间的分工边界，既是经营主体，又是交易场所，同时还发挥一定的调控作用。网络人群聚集，但不同于传统的地域、宗教、民族、职业、财富、文化等区分，而呈现出前所未有的流动性，个人在互联网上可能因

---

①多地旅游局长推广当地文旅的古风视频一度引起网络热议，虽然颇多诽语，但贴近民众的传播思路可取，也有助于探索更为自然合理的在其位谋其职的宣传模式.

②王张华，周梦婷，颜佳华. 互联网企业参与数字政府建设：角色定位与制度安排——基于角色理论的分析[J]. 电子政务，2021(11).

③樊鹏，等. 新技术革命与国家治理现代化[M]. 北京：中国社会科学出版社，2020：39.

④黄益平，北京大学平台经济创新与治理课题组. 平台经济：创新、治理与繁荣[M]. 北京：中信出版集团，2022：20.

为不同的兴趣、爱好分属于不同的群体，社会公共问题却可能被任意互联网群体关注和引发热议，且网络信息具有即时性、隐蔽性和开放性的特征，造成互联网秩序前所未有的易变、多变且难以预测。互联网虚拟性的特点，治理对象增长超出原本规制的规模，监管部门对主体行为的辨识能力削弱，再加上互联网使用者分布广泛分散，突破技术、行业、企业和市场之间的区隔造成传统社会结构中的组织边界模糊，政府通过行政手段逐级下达的管理模式应对不及时、不灵活，部门的条块化、属地化管理也有各自为政的问题，都造成传统的属地管理方式或分部门、分行业规制方式等难以奏效，政府治理不能再仅采取发布政策或禁令等以往的治理办法。在“技术公司和组织分享政府的管理权限已经成为不争的事实”的情况下，“优化技术主体的行政吸纳和政治参与”，政府要“做好以何种形式部分让渡权力和加强合作的准备”，将部分职能让渡给企业。“政府吸纳技术，改变自己的管理规则和程度，混搭出某种新规则、新程序”；“通过新技术还可以有效减弱行政隐秘权力运转，通过新技术让行政透明”；“不仅国家体系内部建立高效协同的信息化反馈机制，还要充分利用新型政治技术同新技术的合作，建立一个巨大的社会合作网络”。①

互联网企业发展初期，国家对其采取宽松灵活的规制方式，对于不确定的情形，允许试点和试验。但互联网企业发展速度、规模和影响力都远超预想，而法律法规制度一般相对稳定，造成监管滞后，导致平台企业问题频发，如赢者通吃，限制交易、排他性交易和选边站队，滥用数据信息优势采取掠夺性定价、歧视性定价，不断提升广告费、服务费，虚假交易、虚假评论泛滥，以创新名义突破界线等。一旦形成用户规模优势后，平台企业往往通过“营销战”“补贴战”方式实现跨领域、跨行业横向扩张，发展模式在一定层面仍固守于追求人口红利、流量红利。对于想借助互联网技术发展的农业农村来说，尝鲜容易，保持可持续发展却并非易事。

我们以阿里巴巴公司为例，其电商业务、公益事业在助农益农方面成绩显著。但研究者也指出，“阿里在本质上是一家广告公司”，阿里的广告服务不仅包括 P4P 市场营销服务（Pay-for-Performance Marketing Services），即“竞价排名”，也包括信息流的推送营销服务（In-feed Marketing Services），还有展示营销服务（Display Marketing Services）和与第三方线上媒体（如导购平台、中小网站、移动 APP、个人及其他第三方）的合作提供推广服务，使商家可以将商品或服务及其他推广信息展示在这些第三方在线资源上，即淘宝客计划（Taobaoke Program）。商家基于交易

①樊鹏，等. 新技术革命与国家治理现代化[M]. 北京：中国社会科学出版社，2020：55，72－73.

额向淘宝支付推广佣金，佣金金额由商家设定。阿里的另外一个收入是客户的交易佣金，是除购买客户管理服务之外，商家按在淘宝上的成交金额百分比向阿里支付的佣金，佣金率视卖家的不同商品类目而不同，通常介于0.3%～5.0%之间。[①]技术密集型的广告公司，其广告费用比例对于小商家而言显然成本不菲。互联网降低了信息不对称的程度，但仍然存在信息不完全。这一不完全不仅是指绝对意义上的不完全，即由于认识能力的限制，人们不可能知道在任何时候、任何地方发生的或将要发生的任何事情，而且是指“相对”意义上的不完全，即买卖双方因缺乏互信造成无法获取有效信息。[②] 农民的信息不完全对这两种情况都涉及，在电商平台上主要体现为第二种。

农产品在互联网上主要是零售形式，而互联网平台的零售行业集中度是不断增加的，拥有越来越多的市场力量。随着零售企业市场集中度的增加，传统零售业可以与制造企业讨价还价，如收取货柜陈列费或者上柜补贴。这一情况同样存在于线上零售中，比如店铺为获得展现机会而付费。传统生产企业之间还存在外部性，即生产企业为自己的产品做广告，并告知在某经销商处可以买到，而经销商售卖同类产品时会向购买者推荐边际利润最大的产品。但生产企业为产品做广告必然会增加产品成本，导致其出厂价格高于同类产品，经销商的利润减少。为了解决这一问题，一种办法是做广告的制造企业采用“二部定价法”，先将其批发价格降低（定在边际成本处），然后用特许权费用来补偿损失；另一种办法是排他性交易，即一个经销企业只能经销一种品牌的产品。[③] 但在多平台竞争的情况下，传统做法显然难以维持。目前，很多商家都采取多平台布局的办法。所以，电商农产品如何定价、单平台还是多平台，这些对农民而言都是新挑战。电商平台的促销活动也会带来不利影响，它们将一年的销量集中在几个电商节日，而季节性农产品采取的是应季销售，竞争对象是同季产品。再如平台对买方和卖方的定价不一样，含有算法等推荐机制，大数据分析在平台经济中起着关键作用。这些问题农产品电商都需要研究，当然也需要有助农渠道。部分有机农产品具有小而美的特征，除了布局知名第三方平台，还可采用独立站的销售形式，如品牌官网、自有APP。卖家与消费者直接交易有利于建立品牌，省去平台佣金，但导流困难，也难以保证安装率，显然非普通农民可以参与。因此需要根据农产品的属性，科学区分大众经济、小众经济

---

①薛云奎．穿透财报，发现互联网的商业逻辑[M]．北京：机械工业出版社，2022：71．

②高鸿业．西方经济学：微观部分[M]．5版．北京：中国人民大学出版社，2011：341．

③吴汉洪．产业组织理论[M]．2版．北京：中国人民大学出版社，2018：140－141．

发展模式，根据农业农村的实际情况采取有针对性的措施和帮助，寻求社会价值与经济价值的平衡。

在涉农事务方面，平台企业多从企业社会责任角度对弱势农民群体进行公益性的帮助。2016 年，京东在 1700 多个县建立了县级服务中心和京东帮扶店，培育了 30 万名乡村推广员，覆盖 44 万个建制村；菜鸟网络农村物流覆盖 700 多个县，3 万多个村；拼多多将订单成规模地对接上“最初 1 公里”的分散果园和农田。[①] 互联网企业及第三方公益机构等也通过实施“新农人计划”、大 V 的涉农直播等帮助农产品在互联网上“冷启动”，增加展示度和曝光度。

前面我们提到过资本下乡，虽然它可以带来先进的生产技术、管理经验和市场资源，促进农业产业的升级和现代化，带动农民增收，但如果不限制资本对扩张和利润的无止境追求，不形成合理的分配制度，会导致问题产生。比如精细的分工和高度的专业化，使得组织管理成为专职活动。管理劳动在创造价值的过程中具有双重作用，既需要指挥生产，还具有维护和完善所有制的职能。科技劳动和管理劳动在参与现代社会化大生产过程中由于其劳动复杂性而获得高额分配，但其所得包含着其他劳动者让渡出来的新创造价值，尤其农民不仅参与劳动，还会贡献本地经验、本地智慧。因此，在农业农村现代经济发展中必须以产业融合、公共事务为连接中介，设计合理的分配和合作制度，使生产、经营、管理、公益等主体依托互联网等信息技术形成内部融合与优势互补，发挥好各主体的优势。

下面我们介绍四川省石棉县的一个成功案例。

【案例】

（第一阶段）石棉县和中国扶贫基金会签订了“互联网＋扶贫”战略合作协议，产品通过中国扶贫基金会的善品公社（电商）推广销售。善品公社与石棉县政府战略合作的项目地，选定为当地坪阳黄果柑农民专业合作社。黄果柑是石棉县的优势地方特产，该合作社也是全县规模最大的黄果柑专业社，比较符合善品公社提出的“要寻找有需求、有基础，有介入价值的地方，开发独立运作的工作模式”的要求。

（第二阶段）2015 年 8 月，善品公社团队开始长驻坪阳村。经过调研后，费时 7 个月帮助合作社整顿内部管理，对章程、制度、品控管理、生产规程等做了一揽子优化完善，并资助 20 万元给合作社买了办公设备。而最重要的工作，是在

①中国国际电子商务中心. 中国农村电子商务发展报告(2021—2022)[R]. 北京，2022.

484户社员中选择了84户作为“诚信认证农户”，从1717亩黄果柑种植地中划分出150亩并分成6个片做黄果柑标准化生产的示范性试验。善品公社还协助建立了合作社综合服务站，实现农资统购统销，在确保用药用肥安全的同时降低了农户的农资成本。

（第三阶段）黄果柑上市时，扶贫基金会联合县政府、多家大企业在北京国家会议中心召开黄果柑发布会，但效果不显著。扶贫基金会及时调整部署，用腾讯公益头条发文助力卖扶贫果，并邀请明星助阵，限定时间通过电商推销黄果柑，仅用了两个半小时就卖出了诚信用户示范基地生产的10万斤优质黄果柑。最后折合下来每斤黄果柑8元钱，比农户卖出的每斤1.5元高出多倍，实现了依靠互联网电商优品优价销售的“惊险的一跳”。此后，善品公社确定了网上黄果柑销售的标准，对合作社的采购价为3元/斤，远高过原本的上市价，从而激励社员按照示范田的标准进行种植，再对果子进行大小分类，改变了粗放的销售模式。

（第四阶段）坪阳合作社进行产权明晰、责权对等的股份制改革，主要是提高合作社入股资金，促使社员和合作社结成紧密的利益共同体，改变利益归己、困难推给合作社的原有状况。合作社“瘦身”后选举出社员代表及合作社理监事，成立了理事会和监事会，并把监事会独立于理事会；还形成了专门的经营团队，理事和监事可以兼职做经营团队；完成了营业执照变更登记，变更了章程等重要信息。

（第五阶段）发展逐渐走上正轨后，合作社提出建仓配中心以对接销售市场。该中心具备洗选、分级销售和冷库的功能，所需的土地依靠政府解决。善品公社投入部分资金，合作社面向社员以基本股、发展股、集体股的形式进行了三轮筹资（因为筹资而增加了社员户），坪阳村还从“中、省财政资金奖励”中规划了30万元作为村集体入股资金。仓配中心建设没有招投标找施工队，而是合作社发动社员农户出劳力，大大节约了建设成本，加快了建设速度。仓配中心建成后成为合作社的集体资产。县政府为合作社仓配中心配置了价值270万元的光谱无痕分拣机，进行水果分选和甜度测试，并在仓配中心外延投资建设了全县的农业产业信息化中心。这两笔资产的产权都归石棉县地方国企沃丰生态农业有限责任公司所有，但使用权、经营权、管理权归合作社所有，土地仍归集体所有，经营利润由沃丰公司与坪阳合作社五五分成，合作社将利润作为集体资产。[1]

---

[1] 农禾之家. 20年探索乡村发展 以合作为纽带对接市场——石棉县坪阳黄果柑专业合作社的故事[EB/OL]. https://nonghezhijia.cn/newsinfo/1837439.html.（有改写）

这个案例中，基层组织在给农民做动员工作时，借助外部专业机构加强对农民群体的专业引导，增强了农民参与的理性动力，充分发挥了协商民主的监督功能。“在乡村社会事务日益复杂多变的情境中，多元社会主体要针对繁重的乡村社会事务共同制定、灵活修改相关治理规则，从而实现乡村治理各个领域的有规则可循。”①通过外部帮扶和内部资源挖掘，地方基层、社会各主体协同发力，吸纳整合各类资源和涉农主体（包括公益组织、农民专业合作社、县级国企、村集体和农户、基金会、互联网企业以及县多个部门），将市场责任机制与社会公共服务方案相结合进行建设、组织、协调，而非仅强调扩张和效益，经过较长一段时间的培育，重塑乡村社会组织的凝聚力和组织力，激发乡村内生发展动力，保障各方合理权益实现共赢，殊为不易。接下来，还可以继续引导更大规模更正规的建设，由国家支持建设各类现代农业产业园、科技示范园、返乡入乡创业园等，形成示范效应，辐射、带动周边区域农村；促进电商所涉及的物流、冷链建设及周边服务人员培训等，赋予市场主体更加稳定、公平、透明、可预期的市场环境，激发市场活力和社会创造力，使政府的主导作用和市场机制作用进一步有效发挥。

第二节　提升信息服务水平

传统的自上而下的管理模式以及轻服务重管理、轻过程重结果的模式也面临着挑战。信息时代，民众需要及时了解政府政策法规，方便办理各项事务，反之，政府也需要了解民众呼声和需求，收集民意、解决问题、引导舆论、化解矛盾。降低信息不对称的有效做法之一是数据信息共享和政务数字化公开。

过去，政府部门线上业务数据开放共享程度不高，管理部门的条块分割使得涉农部门信息发布在各个版块，存在数据碎片化、数据异构性、数据孤岛三大瓶颈②，因此无法实现管理精细化和提高决策水平。经过这些年的改革，2022 年的报告显示，全国已建设 355 个县级政务服务平台，国家电子政务外网已实现县级行政区域 100%覆盖、乡镇覆盖率达 96.1%，政务服务“一网通办”加速推进。2021 年全国县域社会保险、新型农村合作医疗、劳动就业、农村土地流转、宅基地管理和涉农补贴等六类涉农政务服务事项综合在线办事率达 68.2%。不少地方在推进“积分制”“清单制”的过程中，积极运用互联网技术和信息化手段，促进积分管理精准化、精细化、及时化，增强

①王亚华，李星光. 数字技术赋能乡村治理的制度分析与理论启示[J]. 中国农村经济，2022(8).

②国务院发展研究中心创新发展研究部. 数字化转型：发展与政策[M]. 北京：中国发展出版社，2019：94.

清单管理规范化、透明化、便捷化。[①] 2022 年 10 月，国务院办公厅发布《全国一体化政务大数据体系建设指南》，要求积极开展政务大数据体系相关体制机制和应用服务创新，不断提高政府管理水平和服务效能，为推进国家治理体系和治理能力现代化提供有力支撑。[②] 相关企业在数据建设方面也要遵循国家、省、市的统一数据接口、系统对接规范和标准，开展统筹建设，形成上下联动、紧密衔接的统一格局。

广大乡村也在积极推进管理服务数字化。农户及农业生产经营单位的基本信息申报登记完成后，涉农部门要将所有管理数据、申报数据和工作数据规范化、标准化和电子化，建立数据管理信息系统和农业数据共享平台，以方便数据的保存、传输、处理，并进行汇总、比较、分析、跟踪和分享，及时发现问题、解决问题，为科学决策、组织管理、服务提供有力的技术支撑。以土地要素为例，正在实施的数字乡村建设发展工程是推进农村集体经济、集体资产、农村产权流转交易数字化管理的重要举措。以农村土地经营权流转交易为主要内容的农村产权流转交易市场，推动着农村产权流转交易公开、公正、规范运行，合理配置生产要素。而有效的土地流转离不开土地资源数据的互联互通，“加快农村土地交易大数据系统的建设，将有助于加快农村土地要素市场化配置的步伐”[③]。

【案例】

顺昌县农村土地经营权流转服务平台是具有独立法人资格的纯公益性的实体公司，在农村土地流转工作中为有意向的农业新型主体与农户、村集体之间搭建土地流转信息共享平台，指导流转合同签订，监督土地流转程序，避免土地无序流转、承包合同管理不规范等现象，确保农民在土地经营权流转中获得更大的、更稳定的收益。

据了解，以往土地流转自发行为居多，农户不了解土地市场行情，企业又很难找到合适的土地，多因价格谈不拢或土地无法连片流转等因素，导致土地流转率不高，一定程度上不利于当地农村经济发展。

“现在土地流转有了政府办的市场，农户不用担心利益受损，农业新型主体也能轻松获得土地流转信息。”顺昌县农村土地经营权流转服务中心主任高荣盛向

---

①农业农村部信息中心. 中国数字乡村发展报告(2022 年)[R]. 北京，2022.

②中国政府网. 国务院办公厅关于印发全国一体化政务大数据体系建设指南的通知[EB/OL]. https://www.gov.cn/zhengce/zhengceku/2022-10/28/content_5722322.htm.

③黄奇帆，朱岩，邵平. 数字经济：内涵与路径[M]. 北京：中信出版集团，2022：165.

笔者展示了南平市农村土地经营权流转信息网，中心与该发布平台对接，农业新型主体在“供应信息”栏目可以直接查询到预流转土地的位置、面积、适宜用途、参考底价等信息，实现了流转信息与经营主体的无缝对接。目前，顺昌县已录入4300余条土地流转信息。

“平台还对承包土地的农业新型主体的资信和能力严格把关，如是否有专业技术指导团队、企业以往经营情况等，并按照‘先付租金后用地’的原则签订合同，避免经营不善造成农户损失，进一步解决农户的后顾之忧。”高荣盛表示。

除了县成立公司化运营的农村土地经营权流转服务中心外，各乡镇(街道)也分别建立分中心，各村设有土地流转服务站，负责对本辖区内土地流转服务工作指导，积极引导农村土地经营权有序流转，加强工商资本租赁农地监管和风险防范，实现土地适度规模化经营，推进农业产业绿色高质量发展。

目前，顺昌县家庭承包经营的耕地流转总面积达9.13万亩，占家庭承包经营耕地总面积的43.56%；实现规模经营的耕地面积达4.1万亩，其中工商资本规模流转1.26万亩。①

要想提升信息服务水平，政府还可以利用互联网积极宣传推广农业知识和技术，建立农业技术网络数据库和对接平台，以及农业科研成果、农业机械展示平台，方便涉农人员查找和采用；针对农产品销售问题，建立农产品收购企业申报管理和信息披露制度，在网上公布农产品收购地点、时间、收购价格等农产品交易的相关信息，及时披露市场信息；建立农业生产者申报管理和信息披露制度，并在网上公布经纪人、合作社、工作人员、服务范围、服务对象、服务内容等信息。涉农部门还应提供政务信息资源，如执法、行政管理信息；提供公共服务，如病虫害监测、天气预报；提供产销信息，包括农业生产、农业科研、农业教育、农业技术推广等。要建立数字农业气象平台，加快城乡灾害监测预警信息共享，以利于开展农情调度、预测产量等农业管理工作。各地和有关部门还大力推进“农村公路、水利、电网、农产品产地冷链物流基础设施的数字化改造，乡村融合基础设施明显改善。农村公路数字化管理不断完善，2021年已完成446.6万公里农村公路电子地图数据更新工作，并同步制作专项地图，全景、直观展示全国农村公路路网分布情况。数字孪生流域

①顺昌县人民政府.顺昌县农村土地经营权流转服务中心正式揭牌成立[EB/OL].http://www.fjsc.gov.cn/cms/html/scxrmzf/2022-07-22/1714453302.html.

建设在重点水利工程先行先试，智慧水利建设进入全面实施阶段，截至2021年12月底，全国县级以上水利部门应用智能监控的各类信息采集点达24.53万处，其中66.4%已纳入集控平台；截至2022年6月底，已有2766个县共53.04万处农村集中供水工程建立了电子台账。"①

与村民日常生活关系密切的互联网信息服务和治理还有多个应用场景，例如基层党建、村务公开、安防监控等。以2022年的广西壮族自治区为例：

【案例】

随着惠农补贴资金管理"一卡通"系统、"金色乡村"广西农村信用大数据平台等数字政务系统（平台）的建立，数字应用正助力广西全区村务治理现代化。一是打造"智慧乡村"治理新手段，建设广西数智乡村振兴管理云平台，县级应急广播体系覆盖10680个行政村，为村务管理提供支撑，提高乡村治理效率；二是创建乡村党建新模式，通过"壮美广西·党建云"、云视讯等方式加强乡村基层党建管理，推进党组织管理标准化、规范化以及活动多样化；三是建立"5G平安乡村""百姓安全天网"平台，提供村委治理、治安安防、生态保护、防灾预警等场景服务，打造全天候、全方位、多用途的安防监控体系。②

互联网缴费打破了地域、时间的限制，缴费人员可以在规定的期限内在任何时间段、任何地点实现足不出户缴费。由于PC端电脑在农村普及程度不高，很多涉农事项的在线管理、在线办理是通过移动互联网。在权限设计上也要考虑不会使用互联网的农民，如云南的惠农补贴发放，用户可以通过关注微信公众号"云南财政"进行注册，既可以本人查询，也可以输入相关信息，帮助他人查询。

互联网也是村务公开的重要渠道之一。村务公开是农村村务管理的重大改革，尊重和保证了村民的知情权、参与权、决策权、监督权，是促进村干部廉洁自律、强化农村监督的重要机制，加强了基层民主政治建设和党风廉政建设。国家要求"切实保障农民群众的知情权、决策权、参与权和监督权，持续推进农村党务、村务、财务网上公开。评价显示，2021年全国'三务'网上公开行政村覆盖率达78.4%，较上年提升6.3个百分点，党务、村务、财务分别为79.9%，79.0%，76.1%。""全国基层政权建设

①农业农村部信息中心.中国数字乡村发展报告(2022年)[R].北京，2022.

②广西壮族自治区人民政府.广西数字乡村建设进入新时代 全区19.3万个自然村4G网络和光纤网络通达率分别接近100%和90%[EB/OL].http://www.gxzf.gov.cn/html/gxyw/t13762014.shtml.(有改写)

和社区治理信息系统已覆盖48.9万个村委会、11.7万个居委会,实现行政村(社区)的基础信息和统计数据'一口报'。全国农村集体资产监督管理平台上线试运行,已汇聚全国农村承包地、集体土地、集体账面资产、集体经济组织等各类数据。农村宅基地管理信息平台建设稳步推进,已有105个农村宅基地制度改革试点县(市、区)建设了宅基地数据库。全国农村房屋综合信息管理平台和农村房屋基础信息数据库启动建设。"①村务公开能有效改善各主体之间信息不对称的问题,比如帮助农民知晓和掌握各类补贴发放详情。原先通过召开会议、张榜公布村务,现在增加线上公示渠道,包括移动端(主要使用微信)、网页端。同时,村务、党务、财务免费公开,也方便存档、查询,还可以通过留言、咨询、质疑等方式进行监督;便于政府和基层组织了解农民的意向,听取相关意见,归纳共性问题,形成良性互动,线上与线下协同提高治理效率。

【案例】

(1) 首先输入网址 http://ksagri.cn/,进入昆山市网上村委会首页(页面如图5-2所示),然后点击"千灯镇",再选择"支浦村",即可查询该村村务公开相关信息(见图5-3)。

图5-2　昆山市网上村委会页面截图

①农业农村部信息中心.中国数字乡村发展报告(2022年)[R].北京,2022.

图 5－3 支浦村村务公开页面截图

（2）输入网址 http://www.suizhougxq.gov.cn/jcxxgkpt/zbxxgk/zhz/cjxxgk/，即可进入湖北省随州市曾都区淅河镇淅河工作局“政府信息公开”网站首页（如图 5－4 所示），再点击“村（居）信息公开”栏下任意村委会，即可查看该村村务公开相关信息。

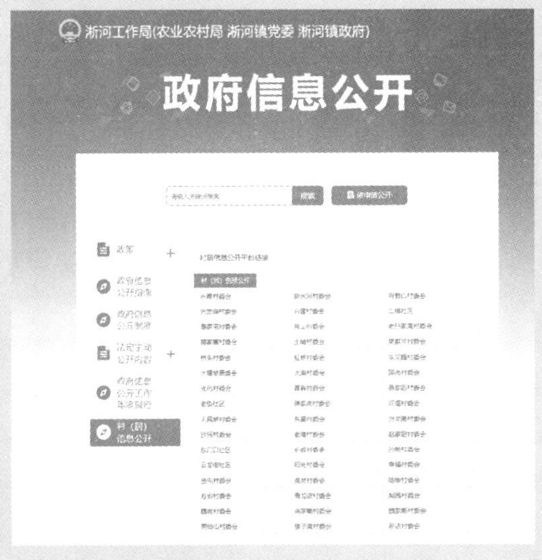

图 5－4 淅河工作局“政府信息公开”页面截图

近些年,国家下乡资源补贴分配过程中常存在"精英捕获"的问题。由于信息不够公开透明、数据真实性不高,出现下乡资金虚报冒领、截留私分、挤占挪用、挥霍浪费等问题,造成民众信任度降低。处于经济资本、人力资本、社会资本劣势的农村贫困人口往往难以获得政府服务的信息,对于政府机构的转移支付,通常村委会有较大的裁量权,而监管的重点往往是对资金申请体制的审查。如今可以通过信息公开透明化或是电子政务改变资金发放方式,既能减少管理层级,又便于事后跟踪监管;也可以通过区块链等手段解决相关问题,每一笔资金的审批流程和资金流向都在区块链系统中有明确的记录并可追溯。贵州省对利用大数据助推扶贫进行了探索和实践,共分为三个阶段:第一阶段,依托国家精准扶贫子系统和贵州"四看法"精准识别信息系统,运用大数据采集和全量分析技术,实现建档立卡信息化和贫困对象的精准识别。第二阶段,依托贵州"扶贫云",利用大数据清洗和处理技术,实现精准管理和精准施策。扶贫云主要包括脱贫指挥调度平台、项目资金监管平台、工作绩效评估平台、任务督查考核平台等,全省各级扶贫部门利用扶贫云系统生成的数据与民政、住建、工商、车管等部门数据进行对比和清洗,对扶贫对象进行动态管理,避免"富人继续戴穷帽"的现象;省扶贫部门与财政部门共同利用扶贫项目资金管理平台,对项目资金从申报、评估、立项、审批、拨付、报账、实施、验收实行全程精准监管,确保资金跟着项目走。第三阶段,依托农业云、农村电商、食品安全云平台,利用大数据分析和关联挖掘技术,打造"山地特色高效农业＋电商扶贫＋食品安全"三位一体产业扶贫模式。①

部分地区还引入区块链理念和技术开展乡村治理试验。通过区块链平台,村民不仅可以了解到村里农作物种植基地的各个要素情况、当下的光照条件等,还能够看到自己参与乡村治理的详细信息及个人的诚信积分、诚信痕迹,实现了农村基层治理智能化、数字化。"农村金融＋区块链"的应用将有助于形成新的信用抵押机制;将农业保险与区块链相结合,一旦监测到农业自然灾害发生,即可自动启动赔付流程,并减少骗保事件发生等。②

在治理过程中,也要用好地方信息优势。据中国古代官制研究结果,科举出身的外来官依靠熟知本地情况的当地吏开展本地治理,是魏晋以来"官吏分途"后的

①侯永志,张永生,刘培林,等.国际比较视角下的中国发展经验与理论研究[M].北京:中国发展出版社,2018:310－315.

②澎湃新闻.当"区块链"走入乡村 萧山戴村镇用数字技术探索基层共治共享新路[EB/OL].https://m.thepaper.cn/baijiahao_6901582.

常见行政生态。[①] 尽管互联网带来了大量的信息，但个体需要的特定有效信息是有限的，并且公共服务中的大部分具有地方性，而地方政府掌握更多的信息，因此地方政府需要有清楚认识和配套行动，要与中央政府顶层设计对接，整合现有资源，帮助农民解决薄弱环节和关键节点问题。

政府公共服务或是具有多元委托人和多元任务的特征，或是服务的结果与服务提供者的行为之间的因果关系模糊，或是服务的对象通常缺乏必要的知识和信息来监督和评价服务的数量和质量，因此对其绩效进行监督和评估十分困难，即可度量性较低。[②] 比如农技服务，由于农民的需求不同、个人原有知识储备不同，其最终满意度肯定存在差异。作为公共服务提供者之一的政府也同样面临满意度的问题。因此，要建立信任与合作机制，改变对农民的偏见。他们并不是非理性的主体，“如果农民能够通过一条适当的、可靠的途径获得贷款、化肥、水、作物信息和销售渠道，他的产品能够获得公平的市场价格，并且他能感到安全，确信他和他的家庭将是改革的主要受益者，那么，就没有任何理由认为，传统的农民会对那些旨在提高农民生活水平的各种经济刺激和新机会毫无反应。”[③]

第三节 强化基层自治能力

新兴技术赋权农民个体获取公共信息、参与表达和采取行动，实现自我增权，“人们可以借助数字设备而拥有‘数字自我’”[④]。部分接受能力强的农民群体借助互联网了解信息，极大地开阔了社会视野，自身也形成了一定的行动判断力和自治能力，能够熟悉公共规则，并且具备自我负责与互助观念，表达诉求、舆论监督等能力显著提升，这些都有助于实现自治。通过自治，促进农民群众从治理的对象向治理的主体转型，激发农民群众参与乡村治理的积极性、主动性，从而形成群众、基层干部组成的多元共治格局，大家协同思考和共同行动，最终实现共建、共享、共治格局。

互联网的使用影响公民政治参与的具体机制研究主要从两个维度展开。第一个维度是互联网使用过程中的介入方式，可分为集体介入和个体介入两种。集体介入指的是行为者通过互联网分享、交流观点，个体介入则指行为者“自浸式”的互

①参看《行政发包的组织边界 兼论“官吏分途”与“层级分流”现象》(周黎安，社会，2016(1))和《从“官吏分途”到“层级分流”：帝国逻辑下的中国官僚人事制度》(周雪光，社会，2016(1))二文的论述.

②张春霖.公共服务提供的制度基础：一个分析框架[G]//吴敬琏.比较：第17辑.北京：中信出版社，2005.

③(美)托达罗，(美)史密斯.发展经济学[M].聂巧平，程晶蓉，译.北京：机械工业出版社，2020：307.

④李石.数字时代的政治[J].学海，2023(3).

联网使用。第二个维度是互联网使用的信息消费类型,可分为社会导向和娱乐导向两种偏好。如果行为者利用互联网获取政治、社会新闻,就意味着行为者具有社会导向的互联网使用偏好;而如果行为者主要通过互联网进行娱乐消遣活动,则说明其倾向于娱乐导向的信息消费。“时间替代性假说”认为,过度使用电视、互联网等媒体将侵占公民的政治活动时间,不利于公民的政治参与。[①] 目前,中国农村地区信息沟通及视频娱乐类应用普及率与城市网民基本持平。截至 2022 年 12 月底,农村网民群体短视频使用率已超过城镇网民 0.3 个百分点,即时通信使用率与城镇网民差距仅为 2.5 个百分点。[②] 农民刷抖音很普遍,但是使用互联网参与公共话题的积极性还不高。

在移动互联网上建立交流平台符合农民的互联网使用偏好,依托微信公众号、微信小程序等也方便农民参与公共事务。这里以微信公众号“腾讯为村”为例,点击“服务”→“村级事务”,里面设有热情榜、星级榜、村民说事、大喇叭、书记说事、大事记、党群服务日记、通知、三务公开等栏目。在平台的“村民说事”栏目里,用手机随手一拍,再配上简单的文字说明,就可以把自己的诉求或意见建议反馈至“云上党群服务中心”。对于小问题、小诉求,工作人员会及时回复,并交由专人处理;对于一些重大事项,则会进入议事流程,议事结果和后续的办理进展、办理结果、村民评价都会同步更新。在每一条说事详情里都标注了浏览人数,大家的浏览情况一目了然。图 5-5 所示为“腾讯为村”部分栏目截图。

改革开放以后,农村人口外流严重,农村基层组织功能极大削弱。农村人口高流动性、低组织化的特征,使村庄公共事务很难通过全体村民在场讨论决策,而通过互联网的再组织和点对点的个性化、精细化服务,实现农民缺场交流、网络协商民主。农民无论在外还是在乡,大部分还是与乡村有着隔不断的联系。经不完全调查显示,多数在外农民都加入了本村的网格微信群,群内会发布各类本村事务信息,在外农民或是因为相关利益,或是因为留守家人,对群内信息都会及时关注。[③] 目前,部分村庄

---

①王薪喜,孟天广.中国城市居民的互联网使用与政治参与 基于介入方式与信息消费的类型学分析[J].社会,2021(1).

②中国互联网络信息中心.第 51 次中国互联网络发展状况统计报告[R].北京,2023.

③有学者将当代中国农民分为两类,一类是农民工群体,他们进城务工、经商或从事其他行业,但在城镇没有稳定的工作、居所和社会保障,生活轨迹和利益关系主要在村庄之外,对农村的影响主要在经济方面,不在农村政治和社会层面;另一类是在乡农民群体,他们生活、居住在农村,或从事农业生产及兼业,或从事农业以外的其他行业,或是在农村退养,他们的主要社会关系在农村,围绕生产、生活、社会交往在农村内部维系和经营社会关系//杨华.在乡农民:中国现代化建设的压舱石[J].文化纵横,2023(4).

图5-5 “腾讯为村”部分栏目截图

就将经典的“四议两公开”工作法推行到了网上。“四议两公开”工作法源于河南省南阳市下辖的邓州市对基层党建和社会治理的实践探索和总结提升。该工作法的具体做法如下：村党组织提议、村“两委”会议商议、党员大会审议、村民会议或者村民代表会议决议，决议公开、实施结果公开。“四议两公开”工作法于2004年提出试行，2009年经习近平总书记批示后相继在全国推广。

【案例】

为更好保障在外党员、村民代表和群众在村级重大事项决策中的参与权、知情权，增强基层治理新动能，城郊乡积极推进“四议两公开”工作法线上运用工作。

一是宣传引导，强化培训。全乡15个村从“两委”干部、驻村工作队或年轻党员中各培养1～2名“明白人”，邀请中原银行工作人员对他们开展集中培训和现场指导，使他们掌握注册流程和线上运用方法，再通过进村入户、新媒体等渠道宣传线上运用工作法的重要意义，引导群众积极注册参与“四议两公开”线上运行。

二是试点先行，以点带面。选取官碾、下青羊两个试点村开展注册和线上应用，探索村级事务发布和重大事项决策。通过线上线下相结合的方式，官碾、下青羊相继完成了村道路修护、路灯安装、人居环境整治等重大事项决策，为其他村线上运用工作积累了可复制的经验。

三是建立网格，精细服务。科学划分党员或村民代表联系户的网格体系，明确职责，细化任务，建立联系服务制度和绩效考评制度，确保基层网格的作用得到实实在在的发挥。截至目前，城郊乡共建立179个网格，做到了“全面覆盖、分级管理、层层履职、网格到底”，打通服务群众“最后一公里”，将问题和需求解决在乡村两级。①

互联网提供了外出村民“不在场”参与治理的便利，抵消了缺场的缺憾。

【案例】

甘肃省临夏市针对当前农村“空心化”问题突出，绝大多数青壮年外出务工，留守老人和妇女儿童比较多，对村级事务关注度不高、无法“主事”发言，村上开会议事参加人数少的实际情况，开发运用“智慧农村”小程序，设置线上村民知情大会板块，将线下村民知情大会放到线上召开。通过引导村民说事议事，广泛参

①澎湃新闻. 新野县城郊乡：三举措扎实推进“四议两公开”线上运用[EB/OL]. https://m.thepaper.cn/baijiahao_16726966.

与村级事务，着力提升村级事务决策民主化、科学化、智慧化水平。[①]

甘肃省漳县通过“议事协商”二维码新方式征集各方民意，帮助群众尤其是农村偏远地区村民解决实际问题。征集内容包含产业发展、教育医疗、民风民情、人居环境等八大类，群众也可以自由留言反映困难及问题。政府定期汇总收集群众信息并分级统一办理，实现政音民声从“单向被动”到“立体互动”转变。为方便农村外出务工人员，“议事协商”二维码还实现村务“云公开”，并可随时随地与村民“云互动”。[②]

互联网下乡（或者说“数字下乡”）激发了“乡土性”的重构与再生产，“数字经济、数字媒介给乡村提供了新的治理机制、组织模式和发展机遇，为乡村社会的整合与发育，乡村公共空间的再造提供了可能”[③]。但是不能将数字信息技术和理性规划的普遍原则简单地推及农村，而应当依循乡村的社会基础和文化传统，因地制宜地开展建设工作。除了政策法规、各类正式契约等正式制度外，乡村中还有很多人们在长期无意识中形成的非正式制度，如习俗、伦理等。“数字下乡”只有得到农民依据日常生活经验形成的普遍认同，同农民的思想观念和生活习俗发生真实融合，才能发挥有效作用。[④]

要想把农民组织和动员起来，还需充分发挥基层组织的作用。2023 年 1 月，国家乡村振兴局等七部门印发《农民参与乡村建设指南（试行）》，提出农村基层党组织、村民委员会、村务监督委员会、集体经济组织以及驻村第一书记、工作队是组织动员农民参与的多元主体。[⑤] 党的十九大报告强调，要“加强农村基层基础工作，健全自治、法治、德治相结合的乡村治理体系”。基层群众自治制度是我国一项基本政治制度。根据《中华人民共和国宪法》规定，村民委员会作为基层群众性自治组织，办理本村的公共事务和公益事业，调解民间纠纷，协助维护社会治安，并向

①澎湃新闻. 临夏市：线上村民知情大会“掌”上办好大事情[EB/OL]. https://www.thepaper.cn/newsDetail_forward_15350064.（有改写）

②兰州新闻网. 甘肃漳县：“互联网＋”接通群众议事协商“数据线”[EB/OL]. https://www.lzbs.com.cn/zbxw/2022-12/20/content_504353703.htm.（有改写）

③吴海琳，周重礼. 微信群对乡村公共空间的重构——以 D 村“行政外生型”网络空间为例[J]. 河北学刊，2020(4).

④刘少杰，周骥腾. 数字乡村建设中“乡村不动”问题的成因与化解[J]. 学习与探索，2022(1).

⑤中国政府网. 国家乡村振兴局等七部门印发《农民参与乡村建设指南（试行）》[EB/OL]. https://www.gov.cn/xinwen/2023-01/17/content_5737532.htm.

人民政府反映群众的意见、要求和提出建议。经过多年的探索，我国的乡村治理形成了党领导下的村民自治机制，村委会与基层政府的关系不是上下级的关系，而是指导与被指导、协助与被协助的关系。中西方在治理主体上均主张多元化，但西方的制度设计是去中心化的，中国则是中心化的，即中国共产党是最高政治领导力量。“不同于西方国家，中国的互联网监管体制是在党的领导下建立的，这就决定了对网络媒体和平台的信息监管也遵循一以贯之的政治逻辑，那就是对平台的监管政策不是由资本来决定的，而是在党的领导下，按照有利于国家安全、社会稳定、技术创新和经济发展的逻辑来推进的。”[①]因此，要不断强化党和政府的影响力和感召力，切实增强党组织的沟通、协调和服务功能。

目前，农村基层自治组织主要是村“两委”(村中国共产党员支部委员会即村支部和村民自治委员会即村委会)。村委会实际上负有管理治理功能，农村基层群众通过村委会实行民主选举、民主决策、民主管理、民主监督。《中华人民共和国村民委员会组织法》提出自我管理、自我服务、自我教育要依靠自治加以实现，因此村委会在增加公共服务供给的过程中，要不断增强其联系农民、组织农民的能力。部分行政村由于范围过大，可以以村民小组或自然村为单位开展自治。在自治过程中，互联网可以用来丰富村民自治活动和形式，拓展村民参与村级公共事务平台，方便村民议事协商及进行相关活动；也可以用于组织基层服务网点、村级自治组织、村干部等收集本地农产品信息对外进行传播，加大宣传力度；组织分发各类农业补贴、社会救助，以及管理集体资产、开展村庄建设等；也可以利用微信等形式广泛宣传政策，提高农民知晓率。

取消农业税后，许多行政村的“两委”依靠财政转移支付仅能够勉强维持运转，公益事业建设资金匮乏，力量发挥不够。农业社会化服务方面，“面对众多小农户差异化的服务需求，村集体整合资源、协调矛盾的独特优势无法替代”。村集体要发挥出居间服务这一重要作用，“如果能够针对性赋能，村集体以自主或合作方式成长为本土性农业社会化服务供给主体既有现实需求，又有比较优势”，将有助于农业社会化服务与农村集体经济组织的融合式发展。[②] 但是，由于集体所有土地产权不完整，可交易性受到限制，农村建设用地的市场价值体现困难，村集体经济组织依靠资源变资产、资产再变资本的财产性增收渠道受阻，导致村集体经济发展

①黄益平，北京大学平台经济创新与治理课题组．平台经济：创新、治理与繁荣[M]．北京：中信出版集团，2022:189.

②郭晓鸣，温国强．农业社会化服务的发展逻辑、现实阻滞与优化路径[J]．中国农村经济，2023(7).

滞后、收入少，削弱了村级组织行政管理能力，凝聚力不强，影响到工作开展的积极性，对带领农民发展生产、繁荣农村经济十分不利。

当前资源下乡成为国家形塑基层治理的重要力量，国家与农民的关系也从“汲取型”向“服务型”转变。国家通过资源下乡发挥基层社会的自主性，实现村民动员、激活村庄自治能力，实现农民意识与国家意志的统合，这意味着村民自治纳入了国家政权建设和国家治理体系。大量惠农政策、资源下乡，需要农村基层组织与农民对接、沟通，其重要性再度凸显。

除了发放普惠性惠农资金外，资源下乡还包括项目制、精准扶贫等方式。国家资源下乡分为两类，一类是到户到人的财政资金，如种粮补贴、新农合新农保财政补贴、低保补助和困难救助等；一类是不到户的农村公共建设类资金。其中，第一类资源的使用主要考验国家对基层和农民的信息搜集能力，第二类资源的使用关键是将农民组织起来提升资源使用效率。2017年前，精准扶贫的项目资源是以自上而下决策的方式输入村庄的，国家资源通过项目制方式输入村庄时缺乏对乡村社会结构基础的深入了解。在资源下乡过程中，地方政府、村两委、村民、第三方（施工方）等多元主体出于不同利益立场而存在利益博弈，因此出现与政策设计目标偏离的现象。“公共资源分配中存在排斥性风险”，造成部分地区发展差距扩大，如“示范区”“样板村”、重点农户和其他涉农市场主体更易获得国家公共资源和地方投入的配套资金。① 之后，国家加强了项目制的规范化管理，给乡村制定了大量项目实施流程，使得村干部为了走流程压缩了村民动员的空间，无法激活和培养村民自治能力。国家资源下乡过程中还有着严格的操作程序，以避免各级政府可能挪用资金的问题，实现资源有效进村。但完全采取刚性做法会出现两个问题，一是基层治理主体性弱化，基层能动性消解；二是农民从村庄公共治理中脱离，资源使用丧失群众动员性。如果将一部分公共服务供给放到村庄内部完成，就能激活基层民主治理体系，使村民自治运转起来，让基层民主治理走向“过程化”。② 比如重建村民的共同利益关联，利用互联网的信息公示、反馈互动、网络议事等功能助力农民动员、利益整合、方案执行、权力监督等过程，增强农村社会公共性，将分散化、原子化的农民组织起来，恢复过去乡村干部和农民的高频互动，保证下乡资源能够安全有效地使用。要避免乡、村两级治理主体的主要工作是在应对上级要求——

①叶兴庆．以提高乡村振兴的包容性促进农民农村共同富裕[J]．中国农村经济，2022(2).

②桂华．国家资源下乡与基层全过程民主治理——兼论乡村“治理有效”的实现路径[J]．政治学研究，2022(5).

填报数据、准备各项文件资料、应对上级督查等行政事务,避免"制度化的科层监督使村务工作日益去人格化"①现象,而应动员并尊重农民自我组织,既可节省治理成本,又能激活社会活力。

规模化、结构复杂、组织分工严密的工商企业进入农村时也需要农村基层组织居中引领,通过与外源力量协同发展,激发乡村社会的潜能和活力。调查发现,种植经营公司通过向农民支付流转土地租金实现规模化种植,再返聘农民上班,因为薪酬固定,农民缺少精细化管理的积极性。之后,公司交由村委会代管,而村委会采取了村民以土地和家庭入股的制度,使"村民变股民",农户承包大棚进行种植,公司则负责销售和品牌经营。这一制度改革迅速提高了农户劳动的积极性,农户对数字技术的接受度和使用的主动性也大大增强。②

有些地方则将文化传统有机融入乡村治理中。农村的社会组织原本受地缘、血缘等因素影响,一些如老人协会之类的农村社团,由于兼具一定的"自主性"和对地方治理的"嵌入性",得到农民和政府的双重认可。③

有些地方注意吸纳在本村长期居住的外来者参与本村事务,如城市工商投资者或居乡就业者,他们长期在乡村居住,但不是本村集体经济组织成员。根据《中华人民共和国村民委员会组织法》第十三条,村民委员会选举前,应当对下列人员进行登记,列入参加选举的村民名单:一是户籍在本村并且在本村居住的村民;二是户籍在本村,不在本村居住,本人表示参加选举的村民;三是户籍不在本村,在本村居住一年以上,本人申请参加选举,并且经村民会议或者村民代表会议同意参加选举的公民。这类外来人群往往与本村有一定的经济或亲缘联系,能为村庄治理和发展贡献智力资本和社会资本。

部分就业能力较弱的农民群体也需要村委会等发挥帮扶作用。比如,当农村人口转移到城镇缺乏工作机会时,或者缺少参加技能培训与提高专业素质的渠道时,就可以借助村委会(社区)来解决问题。

【案例】

云南省昭通市昭阳区凤凰街道石头塘社区地处城郊结合部,由于社区本就人多地少,加之中心城市发展的需要,社区部分土地又被征用做城市建设用地,现

①董磊明,欧阳杜菲.从简约治理走向科层治理:乡村治理形态的嬗变[J].政治学研究,2023(1).
②转引自:刘少杰,周骥腾.数字乡村建设中"乡村不动"问题的成因与化解[J].学习与探索,2022(1).
③陶然.人地之间:中国增长模式下的城乡土地改革[M].沈阳:辽宁人民出版社,2023:247.

在人均耕地只有0.2亩，社区群众主要的收入来源就是打零工。因此，帮助群众实现稳定就业历来是石头塘社区工作的重要内容。由于地处城郊结合部，交通便利，不少服务型企业选择在社区辖区内经营办公。根据这一优势，社区在做好企业日常服务的同时，与企业加强联系，企业也积极回应，形成了相帮共进的良好氛围。

昭通市富蔬电子商务有限公司“小鲜当家”生鲜配送中心是在昭通市成立运营的“互联网＋农业”营销平台，主要从事蔬菜、肉食、干货、调料等的配送工作，其办公用地就选在石头塘社区。该公司为社区提供了用工信息，对年龄、劳动技能要求相对较低，用工对象为社区建档立卡户以及返乡农民工。社区经过筛选并征求社区居民意愿后，先后向小鲜当家推荐了7名建档立卡贫困人员，年龄在45岁到60岁之间，其中一人仅上过小学一年级。针对这些人员的实际困难，公司还制定了特殊政策，如请假天数翻倍、增加工资等，并通过日常人文关怀使他们找到归属感。[①]

整体上，乡村治理现代化不仅要关注制度规则，还要关注福利价值；不仅要关注治理结果，还要关注治理过程；不仅要关注政策意图，更要关注人民感受。[②] 农村信息服务、社会民生服务、乡村治理等各环节数字化转型升级，要“让制度更加成熟定型，让发展更有质量，让治理更有水平，让人民更有获得感”[③]；要放大数字资源乘数效应，完善配套的制度、组织体系和能力，为农业农村的高质量发展提供保障和动力。

①搜狐网.家门口就业，昭通这个社区携手企业促就业的做法值得推广！[EB/OL]. https://www.sohu.com/a/363021661_731554.(有改写)

②尹振涛，徐秀军.数字时代的国家治理现代化：理论逻辑、现实向度与中国方案[J].政治学研究，2021(4).

③习近平.习近平谈治国理政：第2卷[M].北京：外文出版社，2017：39.

第六章　农村现代化

人类社会是经济、政治与文化有机构成的统一整体。农村现代化不仅要求经济发展、治理完善，也需要文化的传承与创新。乡村文化不仅蕴藏着宝贵的历史和人文价值，也维系着中国人的深层情感和集体记忆。习近平总书记指出："农村是我国传统文明的发源地，乡土文化的根不能断，农村不能成为荒芜的农村、留守的农村、记忆中的故园。"[①]

第一节　意义化日常活态传承

农业遵循着工业社会的技术和经济变化规律，技术则使农作物生长的时间节奏和空间分布的自然约束减轻，消费和市场越来越支配农业生产。随着时间的推移，农民与工业部门联系增多，农村开始城市化，特别是消费方式的城市化。[②] 在现代化进程中，乡村面积在缩小，村庄数量在逐渐减少，乡村文化也在商品化过程中成为人造"景观"。全球生态环境的恶化和社会环保意识的增强，正呼吁着农业产业发展与生态发展的协调统一。当今中国已经改变了过去单一重视农村经济增长的导向，开始尊重和保护自然环境、地方文化、传统特色。农村无须为他者"奇观化"，而只是很多人的日常家园，农业则为社会提供食物、重要的原材料以及自然资源，保留独特的自然与文化景观。许多发达国家的现代化农业，虽然生产方式上是大量借助机器，销售方面也是采取现代商业模式，但仍保留着很多固有特征。因此，农业终究要与大自然保持密切的联系，比工业文明历史悠久得多的农耕文明，仍然是现代人心灵的栖息之所。

为了留住历史，留住文化，数字村落保护提上了议事日程。2019 年 6 月，中共中央办公厅、国务院办公厅印发《关于加强和改进乡村治理的指导意见》(下称

---

①中共中央党史和文献研究院.习近平关于"三农"工作论述摘编[G].北京：中央文献出版社，2019：121－122.

②(美)费景汉，(美)拉尼斯.增长和发展——演进的观点[M].洪银兴，郑江淮，等译.北京：商务印书馆，2014：10.

2019《意见》)中明确提出，要“加速乡村文化资源数字化，让农民共享城乡优质文化资源”①。早在2017年1月，中共中央办公厅、国务院办公厅印发《关于实施中华优秀传统文化传承发展工程的意见》，指出“实施中国传统村落保护工程”，并将“传统村落数字化工程”列为传统村落保护工程的具体工作之一。目前可以查阅到若干已建成的村落数据平台，例如2018年4月上线的中国传统村落数字博物馆，已成为中国研究传统村落资料最丰富、数据最权威的国家级在线数据库②。该网站由中国城市规划设计研究院建设运维，运用全景、三维实景、VR、图片、文字、口述史音频、视频等方式展现全国几乎所有省(区、市)的古村落，并与地方政府、商业平台、高校等合作组织线上线下主题活动扩大影响。另外建设得较好的有贵州传统村落数字博物馆③、山西省传统村落数字信息平台④等。如果说过去我们只能借助方志、笔记中的文字描述想象历史，现在通过数字技术可以为后人留下更多更全面的信息。图6-1所示为中国传统村落数字博物馆福建省宁德市文峰村数据库页面截图。

图6-1　中国传统村落数字博物馆文峰村页面截图⑤

2019《意见》还指出，要“挖掘文化内涵，培育乡村特色文化产业，助推乡村旅游高质量发展”。2019年5月，中共中央办公厅、国务院办公厅印发《数字乡村发展

①中国政府网. 中共中央办公厅 国务院办公厅印发《关于加强和改进乡村治理的指导意见》[EB/OL]. https://www.gov.cn/zhengce/2019-06/23/content_5402625.htm.

②访问网址为 http://www.dmctv.cn/indexN.aspx?lx=sy.

③访问网址为 https://webapp.xiaoheitech.cn/vizen-village-gz/index.html#/index.

④访问网址为 http://www.sxctcl.cn/.

⑤访问网址为 https://main.dmctv.com.cn/villages/35090220301/VillageProfile.html.

战略纲要》,明确提出"繁荣发展乡村网络文化"及"开展重要农业文化遗产网络展览,大力宣传中华优秀农耕文化"[1]等要求。2023年2月,中共中央、国务院印发的《数字中国建设整体布局规划》提出打造自信繁荣的数字文化,要"大力发展网络文化,加强优质网络文化产品供给,引导各类平台和广大网民创作生产积极健康、向上向善的网络文化产品"[2]。利用互联网将乡村传统文化发扬光大,目前拍短视频是非常普遍的做法,可以迅速提升乡村文化自信和文化认同感。这些人中不仅有很多乡村博主,还有一些对乡村传统工艺有浓厚兴趣的城市人群入乡制作视频,再现传统工艺。乡村文化是在地域和历史的影响下自然形成的,原本并不具备商品价值,在生产力发展水平较低的阶段,商品的主要存在形式是物质形式,当进入生产力发展水平较高的阶段,科学、文化、教育、艺术、信息等精神生产领域的商品则主要是以非物质形式存在,它们同样属于创造价值的劳动。带有强烈乡土色彩的直播、农产品电商等形式,扩大了乡村对城镇的文化影响力和农产品上行能力,乡村文化产业成为农村经济新的增长点。《乡村振兴战略规划(2018－2022年)》的重点任务之一是注重农村道德和公共文化建设,要"以社会主义核心价值观为引领","培育文明乡风、良好家风、淳朴民风,推动乡村文化振兴,建设邻里守望、诚信重礼、勤俭节约的文明乡村"。[3] 很多三农短视频表现的正是上述题材和主题。需要补充指出的是,三农视频的主创者大多是以小农家庭为单位,在主要劳动力的业余时间,与妇女、老人和儿童一起拍摄,而后者是不容易在市场上出售的劳动力。[4] 短视频成为农村新的"副业",使得原本下乡工商资本和留守老弱病残之间在一定程度上形成了冲突性社会结构。[5] 留守农村的女性在拍摄家庭生活(如展示烹饪技巧、持家心得、邻里关系)或田园风光时,出镜的大多是留在家中的老人和儿童,其传达的人情伦理、老人睿智、孩童天真等"人设"颇受网民欢迎。抖音著名主播"蜀中桃子姐"就是很有代表性的一个例子。

---

①中国政府网.中共中央办公厅 国务院办公厅印发《数字乡村发展战略纲要》[EB/OL].https://www.gov.cn/zhengce/2019-05/16/content_5392269.htm.

②中国政府网.中共中央 国务院印发《数字中国建设整体布局规划》[EB/OL].https://www.gov.cn/xinwen/2023-02/27/content_5743484.htm.

③中国政府网.中共中央 国务院印发《乡村振兴战略规划(2018—2022年)》[EB/OL].https://www.gov.cn/zhengce/2018-09/26/content_5325534.htm.

④(美)黄宗智.中国的新型非正规经济:实践与理论[M].桂林:广西师范大学出版社,2020:85-86.

⑤王德福,桂华.大规模农地流转的经济与社会后果分析——基于皖南林村的考察[J].华南农业大学学报:社会科学版,2011(2).

【案例】

蜀中桃子姐(以下简称“桃子姐”),原名龚向桃,本是四川自贡荣县农村家庭主妇的她,因为短视频被全网熟知,坐拥3500W+的粉丝,白岩松点评其视频是“灶台上的乡愁”。

忙碌于田间与灶台的桃子姐没有想过,自己有一天能成为“抖音达人”,更没有想过,自己还能带动家乡群众一起创业致富。而这,正是数字乡村建设助力乡村振兴的一个鲜活实例。首届数字乡村创新设计大赛启动之际,封面新闻对话桃子姐,听她来讲数字乡村建设给她和她的家乡带来的变化。

送两个孩子上学、回家做家务、准备午饭、照料田里的蔬菜……2018年以前,这几乎是桃子姐生活的全部。

2018年开始,转折发生了。那时,她丈夫的妹妹因为照顾孩子上学,从广东回到了家乡。妹妹夫妻俩在外打拼多年,回家后吃到嫂子做的饭菜,勾起了内心深处关于农村生活的记忆。当时,正是短视频快速发展的时期,看到一些乡村美食博主的做菜视频后,亲戚黄明建议桃子姐可以尝试一下。

起初,桃子姐就是单纯地分享做饭视频,不怎么出镜,也不怎么说话。后来,在黄明的建议下,她尝试出镜。见桃子姐一人有些拘束,丈夫包立春加入了进来,“家人们鼓励我们不要紧张,真实展现平时的生活就好。”

就这样,桃子姐的视频中加入了生活日常。夫妻俩的川味斗嘴、包立春的大快朵颐,更是成为了网友们“催更”的动力。

人间烟火气,最抚慰人心。大家爱看的不只是美食,而是一家人的生活。而这一切背后,也是一家人的共同努力——出镜的桃子姐夫妻、负责拍摄的妹妹、负责剪辑的表弟。因为拍摄人手和设备有限,机位的切换都是妹妹一个人“手动”调整,视频剪辑也没有特效、美颜,一切都是最质朴的样子,把农村生活、农村人的可爱最真实地呈现了出来。

……

因为“接地气”,桃子姐拥有了千万粉丝,成为了抖音达人。

桃子姐没有想到,因为拍摄短视频,她的人生有了如此大的变化。妹妹一家也没想到,当初选择暂时回乡,如今却在乡村里实现了自己“走出去”的愿望。

“以前我就是一个纯粹的家庭主妇,现在也有了一份工作,觉得自己还是可以。”2021年,桃子姐有了新的身份,成为了新农村带货人,并获得了荣县首届“优秀乡土人才”的称号。桃子姐带货的产品主要是自贡市荣县及周边地区的特色农产品、调味品、肉类制品等，如萝卜干、大头菜、钵钵鸡调味料、冷吃兔等。她也开始走出家乡荣县，去各地参加活动，通过自己的方式，让四川美食走进更多人的视野。

除了通过短视频、直播等方式传播四川文化和乡土美食，桃子姐还拉着幺弟等亲戚加入短视频拍摄行列，甚至带动家乡群众一起创业。

如今，“蜀中桃子姐”已形成品牌，其所有的产品，如冷吃兔、冷吃牛肉、火锅底料、大头菜等，都是基于本地农产品的深加工。“现在我们有 100 多位员工，很多都是荣县人。”黄明说，仅大头菜一项，就带动当地近 5000 余户农户发展种植大头菜 2 万余亩。

“正是数字乡村建设给了我们尝试的勇气，也正因搭上了数字乡村建设这列快车，我们才让家乡的好产品走向了全国。”在黄明看来，数字乡村建设给农村青年“走出去”带来更多机会，“不一定非要走出去，农村本身就是一个物产富饶的地方，扎根这里，同样有无限可能。”未来，他也计划留下来，扎根乡村，为家乡做点实实在在的事，以实际行动讲好新农村故事。①

类似的案例在互联网上大量存在，如华农兄弟、滇西小哥等，不少都是从家庭触网起步，结合自身所在村庄的条件，采取叙事风格固定的情节、画面、文案以及 BGM（背景音乐）制作系列短视频，再通过广大网友的广泛关注，最终成为当地的代言人，将新观念、新模式带进乡村，带动大家致富，成为乡村振兴的内生中介力量。

第二节 主体性乡村价值重塑

随着经济发展目标和路径的调整及人的观念改变，中国的农村也从单一地提供农产品向文化传承、观光休闲、生态涵养等多方面拓展，乡村文化价值和生态价值重新得到肯定。历史经验证明，乡村价值和功能总体上遵循着从“生产主义”到“后生产主义”再到“多功能乡村”的演化路径。② “对整个国家和社会而言，乡村与

---

①人民网. 蜀中桃子姐：搭上“数字快车” 农村青年“走出去”有了更多可能[EB/OL]. http://sc.people.com.cn/n2/2022/0627/c345458-40013312.html.

②申明锐，沈建法，张京祥，等. 比较视野下中国乡村认知的再辨析：当代价值与乡村复兴[J]. 人文地理，2015(6).

城市具有同等价值，且互相依赖。”[①]过去人们重视农业经济贡献，包括食品（粮食）贡献、原料贡献、市场贡献、要素贡献（农民拥有的资本和劳动力）、外汇贡献等。[②]而经济水平整体的提高意味着人的个性化要求增加，农业中原本被视为不适合社会化大生产的部分获得了多样化发展的机会。“随着我们社会的发展，这个社会越来越形成错综复杂的网状结构，但不是一些四周有边界的领地或由一些界限区分开的类别……在此之前，农业手工艺生产所固有的多样化曾是一个严重的缺陷，但是如果恰当地运用这种多样化，可将它与不同层次的社会网络联结在一起，变成一种机会。”[③]比如，中餐品类众多这一特征是影响供应链数字化转型的核心因素之一[④]，尽管难以标准化，但却有利于保存独特性，对高度同质化的发展形成纠偏。发达国家也曾经历类似的道路，如“地产地销”战略、农夫市集。

农村为人们提供的精神价值、农耕文化、生态涵养、历史传承、创新容纳等功能只能在地体验，不可移动，并且有着不可替代的作用。“农业必须提供足够的产品，但是它也需要重建自然，最好是能丰富、改善自然并使其多元化。利用和改造自然也意味着人们能够应对自然界的多元性、多边性和不确定性。”[⑤]2023 年 2 月，中共中央、国务院印发的《数字中国建设整体布局规划》提出“建设绿色智慧的数字生态文明”，指出要推动生态环境智慧治理，加快构建智慧高效的生态环境信息化体系，运用数字技术推动山水林田湖草沙一体化保护和系统治理，完善自然资源三维立体“一张图”和国土空间基础信息平台，构建以数字孪生流域为核心的智慧水利体系；加快数字化绿色化协同转型；倡导绿色智慧生活方式。[⑥]

从缓解城市流入人口的压力和农民的生存质量出发，农村也应宜居宜业并重。在二十多年前，针对“中国政府当前的政策是鼓励在小城市和城镇中发展新的非农工作机会，这些政策包括扩大现存的城市和城镇的规模以及发展新的城市和城镇”，有学者就建议：“除了增加在农村的教育机会，中国的政策应该力求农村地区

---

①（德）汉克尔．德国村庄的历史与现状．马媛，译．国际城市规划，2020(5)．

②彭刚，黄卫平．发展经济学教程[M]．3 版．北京：中国人民大学出版社，2018：245．

③（法）孟德拉斯．农民的终结[M]．李培林，译．北京：中国社会科学出版社，1991：334．

④中国物流与采购联合会食材供应链分会，国家农产品现代物流工程技术研究中心．中国食材供应链发展报告(2022)[M]．北京：中国市场出版社，2022：115．

⑤（荷）范德普勒格．小农与农业的艺术：恰亚诺夫主义宣言[M]．潘璐，译．北京：社会科学文献出版社，2020：66．

⑥中国政府网．中共中央　国务院印发《数字中国建设整体布局规划》[EB/OL]．https://www.gov.cn/xinwen/2023-02/27/content_5743484.htm．

成为在生活与工作上更具吸引力的场所。这个工作涉及对农村基础设施包括道路、电力、通信以及社会与文化活动设施追加大量的投资。显然,大批受到农业调整影响的人口是不可能由现有的大中型城市所吸纳,新的城镇要从现有的乡镇中建立发展起来。如果农村本身能提供大量的非农就业岗位,那么中国农业调整就变得容易些。""农民充分分享经济增长成果的一个必要条件是为那些离开农业的人提供更多的非农就业机会。这些就业机会可以在城市,也可以在农村。""即便不是绝大部分,也应有大部分的新的非农就业机会出现在大多数乡村农民可以每天乘车往返上班的距离之内。"①一些农村发展现代产业有其区位约束,如自然条件、交通运输条件、劳动力条件等先天禀赋不足,但可以走不同的转型道路。我国著名经济学家吴承明就曾主张:"在幅员辽阔的中国,这种以大工业为中心,以农村为基地的区域或乡土经济发展路线,不失为中国式的近代化的途径之一。"②有研究者将村庄分成城村、镇村、工业村和农业村四种类型,前两者是城镇近郊村,工业村是非农业为主体,农业村是农业为主的传统意义农村。③ 随着互联网的发展,空间距离对一些产业布局的影响逐渐弱化,如文化产业、科技研发等,特色小镇、互联网小镇快速发展,农村出现新的经济增长点。

宜居宜业意味着农村人口也会发生变化。农村人口外流曾是现代化进程中的必然现象,能人的离开造成乡村内部的人力资本缺乏优势。近几年,随着脱贫攻坚战的胜利、乡村振兴的展开和城乡一体化水平的提高,人们开始返乡入乡,城乡之间人口、资源要素流动性不断增强,出现双向流动现象。互联网带来的创新创业机会也带动了农村人才的回流,并吸引了大量外来人群,改变了村庄空心化、人口老龄化的现状。这些返乡人群中,有些是由电商作为引擎,带着适合的就业项目返乡;也有一部分人因为无法在城镇立足,不得不返乡;还有部分城镇人口向乡村流动,既有乡村发展需要的城镇教师、医生、创新型人才等,也有对乡村生活向往的城镇居民和自由职业者。④ 新业态在农村创造了新的就业机会,一些对大型基础设施依赖度低、空间聚集效应不明显、适合线上交流和分布式办公的行业也纷纷在都市周边的乡村布局。很多农村的"外来者"不仅带来了产业资本,还带来了智力资源。

①(美)约翰逊.经济发展中的农业、农村、农民问题[M].林毅夫,赵耀辉,编译.北京:商务印书馆,2004:115,129,143.

②吴承明.中国近代经济史若干问题的思考[M]//吴承明.吴承明集.北京:中国社会科学出版社,2002:296.

③朱俊瑞,王光银,张孝廷,等.当代农民思想变迁与农村和谐有序发展研究:浙江篇[M].北京:中国社会科学出版社,2017:6.

④叶兴庆,金三林,韩杨,等.走城乡融合发展之路[M].北京:中国发展出版社,2019:80-81,121-122.

走笔至此，不免要重新审视一下“农民”一词的涵义变化，而随着社会的发展，“农民”这个词也具有了不同的解释。一是强调农民的职业属性，即“从事农业生产的劳动者”；二是强调农民的社会身份属性。即以户籍为标准；三是强调农民的多重属性，即长期从事农业生产、具有农业户口、在农村生产生活的劳动者[①]；四是强调农民的职业和居住区域属性，即长期居住在农村、从事农业生产的劳动者[②]。概而言之，一种是职业属性，一种是社会身份属性，在改革开放前的中国，“农民”的这两个属性是高度重合的。改革开放后的四十年来，这两种属性出现了分离，统计指标中分为农村常住人口和户籍人口两类，这意味着部分人在社会身份属性上是农民，但其职业属性已经成为产业工人或从事服务业；而城市居民的下乡，也意味着新农人的出现。土地、劳动、资本整合后进行新型农业经营的农民中，不少是返乡入乡创业的新农人，这类新农人大多借助于互联网，主要从事种养、电子商务、农业生产性服务及乡村休闲旅游等行业。

发达国家在这方面比我们先行一步。例如，法国和英国的乡村环境非常生态宜居，吸引了大量人群到乡村居住或旅游、度假，长期住在乡村的并不以农民为主，而是有市民、农民、游客等各种人口。世界银行的数据显示，2016 年法国和英国的农业就业人口占全部就业人口的比例仅为2.87%和 1.12%，而在乡村居住人口占总人口的比例分别为 20.25%和 17.16%。大量非农业人口居住在乡村，不仅优化了城乡发展格局，而且优化了乡村人口结构。[③] 在中国农村，目前人口结构中还未出现大量非农业人口。但互联网改善了农村的生活生产条件，已经吸引了不少返乡下乡创业就业人群。2015 年以后，国家先后出台了《关于支持农民工等人员返乡创业的意见》(2015)、《关于支持返乡下乡人员创业创新促进农村一二三产业融合发展的意见》(2016)、《关于进一步推动返乡入乡创业工作的意见》(2019)，支持农民工、高校毕业生和退役军人等人员返乡入乡创业工作，并基于乡村基础设施、公共服务体系还不够完善等实际困难，给予政策支持和服务保障，优化创业环境。我国中西部的部分地区，特别是小城市和城镇的城镇化持续健康发展内生动力不足，更需要把新型农村社区作为新的城镇单元，引导乡内农业转移人口就地市民化。[④]

---

①高建民.中国农民概念及其分层研究[J].河北大学学报:哲学社会科学版,2008(4).

②朱启臻.农业社会学[M].北京:社会科学文献出版社,2009:164-165.

③叶兴庆,金三林,韩杨,等.走城乡融合发展之路[M].北京:中国发展出版社,2019:277.

④金三林.扎根城市之路:农业转移人口就近市民化的路径与政策研究[M].北京:中国发展出版社,2015:3.

【案例】

绿手指份额农园位于广东省珠海市金湾区三灶镇榄坑村，于2010年由一群来自中国人民大学、北京大学等高校的毕业生创办。“绿手指”的发展离不开互联网工具的加持，从QQ群、微信公众号、短视频到直播带货，如何利用不同传播手段让更多人了解“绿手指”是管理团队必须要做的功课。

“绿手指”以“CSA”(Community Supported Agriculture，即社区支持农业)的模式运作，遵循“种养循环、有机种植、本地农场、直供家庭”的理念，不使用任何农药、化肥、激素等有害物质，无转基因作物，种植当季当地蔬菜，全程冷链配送，还原食物本来的面貌。绿手指份额农园在消费者和生产者之间搭建起直接沟通的桥梁，不通过超市、批发商等中间渠道，降低了消费者获取健康食品的成本。人们可以参观农场，采摘有机蔬菜，还可亲自动手体验农家柴火做饭。

除了个人客户外，“绿手指”的业务不断地向机构单位拓展。2016年，“绿手指”开始与更多地方的农户合作，扩大产品来源，并根据当地气候与土地的条件明确蔬菜的上架标准。之后，“绿手指”又推出了有机餐厅方野农原、农场酒吧、田间音乐会、乡村旅游、自产加工食品等，从原来的单一化的生鲜蔬菜销售，衍生出更多元的经营模式。①

新技术、新人群共同推动传统与现代的碰撞与融合，重塑出一个宜居宜业的乡村。基础设施、地方品牌、社区隐性知识属于非流动资产，高素质人群(如园艺工人、经营人才、创意人才)作为流动资产，可与本地农民共同挖潜前者潜力，使其活化增值。产业的“逆城市化”是一个反向的路径，将适合的产业向农村扩散，可以增加农村就业机会。比如德国三分之二的隐形冠军企业都坐落在城郊或乡镇。② 乡镇环境便于经营者和员工专心致志地工作，而且乡镇的生活成本不高，通勤便利。反之，隐形冠军企业也在成就乡镇。乡镇和企业间相互依存，雇主和员工之间也相互依赖。雇主和许多员工在同一个地方出生并长大，当地社区会自豪于家门口有这样优秀的企业。这类企业的普通员工可以集中在某个离企业或企业总部不远的大学招聘，且胜算较大，但从大城市或国际上招募从事商务岗位的人才会有各类问题，虽然从本地招募也是较好的办法，但主要是培养返乡的大学生。③ 这种解决人

①根据百度百科“绿手指份额农园”等相关资料改写.

②叶兴庆，金三林，韩杨，等.走城乡融合发展之路[M].北京：中国发展出版社，2019：285.

③(德)西蒙，(德)杨一安.隐形冠军[M].张帆，吴君，刘惠宇，等译.北京：机械工业出版社，2022：327-330.

才的做法值得我们借鉴。

农村的文化、生态能修复工业化、城市化带来的负面影响。20世纪60年代的法国农村出现了两个看起来矛盾的情况，一方面是社会化大生产，传统农民兼业化；另一方面是“一种边缘的、生计的、消遣的或奢侈的农业依然存在”，比如强调手工和传统手艺的农产品，居住在农村的城市居民向邻近农民购买农产品等。“生产越是被有效地组织起来，就越是会导致产生一些附属性职业、一些不适应者以及一些闲暇的和退休后的时间”，比如“不愿意按照工业社会的要求生活”的人，“受不了纪律约束、不适合作理性化工作的人”，“到大自然中去寻找宁静与灵感的艺术家和手艺人”，而且“我们的社会越来越以消费为轴心，而不是以生产为轴心，这使一些新的服务行业应运而生”。乡村为这些人群带来生存的空间和机会，因为“大自然大概首先是一个生活的区域”，“我们应当尽力从消费者的角度、而不是我们习惯了的生产者的角度来思考将来的社会，而且，应当承认，很多的乡村地区将来是食品的消费地区而不是食品的生产地区”。[①] 农村也为现代大众提供了一个抵御效率崇拜和单一经济结果的场所。2000年以后的欧洲农业就出现了很大变化，疯牛病和其他食品污染事件显现了原本“农业工业化食品体系”和长食品链的“生产主义模型”的弊端，许多工业化的专业农场也因新技术和设备等资本投资及农产品交货价格波动巨大而面临破产，为此工业化的农场开始走向多功能农场之路。“对农场资源（如土地、劳动力和知识等）进行全新的多重利用，在农场中完成加工和销售以缩短食品供应链，通过构建巢状市场（Nests Market）来直接联系消费者”，这些做法增加了对劳动力的需求，发展乡村旅游则“形成新的农业生产实践，并增加农业活动的附加值”。欧洲农业出现三个发展方向，一是深化，指直接销售、高质生产以及生产更多当地或区域性的产品（如有机农产品）；二是拓展，指开展新型农场活动，如农业旅游、教育农庄、照料农场、采摘农场、自然保护、景观保护、农业环境计划等；三是重新定位，指广泛利用各种资源进行生活或兼业。成功的多功能农场，不少也是借助互联网传播和展示农产品信息，也是采取电子商务的模式将农产品销往国内外，农民与消费者之间建立了直接的联系。[②] 这一点上，可谓“东海西海，心理攸同”！

---

①（法）孟德拉斯．农民的终结[M]．李培林，译．北京：中国社会科学出版社，1991：284－286．
②叶敬忠．农政与发展当代思潮：第2卷[G]．北京：社会科学文献出版社，2016：100－107．

第三节　开放型乡村文化萌生

随着大量国家文化资源的下乡，乡村的文化产品供给较之前有了较大进步。目前，已经基本建立了覆盖县、乡、村的农村公共服务网络，在每个行政村基本上都建立有文化活动室，在每一乡镇都设有综合文化站等，但同城市相比，乡村的文化基础设施还远远不够完善，同城市公共文化服务体系的差距也较为明显。不过，互联网与中国农民自身的文化创造结合后，新创意正在不断涌现。

针对这一变化，2022年中央一号文件指出“创新农村精神文明建设有效平台载体”，具体要求包括：启动实施文化产业赋能乡村振兴计划；整合文化惠民活动资源，支持农民自发组织开展村歌、“村晚”、广场舞、趣味运动会等体现农耕农趣农味的文化体育活动等等。这几年，农民在互联网上从展示传统的、典型的乡村生活和乡村风情，到积极传播“非典型乡村文化”，如村BA，既有农趣农味，又完全是规模级别的现代体育赛事，其文化活力和自组织能力令人耳目一新。

过去的农民因为生存压力和身份意识无法拥抱那些富有城市色彩的活动，而随着农业劳动生产效率的提高、劳动时间的缩短、个人财富的增长以及可自由支配时间的增加，农民的生活得到了明显的改善，在自我价值实现和创新精神的现代意识萌发下，出现了“非典型农民”，他们非常自然地接受和融入了现代世界。

【案例】

近日，“陆仙人登上巴黎时装周”的话题冲上微博热搜。这位来自广西横州的小伙，曾被网友称为“乡村野模特”，凭借自己的一腔热爱，从乡村小路一步步登上群星闪耀的国际T台。

陆仙人自小有个模特梦，爱看模特走秀的任何电视和视频，连上学路上都爱模仿模特走猫步，对T台热爱到疯狂的地步。

2018年以前，陆仙人还是一个叫做陆开港的普通工人，从事过汽修、饭店学徒、工厂装配工等多种工作，工作一直在换，唯一持续下来的事，就是练习走台步。

在陆仙人的视频里，他没有穿真正模特身上的那些靓丽服饰，反而用随处可见的衣服、帆布、毛毯、编织袋、树枝、树叶等一些日常可见的物品，经过他的剪裁、搭配，变成了一件件适合他的秀场大衣。

从一个没有资源，没有人脉的农村少年蜕变成活跃在各大时尚模特舞台的超模，陆仙人可算是一个奇迹。

2019年，《南华早报》在国外视频网站上发布了名为《中国乡村超模》的视频，夸他是“乡村超模”。至此陆仙人一度冲上热搜，让他一夜之间成为网红。

在陆仙人看来，他的乡村走秀也好，自己制作衣服也好，不是一件出格的事，只是一件一直想做的事。

2023年1月，陆仙人接受某时尚杂志采访时表示，“我做了个视频出来，发出去很多人点赞，然后我在拍摄视频的过程中，我拍到很美的景，或者我自己拍到很好看的照片，这些都能让我有成就感。我觉得生活就是得要自己快乐。”

他还会时不时敲打自己，“不能把身份太当回事，不然可能被反噬。”这个感想源自于他身边的事例，“有些人有钱了可能就会飘。”

陆仙人觉得自己不是会飘的那种，在时尚圈的浮华中浸泡过后，他反而更珍惜单纯的农村生活，“因为我知道这些纯粹是用钱买不来的，如果可以，我觉得我会永远在老家里面生活。”①

互联网给传播带来了便利，在与传统结合后，使得乡村文化创新走出了一些和从前不同的路。正如习近平总书记在文化传承发展座谈会所强调的，要“担当使命、奋发有为，共同努力创造属于我们这个时代的新文化”②。农民利用互联网技术，充分发挥自身的主体性，找到与现代生活的连接点，与时俱进、创新表达，展示了他们的文化自信。

【案例】

发达的互联网渠道，特别是抖音和快手等短视频平台的助推，使得贵州省台江县台盘村村BA这个存在于黔东南大山深处的赛事得以在全国范围内传播。

无可否认的是在村BA爆火的过程中，短视频平台的积极作用。对于短视频平台而言，它们需要热度与流量，村BA的出现给了它们一个制造话题的机会。而抖音的用户恰好正是你我每一位基层用户，完美符合目标受众的定位。

体育大生意在查阅抖音平台话题时发现，#村BA#、#贵州村BA#以及

①百度网．上T台，走猫步！广西小伙从农村小路走到巴黎时装周[EB/OL]．https://baijiahao.baidu.com/s?id=1760024917237228851&wfr=spider&for=pc.

②习近平．在文化传承发展座谈会上的讲话[J]．求是，2023(17).

#贵州村BA总决赛#这三个话题分别创造了14.3亿次、5.8亿次和4.0亿次播放量，最后的话题甚至被贴上了热门的标签。短视频平台通过放大村BA这一赛事，最终创造了爆款话题，成为全民讨论的焦点。①

稍加查阅就会发现中国不少乡村都有类似的体育赛事，但之前从未获得如此大的关注度，也很少有人思考其现代意义。目前，许多乡村都在效法台盘村的成功做法，通过互联网传播当地的群众文化体育活动，既为本地乡村形象注入了现代元素，也成为乡村旅游的新亮点。

需要特别指出的是，农村体育赛事得以成功“出圈”，和基层组织积极转变职能，在传统社会单一的文化管理模式下不断创新乡村文化治理模式有很大关系。

【案例】

在台江县投资促进局派驻台盘村第一书记张德看来，自己为“村BA”做的最大贡献，就是带领村民坚持了“有事好商量，众人的事众人商量”的传统，这一举措也“生动诠释了全过程人民民主的真谛”。

群众主创、群众主角、群众主推，在台盘村，因篮球而培育出的公平意识、民主意识和主人翁意识早已深入人心。不论是乡村面貌、产业发展，还是“村BA”本身的未来发展方面，张德都坚持让台盘村村民作主，村民的事村民自己说了算。

在张德的带领下，台盘村先后召开多次村民代表大会，对“村BA”的未来发展进行讨论，商议制定了《台盘村篮球场管理村规民约》，通过共建共治推动形成文明村风、良好家风、淳朴民风。

“我们坚持球场修缮等事项由村民说了算，篮球场基本保持原味呈现，只在安全性、舒适性上适当做加法，改造后的篮球场新增了部分看台、球员休息室、卫生间、洗浴间、媒体接待室等设施，并配套了部分小商铺、摊位，这些意见都是村民们集体讨论出来的，得到了绝大部分村民同意。”谈到此前的球场改造事宜时，张德说道。

“在推动‘村BA’比赛过程中，我们始终坚持以人民为中心的价值取向。”张德说，当地村干部只是对安全进行把控，在比赛期间，从竞赛组织到气氛组织全部由群众操办，村民自组球队、自筹经费，因此，“村BA”真正办出了“村味”，办成了“老百姓的节日”。

① 百度网.村BA凭什么火出圈？[EB/OL]. https://baijiahao.baidu.com/s?id=1761838415428390004&wfr=spider&for=pc.

此外，台盘村还趁势继续推动建设“民族团结食堂”，村民不仅可以在规定桌数和礼金范围内操办红白喜事，还将食堂作为村里的休闲活动场所、民主议事场所，基层自治和移风易俗在台盘村悄然推进。

投桃报李，手握表决权的村民对“村BA”品牌更加维护和珍惜。一项篮球赛事，竟为当地打开了民族团结、基层自治新局面，这对有着九年党龄、有过多段驻村经历的张德来说，是一件非常美好的事。①

体育赛事不仅是一项体育竞技活动，更是对人的精神面貌和行为方式的塑造。基层政府在发挥自身主导作用之余，应充分尊重和利用市场及社会组织力量，打造农民精神共同体，发挥新的乡村文化的功能。中央和有关部门也及时关注到了这一变化，2023年6月，《农业农村部办公厅 体育总局办公厅关于举办全国和美乡村篮球大赛（村BA）的通知》指出：“加大活动宣传。充分发挥传统媒体和新媒体作用，多渠道多方式宣传赛事活动，形成全媒体传播矩阵。注重用群众喜闻乐见、接地气的方式做好赛事推广，引导农民积极参与，讲好农民体育故事，吸引社会各界广泛关注和支持，形成健康向上的社会舆论氛围。”②

改善农村的基础设施及消除农村风俗习惯的劣势，也能延缓农村人口外流，找到适宜农村和城市的经济平衡点。③ 诚然，类似的体育赛事以及很多乡村文化活动会带来一定的经济效益，但短期的经济利益不能作为终极追求。只有“以公益思想与互助文化为基础参与塑造乡村生活”④，尊重农民主体地位，培育和发展农民文化自组织，为农民文化活动开展提供组织保障，提炼挖掘发展乡村的特有文化。只有传统与现代自然融合的农村才会产生持续的吸引力，人才也才会返乡入乡，农村才会留住最珍贵的资源——人。

---

①新华每日电讯. 村赛火爆的“幕后人” 基层党员在乡村振兴中的创新实践[EB/OL]. http://mrdx.cn/content/20230705/Page07DK.htm

②中国政府网. 农业农村部办公厅 体育总局办公厅关于举办全国和美乡村篮球大赛（村BA）的通知[EB/OL]. https://www.gov.cn/govweb/zhengce/zhengceku/202306/content_6885148.htm.

③（美）托达罗，（美）史密斯. 发展经济学[M]. 聂巧平，程晶蓉，译. 北京：机械工业出版社，2020：238.

④（德）汉克尔. 德国村庄的历史与现状[J]. 马媛，译. 国际城市规划，2020(5).

结　语

通用技术促进经济发展，继而带来社会全方位深层次的变革，这是历史上一再重演的事实。

互联网在中国从小范围受众走向大众，从承载单纯好奇心的精神交往平台变为容纳大量社会功能与需求的基础设施，其变化之大、变化之快，是人们始料未及的。正如铁路最初只是用来运煤，当货运和客运发展起来后人们才发现这项技术对人类社会的深远影响。

党的十八大以来，我国的信息基础设施建设实现跨越式发展，大幅缩小了城乡数字鸿沟，现有行政村历史性地实现了“村村通宽带”。互联网的蓬勃发展，对乡村的经济、政治、社会和文化形成全方位的影响，加速了城乡之间的商品流通与服务贸易，促进技术、资金、人才等要素向乡村流动。尤其在经济发展方面，互联网赋能生产力，带动相关产业链整合，形成新业态、新模式，创造了新的就业机会，削弱了农业劳动力转移的壁垒，人力资本投入也得到了改善，农村得以共享国民经济发展红利和现代技术进步成果，中国农业农村现代化进入一个新的阶段。

目前，互联网对农业农村的影响主要体现在经济的现代化发展方面，对乡村治理、乡村文化以及农民个体的现代转型的影响也正在逐步显现。

我们有幸见证了这一重大的历史转变。同时，我们也期待恩格斯所预言的这一天早日到来——“城市和乡村之间的对立也将消失。从事农业和工业的将是同一些人，而不再是两个不同的阶级”①。

---

①中共中央马克思恩格斯列宁斯大林著作编译局．马克思恩格斯选集：第1卷[M]．北京：人民出版社，2012：308．

附　录

附录1　国家关于农业农村信息化的部分政策文件①

年份	部门	政策文件名称	重要内容
1986年	农牧渔业部	《农牧渔业信息管理系统设计》和《农牧渔业部电子计算机应用规则》	我国最早的农业信息化政策文件
1992年	农业部	《农村经济信息体系建设方案》	成立农村经济信息体系领导小组
1994年	国务院	“国家经济信息化联席会议”第三次会议上提出金农工程	加速和推进农业和农村信息化，建立农业综合管理和服务信息系统
1996年	—	—	第一次全国农业信息工作会议召开
1998年	中共中央	《中共中央关于农业和农村工作若干重大问题的决定》	依靠生物工程、信息技术等高新技术，使我国农业科技和生产力实现质的飞跃，逐步建立起农业科技创新体系
2001年	农业部	《“十五”农村市场信息服务行动计划》	全面推进农村市场信息服务体系建设
2004年	中共中央 国务院	中央一号文件	农村物流（首次）
2005年	中共中央 国务院	中央一号文件	加强农业信息化建设（首次）
2006年	农业部	《“十一五”时期全国农业信息体系建设规划》	全面实施“金农工程”，加快推进“三电合一”信息服务工程，启动“信息化村示范工程”建设等
2007年	农业部	《全国农业和农村信息化建设总体框架（2007—2015）》	进一步明确农业和农村信息化建设的发展思路、重点任务和政策措施

①表格来源：根据公开资料自行整理而得.

续表

年份	部门	政策文件名称	重要内容
2008年	农业部	《关于加快推进农村信息化示范工作的意见》	继续坚持《农业部关于开展全国农村信息化示范工作的通知》提出的"因地制宜、注重实践;整合资源、面向实际;多方参与、坚持实干;鼓励创新、讲求实用;强化服务、务求实效"的"五个实"原则
2011年	农业部	《全国农业农村信息化发展"十二五"规划》	农业部编制的第一个全国农业农村信息化发展五年规划,成立了农业部农业信息化领导小组,全面加强农业农村信息化工作的统筹协调和组织领导,推动信息技术向农业农村渗透融合
2012年	中共中央 国务院	中央一号文件	首次明确提出全面推进农业农村信息化,着力提高农业生产经营、质量安全控制、市场流通的信息服务水平
2012年	中共中央	党的十八大报告	对网络强国、国家大数据、"互联网+"行动等战略作出部署,提出城乡发展一体化
2013年	中共中央 国务院	中央一号文件	发展农产品网上交易、连锁分销和农民网店
2014—2020年	中共中央 国务院	中央一号文件	连续七年对农村电商作出全面部署
2014年	中共中央 国务院	中央一号文件	启动农村流通设施和农产品批发市场信息化提升工程
2015年	中共中央 国务院	中央一号文件	支持电商、物流、商贸、金融等企业参与涉农电子商务平台建设,开展电子商务进农村综合示范
2015年	农业部 国家发改委 商务部	《推进农业电子商务发展行动计划》	共计20个专项行动
2015年	国务院	《关于积极推进"互联网+"行动的指导意见》	利用互联网提升农业生产、经营、管理和服务水平,培育一批网络化、智能化、精细化的现代"种养加"生态农业新模式,形成示范带动效应,加快完善新型农业生产经营体系,培育多样化农业互联网管理服务模式,逐步建立农副产品、农资质量安全追溯体系,促进农业现代化水平明显提升;积极发展农村电子商务,加快县到村的物流配送网络和村级配送网点建设等
2015年	商务部 等19个部门	《关于加快发展农村电子商务的意见》	到2020年培育一批具有典型带动作用的农村电子商务示范县

续表

年份	部门	政策文件名称	重要内容
2015 年	国务院	《关于促进农村电子商务加快发展的指导意见》	农村电子商务是转变农业发展方式的重要手段，是精准扶贫的重要载体。通过大众创业、万众创新，发挥市场机制作用，加快农村电子商务发展，把实体店与电商有机结合，使实体经济与互联网产生叠加效应，有利于促消费、扩内需，推动农业升级、农村发展、农民增收
2015 年	农业部	《关于推进农业农村大数据发展的实施意见》	—
2015 年	国务院	《关于推进农村一二三产业融合发展的指导意见》	—
2016 年	中共中央 国务院	中央一号文件	推进“互联网＋”现代农业，加强农产品流通设施和市场建设
2016 年	中共中央 国务院	“十三五”规划	实施网络强国战略、“互联网＋”行动计划和国家大数据战略
2016 年	农业部 等 8 个部门	《“互联网＋”现代农业三年行动实施方案》	提出“互联网＋”新型农业经营主体、“互联网＋”现代种植业、“互联网＋”现代林业、“互联网＋”现代畜牧业、“互联网＋”现代渔业、“互联网＋”农产品质量安全、“互联网＋”农业电子商务、“互联网＋”美丽乡村、“互联网＋”农业农村大数据、“互联网＋”农业信息服务、“互联网＋”基础设施等 11 项主要任务
2016 年	农业部	《“十三五”全国农业农村信息化发展规划》	—
2016 年	中央网信办 国家发改委 国务院扶贫办	《网络扶贫行动计划》	从网络设施、移动终端、信息内容、电商平台、公共服务等方面系统部署、同步推进，实施“网络覆盖”“农村电商”“网络扶智”“信息服务”“网络公益”五大工程
2016 年	农业部	《农业农村大数据试点方案》	主要目标：地方各级农业部门内部及涉农部门之间的数据共享机制初步形成，省级农业数据中心建设取得显著进展，部省联动、数据共享取得突破；大数据在农业生产经营各环节加快应用，大数据关键共性技术研发、关联分析和挖掘利用取得积极进展，形成一批创新应用成果。 主要任务：推进涉农数据共享，开展单品种大数据建设，探索市场化的投资、建设、运营机制，推动农业农村大数据应用

续表

年份	部门	政策文件名称	重要内容
2016 年	国务院	《关于进一步促进农产品加工业发展的意见》	以农为本、转化增值;市场主导、政府支持;科技支撑、综合利用;集聚发展、融合互动
2017 年	中共中央 国务院	中央一号文件	针对功能区和保护区内地块,实现信息化精准化管理;建立全程可追溯、互联共享的追溯监管综合服务平台;建设“生产＋加工＋科技”的现代农业产业园。实施智慧农业工程,推进农业物联网试验示范和农业装备智能化
2018 年	中共中央 国务院	中央一号文件	实施数字乡村战略,做好整体规划设计,加快农村地区宽带网络和第四代移动通信网络覆盖步伐,开发适应“三农”特点的信息技术、产品、应用和服务,推动远程医疗、远程教育等应用普及,弥合城乡数字鸿沟
2018 年	中共中央 国务院	《乡村振兴战略规划(2018—2022 年)》	实施数字乡村战略,加快物联网、地理信息、智能设备等现代信息技术与农村生产生活的全面深度融合,深化农业农村大数据创新应用,推广远程教育、远程医疗、金融服务进村等信息服务,建立空间化、智能化的新型农村统计信息系统
2019 年	中共中央 国务院	《数字乡村发展战略纲要》	加快乡村信息基础设施建设,发展农村数字经济,强化农业农村科技创新供给,建设智慧绿色乡村,繁荣发展乡村网络文化,推进乡村治理能力现代化,深化信息惠民服务,激发乡村振兴内生动力,推动网络扶贫向纵深发展,统筹推动城乡信息化融合发展
2019 年	农业农村部 中央网信办	《数字农业农村发展规划(2019—2025 年)》	构建基础数据资源体系,加快生产经营数字化改造,推进管理服务数字化转型,强化关键技术装备创新,加强重大工程设施建设
2019 年	农业农村部 国家发改委 财政部 商务部	《关于实施“互联网＋”农产品出村进城工程的指导意见》	开展“互联网＋”农产品出村进城工程试点工作,明确优先选择包括贫困地区、特色农产品优势区在内的 100 个县开展试点
2020 年	中共中央 国务院	中央一号文件	依托现有资源建设农业农村大数据中心,加快物联网、大数据、区块链、人工智能、第五代移动通信网络、智慧气象等现代信息技术在农业领域的应用(这是区块链作为数字时代的前沿技术首次被写入中央一号文件,随着信息技术的不断发展,区块链技术应用在“三农”领域的重要性日益凸显);开展国家数字乡村试点。 有效开发农村市场,扩大电子商务进农村覆盖面,支持供销社、邮政快递企业等延伸乡村物流服务网络,加强村级电商服务站点建设,推动农产品进城、工业品下乡双向流通

续表

年份	部门	政策文件名称	重要内容
2021年	中共中央 国务院	中央一号文件	实施数字乡村建设发展工程。推动农村千兆光网、第五代移动通信(5G)、移动物联网与城市同步规划建设。完善电信普遍服务补偿机制,支持农村及偏远地区信息通信基础设施建设。加快建设农业农村遥感卫星等天基设施。加强乡村公共服务、社会治理等数字化智能化建设。 加快完善县乡村三级农村物流体系,改造提升农村寄递物流基础设施,深入推进电子商务进农村和农产品出村进城
2021年	中共中央 国务院	"十四五"规划	首次提出"数字经济核心产业增加值占GDP比重"这一新经济指标,明确要求其由2020年的7.8%提升至10%。涉及农业农村的规划内容包括平台经济、设施农业等,它们均为数字经济的重要组成部分
2021年	农业农村部	《关于加快农业全产业链培育发展的指导意见》	农业全产业链是农业研发、生产、加工、储运、销售、品牌、体验、消费、服务等环节和主体紧密关联、有效衔接、耦合配套、协同发展的有机整体
2021年	商务部 中央网信办 国家发改委	《"十四五"电子商务发展规划》	大力发展县域电商服务业,引导电子商务服务企业建立县域服务机构,辐射带动乡村电子商务产业发展。创新农产品电商销售机制和模式,提高农产品电商销售比例。支持农村居民立足农副产品、手工制品、生态休闲旅游等农村特色产业,开展多种形式的电子商务创业就业,促进特色农产品电子商务发展。推进"互联网+高效物流",健全农村寄递物流体系,深入发展县乡村三级物流共同配送,打造农村电商快递协同发展示范区。创新物流支持农村特色产业品质化、品牌化发展模式,提升农村产业化水平
2021年	农业农村部	《关于拓展农业多种功能 促进乡村产业高质量发展的指导意见》	—
2022年	国务院	《"十四五"数字经济发展规划》	—

续表

年份	部门	政策文件名称	重要内容
2022年	国家发改委等9部门	《关于推动平台经济规范健康持续发展的若干意见》	推动农业数字化转型。鼓励平台企业创新发展智慧农业，推动种植业、畜牧业、渔业等领域数字化，提升农业生产、加工、销售、物流等产业链各环节数字化水平；规范平台企业农产品和农资交易行为；加快农村电子商务发展；加快推动农村信用信息体系建设，以数字化手段创新金融支持农业农村方式，培育全面推进乡村振兴新动能
2022年	中共中央国务院	中央一号文件	聚焦产业促进乡村发展。一是持续推进农村一二三产业融合发展。在做优做强种养业的基础上，积极拓展农业多种功能，挖掘乡村多元价值，重点发展农产品加工、乡村休闲旅游、农村电商三大乡村产业；实施"数商兴农"工程，推进电子商务进农村；促进农副产品直播带货规范健康发展。二是大力发展县域富民产业。推动形成"一县一业"发展格局，在县域范围内形成生产、加工、销售等环节的科学布局；发挥各类产业园区平台带动作用，引导农产品加工业更多向县城、主产区转移，打造城乡联动的优势特色产业集群。三是促进农民就地就业创业。鼓励工商资本到乡村投资兴业，发挥资金、技术、管理、品牌等方面的优势，完善利益联结机制，带动农民就业致富
2022年	农业农村部	《"十四五"全国农业农村信息化发展规划》	—
2023年	中共中央国务院	中央一号文件	加快完善县乡村电子商务和快递物流配送体系
2023年	中共中央国务院	《数字中国建设整体布局规划》	数字中国建设按照"2522"的整体框架进行布局，即夯实数字基础设施和数据资源体系"两大基础"，推进数字技术与经济、政治、文化、社会、生态文明建设"五位一体"深度融合，强化数字技术创新体系和数字安全屏障"两大能力"，优化数字化发展国内国际"两个环境"
2023年	财政部	《关于做好2023年农村综合性改革试点试验有关工作的通知》	创新数字乡村发展机制。发挥新一代信息技术创新引领作用，大力推进数字乡村建设，推动数字技术与发展乡村实体经济、构建乡村治理体系加速融合，着眼解决实际问题，拓展农业农村大数据应用场景

附录2 中国历年公路里程(1949—2022年)[①]

年份	公路里程(单位:万千米)	年份	公路里程(单位:万千米)
2022年[②]	535.48	2000年	167.98
2021年	528.07	1999年	135.17
2020年	519.81	1998年	127.85
2019年	501.25	1997年	122.64
2018年	484.65	1996年	118.58
2017年	477.35	1995年	115.70
2016年	469.63	1994年	111.78
2015年	457.73	1993年	108.35
2014年	446.39	1992年	105.67
2013年	435.62	1991年	104.11
2012年	423.75	1990年	102.83
2011年	410.64	1989年	101.43
2010年	400.82	1988年	99.96
2009年	386.08	1987年	98.22
2008年	373.02	1986年	96.28
2007年	358.37	1985年	94.24
2006年	345.70	1984年	92.67
2005年[③]	334.52	1983年	91.51
2004年	187.07	1982年	90.70
2003年	180.98	1981年	89.75
2002年	176.52	1980年	88.83
2001年	169.80	1979年	87.58

①资料来源:https://www.shujujidi.com/hangye/165.html,其中不含2022年数据.

②2022年末全国公路里程为535.48万千米,比上年末增加7.41万千米.高速公路里程为17.73万千米,比上年末增加0.82万千米,国家高速公路里程为11.99万千米,比上年末增加0.29万千米;国道里程为37.95万千米,省道里程为39.36万千米;农村公路里程为453.14万千米,其中县道里程为69.96万千米,乡道里程为124.32万千米,村道里程为258.86万千米.

③2005年起统计口径改变,公路里程中包括村道里程.

续表

年份	公路里程(单位:万千米)	年份	公路里程(单位:万千米)
1978 年	89.02	1963 年	47.51
1977 年	85.56	1962 年	46.35
1976 年	82.34	1961 年	47.74
1975 年	78.36	1960 年	51.95
1974 年	73.79	1959 年	50.79
1973 年	71.56	1958 年	42.18
1972 年	69.99	1957 年	25.46
1971 年	67.54	1956 年	22.63
1970 年	63.67	1955 年	16.73
1969 年	60.06	1954 年	14.61
1968 年	57.17	1953 年	13.71
1967 年	55.75	1952 年	12.67
1966 年	54.36	1951 年	11.44
1965 年	51.45	1950 年	9.96
1964 年	47.92	1949 年	8.08

附录 3　中国历年高速公路里程(1988—2022 年)[①]

年份	公路里程(单位:万千米)	年份	公路里程(单位:万千米)
2022 年	17.73	2004 年	3.43
2021 年	16.91	2003 年	2.97
2020 年	16.10	2002 年	2.51
2019 年	14.96	2001 年	1.94
2018 年	14.26	2000 年	1.63
2017 年	13.64	1999 年	1.16
2016 年	13.10	1998 年	0.87
2015 年	12.35	1997 年	0.48
2014 年	11.19	1996 年	0.34
2013 年	10.44	1995 年	0.21
2012 年	9.62	1994 年	0.16
2011 年	8.49	1993 年	0.11
2010 年	7.41	1992 年	0.07
2009 年	6.51	1991 年	0.06
2008 年	6.03	1990 年	0.05
2007 年	5.39	1989 年	0.03
2006 年	4.53	1988 年	0.01
2005 年	4.10		

①资料来源:https://www.shujujidi.com/hangye/163.html,其中不含 2022 年数据.

附录 4　中国历年各农作物种植面积(2003—2021 年)[①]

单位:万公顷

年份	粮食作物	油料	棉花	麻类	糖料	蔬菜	果园	茶园
2021 年	11763.08	1310.22	302.82	5.67	145.81	2198.57	1280.80	330.78
2020 年	11676.82	1312.91	316.89	6.86	156.85	2148.55	1264.63	321.67
2019 年	11606.36	1292.54	333.93	6.59	161.05	2086.27	1227.67	310.48
2018 年	11703.82	1287.24	335.44	5.67	162.29	2043.89	1187.49	298.58
2017 年	11798.91	1322.32	319.47	5.85	154.57	1998.11	1114.86	284.87
2016 年	11923.01	1319.11	319.83	5.42	155.53	1955.31	1091.66	272.28
2015 年	11896.28	1331.44	377.50	5.35	157.26	1961.31	1121.22	264.08
2014 年	11745.52	1339.47	417.65	5.80	173.71	1922.41	1160.77	252.60
2013 年	11590.75	1343.79	416.22	6.35	184.44	1883.63	1104.33	236.71
2012 年	11436.80	1343.49	435.96	6.91	188.66	1849.69	1098.97	220.14
2011 年	11298.04	1347.12	452.40	7.91	183.45	1790.99	1080.81	205.55
2010 年	11169.54	1369.54	436.60	9.09	180.92	1743.12	1068.10	193.18
2009 年	11025.51	1344.46	448.47	11.46	180.45	1781.76	1045.44	183.03
2008 年	10754.45	1323.25	527.81	17.65	192.62	1785.93	1022.07	171.61
2007 年	10599.86	1234.44	519.87	21.89	175.63	1755.66	1011.95	159.86
2006 年	10495.77	1173.84	581.57	28.31	156.70	1663.91	1012.26	143.13
2005 年	10427.84	1431.77	506.18	33.48	156.44	1772.07	1003.48	135.19
2004 年	10160.60	1443.07	569.29	33.21	156.81	1756.04	976.82	126.23
2003 年	9941.04	1499.00	511.05	33.74	165.74	1795.38	943.65	120.73

①数据来源:国家统计局.

参考文献

[1] 中共中央马克思恩格斯列宁斯大林著作编译局. 资本论:第1卷[M]. 北京:人民出版社,2004.

[2] 中共中央马克思恩格斯列宁斯大林著作编译局. 资本论:第2卷[M]. 北京:人民出版社,2004.

[3] 中共中央马克思恩格斯列宁斯大林著作编译局. 资本论:第3卷[M]. 北京:人民出版社,2004.

[4] 中共中央马克思恩格斯列宁斯大林著作编译局. 马克思恩格斯全集:第3卷[M]. 北京:人民出版社,1960.

[5] 中共中央马克思恩格斯列宁斯大林著作编译局. 马克思恩格斯全集:第19卷[M]. 北京:人民出版社,1963.

[6] 中共中央马克思恩格斯列宁斯大林著作编译局. 马克思恩格斯文集:第1卷[M]. 北京:人民出版社,2009.

[7] 中共中央马克思恩格斯列宁斯大林著作编译局. 马克思恩格斯文集:第2卷[M]. 北京:人民出版社,2009.

[8] 中共中央马克思恩格斯列宁斯大林著作编译局. 马克思恩格斯文集:第8卷[M]. 北京:人民出版社,2009.

[9] 中共中央马克思恩格斯列宁斯大林著作编译局. 马克思恩格斯选集:第1卷[M]. 北京:人民出版社,2012.

[10] 中共中央马克思恩格斯列宁斯大林著作编译局. 马克思恩格斯选集:第3卷[M]. 北京:人民出版社,2012.

[11] 毛泽东. 毛泽东选集:第3卷[M]. 北京:人民出版社,1991.

[12] 陈云. 陈云文选:第2卷[M]. 北京:人民出版社,1995.

[13] 中共中央文献研究室. 习近平关于全面深化改革论述摘编[G]. 北京:中央文献出版社,2014.

[14] 中共中央文献研究室. 习近平关于科技创新论述摘编[G]. 北京:中央文

献出版社,2016.

[15] 中共中央文献研究室.习近平关于社会主义经济建设论述摘编[G].北京:中央文献出版社,2017.

[16] 中共中央党史和文献研究院.习近平关于“三农”工作论述摘编[G].北京:中央文献出版社,2019.

[17] 中共中央党史和文献研究院.习近平关于网络强国论述摘编[G].北京:中央文献出版社,2021.

[18] 习近平.习近平谈治国理政:第2卷[M].北京:外文出版社,2017.

[19] 习近平.习近平谈治国理政:第3卷[M].北京:外文出版社,2020.

[20] 习近平.习近平谈治国理政:第4卷[M].北京:外文出版社,2022.

[21] 习近平.论党的宣传思想工作[M].北京:中央文献出版社,2020.

[22] 习近平.论“三农”工作[M].北京:中央文献出版社,2022.

[23] 中共中央文献研究室.十六大以来重要文献选编:上[G].北京:中央文献出版社,2005.

[24] 中共中央文献研究室.十八大以来重要文献选编:上[G].北京:中央文献出版社,2014.

[25] 曹东勃.滞留在现代化中途:“三农”问思[M].北京:中国经济出版社,2009.

[26] 曹东勃.在城望乡:田野中国五讲[M].上海:上海人民出版社,2021.

[27] 陈昌盛,许伟.数字宏观:数字时代的宏观经济管理变革[M].北京:中信出版集团,2022.

[28] 陈青松,彭亮,吴莹.现代农业产业园:政策要点及实操案例详解[M].北京:中国市场出版社,2021.

[29] 程恩富,等.马克思主义政治经济学基础理论研究[M].北京:北京师范大学出版社,2017.

[30] 程广云.马克思的三大批判:法哲学、政治经济学和形而上学[M].北京:中国人民大学出版社,2018.

[31] 樊鹏,等.新技术革命与国家治理现代化[M].北京:中国社会科学出版社,2020.

[32] 桂学文,杨小溪.信息经济学[M].北京:科学出版社,2020.

[33] 高洪深.区域经济学[M].5版.北京:中国人民大学出版社,2019.

[34] 高鸿业. 西方经济学：微观部分[M]. 5 版. 北京：中国人民大学出版社,2011.

[35] 黄奇帆,朱岩,邵平. 数字经济：内涵与路径[M]. 北京：中信出版集团,2022.

[36] 黄益平,北京大学平台经济创新与治理课题组. 平台经济：创新、治理与繁荣[M]. 北京：中信出版集团,2022.

[37] (美)黄宗智. 中国的隐性农业革命[M]. 北京：法律出版社,2010.

[38] (美)黄宗智. 中国的新型小农经济：实践与理论[M]. 桂林：广西师范大学出版社,2020.

[39] (美)黄宗智. 中国的新型非正规经济：实践与理论[M]. 桂林：广西师范大学出版社,2020.

[40] 李道亮. 无人农场——未来农业的新模式[M]. 北京：机械工业出版社,2020.

[41] 李恒. 产业空间分布、地区间工资差异与我国新型城镇化研究[M]. 北京：社会科学文献出版社,2018.

[42] 李晓翼. 农民及其现代化[M]. 北京：地质出版社,2008.

[43] 林军. 沸腾十五年：中国互联网 1995—2009[M]. 修订版. 北京：人民邮电出版社,2021.

[44] 林军,胡喆. 沸腾新十年——移动互联网丛林里的勇敢穿越者：上、下册[M]. 北京：电子工业出版社,2021.

[45] 刘瑞涵. 北京产鲜果供应链整合模式研究[M]. 北京：中国农业出版社,2009.

[46] 罗必良,等. 农地流转的契约性质[M]. 北京：中国农业出版社,2019.

[47] 罗荣渠. 现代化新论——世界与中国的现代化进程[M]. 北京：北京大学出版社,1993.

[48] 彭刚,黄卫平. 发展经济学教程[M]. 3 版. 北京：中国人民大学出版社,2018.

[49] 桑本谦. 法律简史：人类制度文明的深层逻辑[M]. 北京：生活·读书·新知三联书店,2022.

[50] 孙伯鍨,张一兵. 走进马克思[M]. 南京：江苏人民出版社,2020.

[51] 孙乐强. 马克思再生理论及其哲学效应研究[M]. 南京：江苏人民出版

社,2016.

[52] 陶然. 人地之间:中国增长模式下的城乡土地改革[M]. 沈阳:辽宁人民出版社,2023.

[53] 淘宝大学,阿里研究院. 互联网+县域:一本书读懂县域电商[M]. 北京:电子工业出版社,2016.

[54] 王春光. 从农业现代化到农业农村现代化:乡村振兴主体性研究[M]. 北京:社会科学文献出版社,2021.

[55] 王振锁. 日本农业现代化的途径[M]. 天津:天津社会科学院出版社,1991.

[56] 吴汉洪. 产业组织理论[M]. 2 版. 北京:中国人民大学出版社,2018.

[57] 肖林,权衡,等. 中国经济学大纲——中国特色社会主义政治经济学分析:中、下册[M]. 上海:格致出版社,2018.

[58] 薛云奎. 穿透财报,发现互联网的商业逻辑[M]. 北京:机械工业出版社,2022.

[59] 姚洋. 作为制度创新过程的经济改革[M]. 上海:格致出版社,2016.

[60] 姚洋. 发展经济学[M]. 2 版. 北京:北京大学出版社,2018.

[61] 杨刚强. 中国中部地区农产品加工发展战略研究[M]. 北京:社会科学文献出版社,2012.

[62] 杨晓光. 中国农村工业发展及其区域效应[M]. 北京:商务印书馆,2011.

[63] 叶敬忠. 农政与发展当代思潮:第 1 卷[G]. 北京:社会科学文献出版社,2016.

[64] 叶敬忠. 农政与发展当代思潮:第 2 卷[G]. 北京:社会科学文献出版社,2016.

[65] 于立. 互联网经济学与竞争政策[M]. 北京:商务印书馆,2020.

[66] 原祖杰. 美国工业化转型时期农民状况研究[M]. 北京:商务印书馆,2023.

[67] 张培刚. 农业与工业化[M]. 武汉:武汉大学出版社,2013.

[68] 张培刚,张建华. 发展经济学[M]. 北京:北京大学出版社,2009.

[69] 周嘉昕. 马克思的生产方式概念[M]. 南京:江苏人民出版社,2020.

[70] 赵鼎新. 社会与政治运动讲义[M]. 2 版. 北京:中国社会科学文献出版社,2012.

[71] 赵林度."互联网+"生鲜农产品供应链[M].北京:科学出版社,2021.

[72] 周其仁.产权与中国变革[M].北京:北京大学出版社,2017.

[73] 朱俊瑞,王光银,张孝廷,等.当代农民思想变迁与农村和谐有序发展研究:浙江篇[M].北京:中国社会科学出版社,2017.

[74] 朱启臻.农业社会学[M].北京:社会科学文献出版社,2009.

[75] 朱天飚.比较政治经济学[M].北京:北京大学出版社,2006.

[76] (俄)恰亚诺夫 A.农民经济组织[M].萧正洪,译.北京:中央编译出版社,1996.

[77] (美)威廉姆森.资本主义经济制度:论企业签约与市场签约[M].段毅才,王伟,译.北京:商务印书馆,2002.

[78] (美)约翰逊.经济发展中的农业、农村、农民问题[M].林毅夫,赵耀辉,编译.北京:商务印书馆,2004.

[79] (美)哈维.跟大卫·哈维读《资本论》:第1卷[M].刘英,译.上海:上海译文出版社,2014.

[80] (美)诺顿.中国经济:适应与增长[M].2版.安佳,译.上海:上海人民出版社,2020.

[81] (美)瓦尔德纳.国家构建与后发展[M].刘娟凤,包刚升,译.长春:吉林出版集团有限责任公司,2011.

[82] (英)拜因霍克.财富的起源[M].俸绪娴,刘玮琦,尤娜,译.杭州:浙江人民出版社,2019.

[83] (美)费景汉,(美)拉尼斯.增长和发展——演进的观点[M].洪银兴,郑江淮,等译.北京:商务印书馆,2014.

[84] (加)迈克尔斯 F S.难逃单调:当人遭遇经济浪潮[M].黄煜文,译.南京:南京大学出版社,2023.

[85] (日)顾琳.中国的经济革命:二十世纪的乡村工业[M].王玉茹,张玮,李进霞,译.南京:江苏人民出版社,2009.

[86] (法)孟德拉斯.农民的终结[M].李培林,译.北京:中国社会科学出版社,1991.

[87] (英)伯恩斯坦.农政变迁的阶级动力[M].修订版.汪淳玉,译.北京:社会科学文献出版社,2020.

[88] (德)西蒙,(德)杨一安.隐形冠军[M].张帆,吴君,刘惠宇,等译.北京:

机械工业出版社,2022.

[89] (法)列斐伏尔. 日常生活批判:第 3 卷[M]. 叶齐茂,倪晓晖,译. 北京:社会科学文献出版社,2018.

[90] (美)夏皮罗,(美)范里安. 信息规则:网络经济的策略指导[M]. 孟昭莉,牛露晴,译注. 北京:中国人民大学出版社,2017.

[91] (英)佩蕾丝. 技术革命与金融资本[M]. 田方萌,胡叶青,刘然,等译. 北京:中国人民大学出版社,2007.

[92] (美)戈尔丁,(美)凯兹. 教育和技术的竞赛[M]. 陈津竹,徐黎蕾,译. 北京:商务印书馆,2015.

[93] (英)弗里曼,(葡)卢桑. 光阴似箭——从工业革命到信息革命[M]. 沈宏亮,主译. 北京:中国人民大学出版社,2007.

[94] (英)克拉克. 经济进步的条件[M]. 张旭昆,夏晴,等译. 北京:中国人民大学出版社,2020.

[95] (加)斯坦. 效率崇拜[M]. 杨晋,译. 南京:南京大学出版社,2020.

[96] (美)海尔布隆纳,(美)米尔博格. 经济社会的形成[M]. 刘婧,译. 长沙:湖南文艺出版社,2022.

[97] (美)卡斯特. 网络社会的崛起[M]. 夏铸九,王志弘,等译. 北京:社会科学文献出版社,2006.

[98] (英)马歇尔. 经济学原理:上卷[M]. 朱志泰,译. 北京:商务印书馆,1964.

[99] (美)托达罗,(美)史密斯. 发展经济学[M]. 聂巧平,程晶蓉,译. 北京:机械工业出版社,2020.

[100] (美)格兰诺维特. 社会与经济:信任、权力与制度[M]. 王水雄,罗家德,译. 北京:中信出版集团,2019.

[101] (英)博伊索特. 知识资产:在信息经济中赢得竞争优势[M]. 张群群,陈北,译. 上海:上海人民出版社,2021.

[102] (美)科斯. 企业、市场与法律[M]. 盛洪,陈郁,译校. 上海:上海三联书店,1990:91.

[103] (英)斯丹迪奇. 维多利亚时代的互联网[M]. 多绥婷,译. 南昌:江西人民出版社,2017.

[104] (法)皮凯蒂. 21 世纪资本论[M]. 巴曙松,等译. 北京:中信出版

社,2014.

[105] (日)藤田昌久,(美)克鲁格曼,(英)维纳尔布斯. 空间经济学——城市、区域与国际贸易[M]. 梁琦,主译. 北京:中国人民大学出版社,2011.

[106] (美)施坚雅. 中国农村的市场和社会结构[M]. 史建云,徐秀丽,译. 北京:中国社会科学出版社,1998.

[107] (美)阿克洛夫,(美)斯彭斯,(美)斯蒂格利茨. 阿克洛夫、斯彭斯和斯蒂格利茨论文精选[M]. 北京:商务印书馆,2010.

[108] (美)王国斌,(美)罗森塔尔. 大分流之外:中国和欧洲经济变迁的政治[M]. 周琳,译. 南京:江苏人民出版社,2018.

[109] (美)舒尔茨. 改造传统农业[M]. 梁小民,译. 北京:商务印书馆,2006.

[110] (美)舒尔茨. 报酬递增的源泉[M]. 姚志勇,刘群艺,译校. 北京:北京大学出版社,2001.

[111] (日)小田切宏之,(日)后藤晃. 日本的技术与产业发展:以学习、创新和公共政策提升能力[M]. 周超,刘文武,肖丹,等译. 广州:广东人民出版社,2019.

[112] (荷)范德普勒格. 小农与农业的艺术:恰亚诺夫主义宣言[M]. 潘璐,译. 北京:社会科学文献出版社,2020.

[113] (英)穆勒. 政治经济学原理及其在社会哲学上的若干应用:下卷[M]. 胡企林,朱泱,译. 北京:商务印书馆,1991.

[114] (美)熊彼特. 经济发展理论[M]. 何畏,易家详,等译. 北京:商务印书馆,1990.

[115] 国务院发展研究中心农村经济研究部课题组. 中国特色农业现代化道路研究[M]. 北京:中国发展出版社,2012.

[116] 田杰棠. 中国云计算应用的经济效应与战略对策[M]. 北京:中国发展出版社,2013.

[117] 国务院发展研究中心农村经济研究部课题组. 稳定与完善农村基本经营制度研究[M]. 北京:中国发展出版社,2013.

[118] 来有为,戴建军,田杰棠,等. 中国电子商务的发展趋势与政策创新[M]. 北京:中国发展出版社,2014.

[119] 国务院发展研究中心课题组. 中国新型城镇化:道路、模式和政策[M]. 北京:中国发展出版社,2014.

[120] 金三林. 扎根城市之路:农业转移人口就近市民化的路径与政策研究

[M]. 北京：中国发展出版社，2015.

[121] 程郁，王宾. 农村土地金融的制度与模式研究[M]. 北京：中国发展出版社，2015.

[122] 国务院发展研究中心课题组. 信息化促进中国经济转型升级：下[M]. 北京：中国发展出版社，2015.

[123] 张承惠，郑醒尘，等. 中国农村金融发展报告(2015)[M]. 北京：中国发展出版社，2016.

[124] 国务院发展研究中心农村经济研究部. 找准转变农业发展方式的支点[M]. 北京：中国发展出版社，2016.

[125] 国务院发展研究中心农村经济研究部. 构建竞争力导向的农业政策体系[M]. 北京：中国发展出版社，2017.

[126] 侯永志，张永生，刘培林，等. 国际比较视角下的中国发展经验与理论研究[M]. 北京：中国发展出版社，2018.

[127] 叶兴庆，金三林，韩杨，等. 走城乡融合发展之路[M]. 北京：中国发展出版社，2019.

[128] 王微，王青，等. 加快建设现代市场体系[M]. 北京：中国发展出版社，2019.

[129] 赵昌文，等. 平台经济的发展与规制研究[M]. 北京：中国发展出版社，2019.

[130] 国务院发展研究中心创新发展研究部. 数字化转型：发展与政策[M]. 北京：中国发展出版社，2019.

[131] 张承惠，潘光伟，等. 中国农村金融发展报告(2017—2018)[M]. 北京：中国发展出版社，2019.

[132] 张承惠，潘光伟，朱进元. 中国农村金融发展报告(2018—2019)[M]. 北京：中国发展出版社，2020.

[133] 国务院发展研究中心农村经济研究部. 农业开放：挑战与应对[M]. 北京：中国发展出版社，2020.

[134] 国务院发展研究中心课题组. 以信息化培育经济增长新动能[M]. 北京：中国发展出版社，2021.

[135] 张承惠，潘光伟，朱进元. 中国农村金融发展报告(2019—2020)[M]. 北京：中国发展出版社，2021.

[136] 国务院发展研究中心农村经济研究部. 迈向2035年的中国乡村[M]. 北京:中国发展出版社,2022.

[137] 张承惠,朱进元. 中国农村金融发展报告(2021)[M]. 北京:中国发展出版社,2023.

[138] 农业部软科学委员会办公室. 农村市场经济[M]. 北京:中国农业出版社,2001.

[139] 陆学艺. 中国农村现代化的道路[J]. 教学与研究,1995(5).

[140] 陆学艺. 关于中国农村现代化发展道路问题[J]. 社会科学战线,1995(6).

[141] 王萍萍,贝虹. 农民收入与农业生产结构调整[J]. 统计研究,2001(7).

[142] (日)青木昌彦. 模块化的理论性介绍[G]//吴敬琏. 比较:第2辑. 北京:中信出版社,2002.

[143] (美)约翰逊. 中国增加农民收入的政策[G]//吴敬琏. 比较:第3辑. 北京:中信出版社,2002.

[144] (美)约翰逊. 在农村创造非农工作职位转移农业劳动力[G]//吴敬琏. 比较:第8辑. 北京:中信出版社,2003.

[145] 张春霖. 公共服务提供的制度基础:一个分析框架[G]//吴敬琏. 比较:第17辑. 北京:中信出版社,2005.

[146] 吴承明. 中国近代经济史若干问题的思考[M]//吴承明. 吴承明集. 北京:中国社会科学出版社,2002.

[147] 赵冬梅. 电子商务市场价格离散度的收敛分析[J]. 经济学:季刊,2008(2).

[148] 高建民. 中国农民概念及其分层研究[J]. 河北大学学报:哲学社会科学版,2008(4).

[149] 王德福,桂华. 大规模农地流转的经济与社会后果分析——基于皖南林村的考察[J]. 华南农业大学学报:社会科学版,2011(2).

[150] 何芊杉,李秀阁,张倩,等. 新生代农民工返乡创业过程中贷款难问题的研究[J]. 财经界,2012(2).

[151] 胡景北. 农业劳动力转移和失业孰轻孰重:中国和美国的比较研究[J]. 学术月刊,2015(3).

[152] 杨思远. 关于东乡族咀头村贫困的性质和原因的调查报告[J]. 清华政

治经济学报,2014(2).

[153] 杨嵘均.论网络空间草根民主与权力监督和政策制定的互逆作用及其治理[J].政治学研究,2015(3).

[154] 申明锐,沈建法,张京祥,等.比较视野下中国乡村认知的再辨析:当代价值与乡村复兴[J].人文地理,2015(6).

[155] 周黎安.行政发包的组织边界 兼论"官吏分途"与"层级分流"现象[J].社会,2016(1).

[156] 周雪光.从"官吏分途"到"层级分流":帝国逻辑下的中国官僚人事制度[J].社会,2016(1).

[157] 刘明康,陈永伟.中国全要素生产率的现状、问题和对策[G]//吴敬琏.比较:第84辑.北京:中信出版集团,2016.

[158] 李杰,段龙龙.促进农村三次产业融合发展的用地保障论析[J].政治经济学报,2019(3).

[159] 关永强,张东刚."斯密型增长"——基于近代中国乡村工业的再评析[J].历史研究,2017(2).

[160] 黄季焜.四十年中国农业发展改革和未来政策选择[J].农业技术经济,2018(3).

[161] 高原.工业化与中国农业发展(1949—1985)[G]//(美)黄宗智.中国乡村研究:第14辑.福州:福建教育出版社,2018.

[162] 焦长权.从"过密化"到"资本化":"新农业"与"新农民"[G]//(美)黄宗智.中国乡村研究:第14辑.福州:福建教育出版社,2018.

[163] 王海娟,贺雪峰.小农经济现代化的社会主义道路[G]//(美)黄宗智.中国乡村研究:第14辑.福州:福建教育出版社,2018.

[164] 张斌.经济结构转型与广义信贷[G]//吴敬琏.比较:第103辑.北京:中信出版集团,2019.

[165] 王剑程,李丁,马双.宽带建设对农户创业的影响研究——基于"宽带乡村"建设的准自然实验[J].经济学:季刊,2020(1).

[166] 曾亿武,杨红玲,郭红东.农村信息化发展顶层设计:政策回顾与前瞻[J].农林经济管理学报,2020(1).

[167] 吴海琳,周重礼.微信群对乡村公共空间的重构——以D村"行政外生型"网络空间为例[J].河北学刊,2020(4).

[168] 杨虎涛. 社会-政治范式与技术-经济范式的耦合分析——兼论数字经济时代的社会-政治范式[J]. 经济纵横, 2020(11).

[169] 冯金华. 以人民为中心和以资本为中心: 两种发展道路的比较——基于劳动价值论的若干思考[J]. 学术研究, 2020(12).

[170] 王薪喜, 孟天广. 中国城市居民的互联网使用与政治参与 基于介入方式与信息消费的类型学分析[J]. 社会, 2021(1).

[171] 朱秋博, 朱晨, 彭超, 等. 信息化能促进农户增收、缩小收入差距吗? [J]. 经济学: 季刊, 2022(1).

[172] 尹振涛, 徐秀军. 数字时代的国家治理现代化: 理论逻辑、现实向度与中国方案[J]. 政治学研究, 2021(4).

[173] 江维国, 胡敏, 李立清. 数字化技术促进乡村治理体系现代化建设研究[J]. 电子政务, 2021(7).

[174] 江小涓. 数字时代的技术与文化[J]. 中国社会科学, 2021(8).

[175] 王张华, 周梦婷, 颜佳华. 互联网企业参与数字政府建设: 角色定位与制度安排——基于角色理论的分析[J]. 电子政务, 2021(11).

[176] 刘少杰, 周骥腾. 数字乡村建设中"乡村不动"问题的成因与化解[J]. 学习与探索, 2022(1).

[177] 叶兴庆. 以提高乡村振兴的包容性促进农民农村共同富裕[J]. 中国农村经济, 2022(2).

[178] 周小亮. 发展数字经济 促进产业链现代化[J]. 政治经济学研究, 2022(2).

[179] 桂华. 国家资源下乡与基层全过程民主治理——兼论乡村"治理有效"的实现路径[J]. 政治学研究, 2022(5).

[180] 李三希, 黄卓. 数字经济与高质量发展: 机制与证据[J]. 经济学: 季刊, 2022(5).

[181] 李勇坚. 数字技术正在治愈"鲍莫尔成本病"[J]. 中国发展观察, 2022(5).

[182] 李培林. 面对未来: 我国城镇化的特征、挑战和趋势[J]. 中国社会科学院大学学报, 2022(8).

[183] 王亚华, 李星光. 数字技术赋能乡村治理的制度分析与理论启示[J]. 中国农村经济, 2022(8).

[184] 黄阳华.基于多场景的数字经济微观理论及其应用[J].中国社会科学,2023(2).

[185] 刘守英,陈航.马克思主义乡村转型理论及其对中国的启示[J].中国农村观察,2023(3).

[186] 董磊明,欧阳杜菲.从简约治理走向科层治理:乡村治理形态的嬗变[J].政治学研究,2023(1).

[187] 毛慧,刘树文,彭澎,等.数字推广与农户化肥减量——来自陕西省苹果主产区的实证分析[J].中国农村经济,2023(2).

[188] 赵义良.中国式现代化与中国道路的现代性特征[J].中国社会科学,2023(3).

[189] 李石.数字时代的政治[J].学海,2023(3).

[190] 张琛,马彪,彭超.农村电子商务发展会促进农村劳动力本地就业吗[J].中国农村经济,2023(4).

[191] 马九杰,杨晨,赵永华.农产品电商供应链"最初一公里"为何仍然需要代办制?——基于供应链治理框架与过程追踪法的分析[J].中国农村经济,2023(6).

[192] 郭晓鸣,温国强.农业社会化服务的发展逻辑、现实阻滞与优化路径[J].中国农村经济,2023(7).

[193] 中国电子商务研究中心.2016 年度中国网络零售市场数据监测报告[R].北京,2016.

[194] 阿里研究院.首届"中国农民丰收节"电商数据报告[R].杭州,2018.

[195] 阿里研究院.中国淘宝村研究报告(2018 年)[R].杭州,2018.

[196] 中国信息通信研究院.区块链白皮书(2019)[R].北京,2019.

[197] 中国信息通信研究院.中国数字经济发展与就业白皮书(2019 年)[R].北京,2019.

[198] 中国信息通信研究院.中国数字经济发展白皮书(2020 年)[R].北京,2020.

[199] 农业农村部信息中心,中国国际电子商务中心.2021 全国县域数字农业农村电子商务发展报告[R].北京,2021.

[200] 中国社会科学院信息化研究中心.乡村振兴战略背景下中国乡村数字素养调查分析报告(2021)[R].北京,2021.

[201] 阿里研究院.2021 阿里农产品电商报告[R].杭州,2021.

[202] 农业农村部管理干部学院，阿里研究院. “数商兴农”：从阿里平台看农产品电商高质量发展[R]. 北京，2022.

[203] 农业农村部信息中心. 中国数字乡村发展报告(2022年)[R]. 北京，2022.

[204] 中华人民共和国商务部. 中国电子商务报告(2022)[R]. 北京，2022.

[205] 中国国际电子商务中心. 中国农村电子商务发展报告(2021—2022)[R]. 北京，2022.

[206] 中国国际电子商务中心. 2022年移动互联网农村消费振兴研究报告[R]. 北京，2022.

[207] 蔡昌，李为人. 中国数字经济税收发展报告(2022)[M]. 北京：社会科学文献出版社，2022.

[208] 中国物流与采购联合会食材供应链分会，国家农产品现代物流工程技术研究中心. 中国食材供应链发展报告(2022)[M]. 北京：中国市场出版社，2022.